Informationen über den Autor und seine Vorträge:

Internet: gangerlclemens.de
Facebook: Gangerl Clemens
Instagram: gangerlclemens
YouTube: Gangerl Clemens

Anfragen richten Sie bitte an:
servus@sy-bavaria.de

Bibliografische Information der Deutschen Nationalbibliothek:
Die Deutsche Nationalbibliothek verzeichnet diese Publikation in der Deutschen Nationalbibliografie. Detaillierte bibliografische Daten sind im Internet über http://dnb.d-nb.de abrufbar.

1. Auflage September 2019

Verantwortlich für den Inhalt: Wolfgang Clemens
Fotos: Archiv des Autors

Umschlagbild: Gangerl Clemens
Gestaltung und Satz: Rainier-M. Ramisch
Druck und Bindung: Print Group Sp. z o.o., Polen
Gedruckt auf säurefreiem und chlorfrei gebleichtem Papier
Printed in Poland

ISBN 978-3-9821228-0-9

Gangerl Clemens

Der Paradiesjäger

Für immer ausgestiegen

styx media

Alles ist Kopfsache!
Gangerl Clemens

Inhalt

Über den Autor

Mehr als einhundert Länder hat er bereist, über 100.000 Seemeilen und 180.000 Kilometer auf dem Landweg zurückgelegt. Ganz ohne Flugzeug. Er liebt es, Primitivkulturen und Gegenden *fernab* des Tourismus zu besuchen. Die letzten noch existierenden Paradiese zu entdecken, das hat er sich zur Aufgabe gemacht. Er hat viel Fleiß und Selbstmotivation in seinen Lebenstraum gesteckt, musste dabei aber auch immer wieder herbe Rückschläge einstecken. Weil er sich oft blindlings ins Abenteuer gestürzt hat, blieben kritische Situationen nicht aus, die ihn sogar beinahe das Leben gekostet hätten. Doch er wird immer wieder belohnt.

»Paradiese muss man sich eben verdienen, man bekommt sie nicht geschenkt!«, so sein Leitspruch.

Unter »Paradies« versteht der Paradiesjäger nicht nur einen traumhaft schönen Strand mit glasklarem Wasser, es gehört für ihn *wesentlich* mehr zur perfekten Idylle. Land und Leute, aber auch eine intakte Unterwasserwelt spielen dabei eine Rolle. Und so zählt er als passionierter Taucher schon mehr als 6.000 Tauchgänge.

Wie andere Reisende oder Aussteiger wollte und will auch er die Welt entdecken, aber eben auf *seine* Weise. Und er lebt noch heute, mit fast 80 Jahren, das Leben, von dem Viele träumen! Ein Extremaussteiger ohne Kompromisse auf der Suche nach den schönsten Flecken unseres wunderbaren Planeten. In diesem Buch erzählt er, wie er sich für dieses Leben entschieden hat, welche Hürden er nehmen musste und welche wunderbaren, aber auch grässlichen Momente er in den ersten Jahren erlebt hat.

Nun zur Person. Wolfgang Clemens, Jahrgang 1941, gelernter Kunstschmied und echter Draufgänger, begann 1975 auf dem Hof seiner Firma im bayerischen Roding mit dem Bau der 15 Meter langen und 4 Meter breiten Stahl-Segelyacht. Nebenbei betrieb er ein gut besuchtes Wirtshaus mit Hotel, wurde zweimal zum Faschingsprinz gekürt, restaurierte Oldtimer und nutzte jede weitere freie Minute für seine adrenalinreichen Hobbies. Beim Drachenfliegen auf Lanzarote knallte er aus 20 Metern Höhe auf die Felsen und im Altmühltal sogar aus 35 Metern auf die Erde. Fatale Folgen hatte auch ein Charterurlaub 1981 in Griechenland. 72 Tage musste er mit Freunden unter unsäglichen Bedingungen im Gefängnis verbringen, da sie einige Scherben antiker Amphoren nach dem Tauchen als Souvenir mitnehmen wollten. Einer von ihnen floh auf spektakuläre Weise bei einem Gefangenentransport. Dank der Unterstützung der Medien namhafter deutscher Politiker mussten nicht die ganzen 20 Monate der Strafe verbüßt werden.

Gangerl, so sein Spitzname, verkaufte 1988 all seine Besitztümer und begann das Abenteuer »Weltumsegelung« mit Freundin und Hund an Bord. Donauabwärts ging es über die damals korrupten Balkanländer und das Schwarze Meer ins Mittelmeer. Schon auf Mallorca schaffte es der Bayer mit seiner Segelyacht *King of Bavaria*, die durch ihren Namen und ihr bayerisches Design häufig für Aufsehen gesorgt hat, auf die Titelseite der *BILD*-Zeitung. Über den Atlantik und die Karibik ging es in das vom Krieg geplagte Panama. In der Südsee angekommen hangelte er sich von einer traumhaften Insel zur nächsten und lebte oft monatelang inmitten mancher Inselstämme. Vor unzähligen Inseln Französisch-Polinesiens warf er seinen Anker und segelte schließlich über Tonga, Neuseeland und Fidschi weiter nach Tuvalu, sein persönliches Highlight. Einige Jahre verbrachte Gangerl in der traumhaften Südsee, dann juckte ihn als frisch gebackener Einhandsegler wieder die Abenteuerlust.

Über Australien sollte es 1993 in die Antarktis gehen, doch ein unglückliches Erlebnis durchkreuzte seine Pläne. Auf dem Weg dorthin überlebte er den sieben Tage andauernden Zyklon *Polly* mit 20 Meter hohen Wellen, die den Mast mehrere Male unter Wasser gedrückt haben. Es war das einzige Schiff in dem Zyklon, der seiner Zeit als Jahrhundertsturm galt.

In diesem Buch berichtet Wolfgang Clemens auf unterhaltsame Weise von den Erlebnissen als Totalaussteiger bis zum Zyklon *Polly*. Doch sein Abenteuerdrang war nach dieser schrecklichen Nahtoderfahrung noch lange nicht vorbei. Ganz im Gegenteil!

Seine weitere Reise führte ihn nach Vanuatu und Neuguinea, wo er in langen Dschungelexpeditionen die Lebensweise von Primitivkulturen erkundet hat. Im Inselstaat Philippinen war er auf der Suche nach den nächsten Paradiesen, doch geriet er dort mehrmals ins Visier von Piraten. Über Borneo und Indonesien ging es weiter zu den Seychellen und nach Madagaskar. Die wunderbare Tierwelt in dieser Region hat ihn ebenso begeistert wie die märchenhafte Landschaft. Sein wohl längster Rucksacktrip folgte in Afrika, als er in zwei Jahren auf dem Landweg durch fast 30 Länder gereist ist und dabei 52.000 Kilometer zurückgelegt hat. Auch die wunderbare Bergwelt des Himalaya hat er in ausgiebigen Exkursionen erkundet, bevor er auf der antiken Seidenstraße von Ost nach West gereist ist. Die Mongolei, China und Indien waren weitere Stationen, ebenso Bhutan, Myanmar und fast das übrige Südostasien.
Bis heute hat der Globetrotter Gangerl kilometermäßig zu Wasser und zu Land über acht Mal die Erde umrundet und einen tiefen Einblick in fremde Kulturen gewinnen können. Dank guter Gesundheit denkt er noch lange nicht ans Aufhören und plant für die kommenden Jahre schon seine nächsten Abenteuer.

Vorwort

Nach über dreißig Jahren Weltreise, die sich auch bis dato noch fortsetzt, habe ich mich wegen des großen Interesses doch noch dazu entschlossen, meine Erlebnisse und Abenteuer zu Papier zu bringen. Ich bin sehr stolz, dass du dieses Buch nun in den Händen halten kannst, denn der Weg bis hierhin war für mich recht steinig. Da ich es in einfachem Sprachschatz niedergeschrieben habe, wie es mir durch den Kopf ging, erwarte bitte kein literarisches Meisterwerk. Sollten dir dabei kleine Fehler auffallen, denn ich habe für Lektoren nicht das Budget eines großen Verlags, behalte sie bitte für dich :-)

Das *große* Segler-Latinum wird zum Verständnis des Inhalts *nicht* benötigt. Ganz ohne ein paar Fachbegriffe ging es jedoch auch nicht.

Ich durfte so unglaublich viele Erfahrungen sammeln, Kulturen kennenlernen und Paradiese sehen, dass ich mit meinem Lebensweg zufrieden bin. Doch das war nicht immer einfach, ich musste es mir mit harter Arbeit verdienen! Manchmal habe ich dieses Leben auch verflucht, wenn sich eine Pechsträhne an die nächste reihte oder ich durch eigene Fehler unglückliche Momente erleben musste. Es liegt dann am unbedingten Willen und an der Selbstmotivation, nicht den Kopf in den Sand zu stecken. Ich rate jedem auch im dunkelsten Moment nicht aufzugeben und den Mut aufzubringen, weiterzumachen. Es liegt in den meisten Fällen, viele Krankheiten ausgenommen, an der *eigenen* mentalen Kraft! Wer diese Eigenschaften und den nötigen Fleiß besitzt, der ist ein Gewinner und wird das Aussteigerleben in vollen Zügen genießen können.

Kapitel 1

Knast und Lebenswandel

Wirre Gedanken schwirrten durch meinen Kopf und ich wälzte mich schlaflos in meiner Koje. Immer wieder hörte ich die freundliche, aber doch zynische Stimme des Richters:

»20 Monate Gefängnis!«

Ich konnte es nicht glauben, dass wir wegen ein paar Tonscherben fast zwei Jahre hier im griechischen Knast sitzen sollten!

Ich war total übermüdet, mit rotgeränderten Augen, als die Wecksirene ertönte, und war froh, dass die Nacht mit meinen tristen Gedanken vorüber war.

Schnell stürmten wir wie artige Kinder in den Waschraum, um unsere Morgentoilette zu erledigen. Die Prügel und Misshandlungen, die wir nach der Flucht von Franz erhalten hatten, taten ihre Wirkung. In den zwei Wochen, die wir nun schon im Gefängnis von Vollos einsaßen, hat sich die Lage ein bisschen gebessert, denn wir wurden nicht mehr geschlagen. Oft dachte ich an Fredis Freundin Agnes, die schuldlos im Frauengefängnis saß.

Gegen Mittag musste Fredi plötzlich zum Gefängnisdirektor, dabei ahnte ich nichts Gutes. Als er nach einer halben Stunde zurückkam, war seine Miene zwar ernst, aber nicht trübe. Er erzählte mir, dass er vom früheren Innenminister Hermann Höcherl besucht wurde, der uns garantierte, bald frei zu kommen. Ferner erzählte er mir, dass die Flucht von Franz erfolgreich verlaufen und er heil in Deutschland angekommen war.

Ich konnte das Gehörte kaum glauben! Doch Fredis Worte ließen langsam einen Hoffnungsschimmer in mir aufkeimen. Fredi überreichte mir fünf Briefe aus der Heimat, doch einer davon fesselte sofort meine Aufmerksamkeit – es war der Brief von Franz. Er schrieb:

Lieber Gangerl,

ich habe es geschafft, es war aber ein harter Weg in die Freiheit!

Wir werden hier alles tun um Euch da rauszuholen. Den Innenminister Hermann Höcherl hat schon Fredis Vater eingeschaltet und Gerhard Schmid von der EU aus Straubing ist auch verständigt worden. Soviel ich weiß hat sich auch unser Ministerpräsident Franz Josef Strauß eingeschaltet. Inwiefern sie etwas für Euch tun werden, entzieht sich meiner Kenntnis. Ich war einige Stunden beim Staatssekretär Dr. Max Fischer in Cham und der wird auch alles Mögliche für Euch in die Wege leiten um Euch da rauszubekommen. Fast zwei Jahre im griechischen Knast sitzen, das ist ja undenkbar!

Nun zu meiner Geschichte:

Als ich an der Kreuzung aus dem Auto gesprungen war, rannte ich um mein Leben. Noch nie zuvor bin ich so gerannt, als wäre der leibhaftige Teufel hinter mir her! Mein Glück war, dass an der Kreuzung viele Leute standen, da dort gerade ein Markt stattfand. Im Zickzack, wie ein Hase, preschte ich durch die Leute. Ich habe mich nicht einmal nach meinen Verfolgern umgedreht, aber ich nahm mir vor, wenn ich eine Hand im Genick spüre, schlage ich wild um mich!

Irgendwann war dann die Luft raus. Ich hechelte wie ein Hund, ich konnte einfach nicht mehr weiter. Willig wartete ich auf das Klicken der Handschellen, das aber ausblieb. Meine Verfolger hatten schon eher schlapp gemacht und aufgegeben. Daraufhin machte ich mich schleunigst aus dem Staub.

Kopflos, mit rasendem Herzklopfen, irrte ich sinnlos durch die Straßen. Plötzlich merkte ich, dass ich auf einem Müllplatz unter einer Brücke gelandet war. Ich verkroch mich in eine Ecke und musterte die Lage.

Einige Gammler suchten auf dem Müll nach etwas Brauchbarem und plötzlich kam mir die Idee, mich auch umzusehen, denn ich wurde mit meiner Bekleidung sicherlich in der Fahndung beschrieben.

Am Abend machten sich ein paar Abgestürzte ein Feuer, um etwas zu kochen. Da ich Hunger hatte wie ein Wolf, näherte ich mich vorsichtig der Gruppe, traute mich aber nicht ganz hin, denn für eine Flucht brauchte ich Abstand.

Plötzlich stand einer auf, kam langsam zu mir und quatschte mich auf Griechisch an. Meine Flasche, die ich in der rechten Hand hielt, um sie zur Not ihm über den Schädel zu hauen, die sah er nicht. »Germanos, Germany« sagte ich und klopfte mir dabei auf die Brust. Er nahm mich am Ärmel und zog mich zu der Gruppe. Als er mich als Deutscher vorgestellt hatte, sprach mich einer seiner Kumpel perfekt in meiner Landessprache an. Er hatte Jahre lang in Deutschland als Gastarbeiter gearbeitet. Als erstes wollte er wissen was ich hier in ihrem Reich zu suchen hatte. Da mir nur Vertrauen zu ihnen weiterhelfen konnte, habe ich ihm meine komplette Geschichte erzählt. Nach kurzer Absprache mit seinen Freunden, sagte er zu mir: »Wir werden dir helfen!«

Zuerst bekam ich etwas zu Essen, dann wurden die Kleider getauscht und plötzlich war ich einer von ihnen. Alexis hatte Geld von seinen Kumpels gesammelt, damit ich meine Frau in Deutschland anrufen konnte. Gisela fiel am anderen Ende in Deutschland aus allen Wolken, als ich ihr meine Lage erklärte. Schon am übernächsten Tag saß sie im Flieger mit einem Zweitpass für mich.

Es bedurfte noch eines zweiten Anrufs, denn wir mussten Erkennungsmerkmale der Kleidung ausmachen. Alex wollte sie am Flugplatz in Empfang nehmen. Sein Merkmal war ein langer schwarzer Mantel und schwarzer Schlapphut.

»Mein Gott« dachte ich mir, den lassen die nie in die Flugplatzempfangshalle rein, so wie der aussieht. Meine Frau hatte einen rosaroten Hut auf zu einem pink-lindgrünen Kostüm.

Gisela erkannte ihn sofort und folgte ihm zu einem Zeitungsstand, wo sie heimlich kurze Anweisungen von ihm erhielt.

Wir waren uns sicher, dass meine Frau bei ihrer Ankunft beschattet werden würde. Kreuz und quer ging es also durch die Stadt, in ein Kaufhaus rein und hinten wieder raus, was sich einige Male wiederholte.

Und dann endlich, abends gegen 22 Uhr, hielt ich überglücklich mein Weib in den Armen. Wir stellten das kleine Zweimannzelt, das sie mitgebracht hat, bei einer Kiesgrube auf. Wahrscheinlich habe ich meine Holde noch nie so innig geliebt.

Meine neuen Freunde kümmerten sich die nächsten Tage fürsorglich um uns, nachdem ich sie für ihre aufopfernde Hilfe reichlich entlohnt hatte. Inzwischen hatten sie herausbekommen, dass eine Großfandung nach mir ausgelöst worden war. In den Zeitungen, im Radio und sogar im Fernsehen wurde nach mir gefahndet. Ich konnte nicht begreifen, warum sie wegen mir einen solchen Aufstand machten. Ich bin doch kein Schwerverbrecher!

Wir waren uns alle einig, der Rückweg nach Deutschland mit dem Flugzeug ist ausgeschlossen. Auch den Straßenweg über die Grenze nach Albanien konnten wir uns abschminken, da Willi und Hans an der Grenze auf das Peinlichste gefilzt wurden. Wie Gisela mir erzählte, wurde ihr Wagen fast zerlegt. Wenn sie nur das kleinste Stück im Auto mitgeführt hätten, wären sie auch hinter schwedische Gardinen gewandert. Also der einzige Weg, der uns machbar erschien, war der über die Grenze in die Türkei.

Inzwischen war ich von Kopf bis Fuß auf das Neueste eingekleidet und ich sah aus wie der perfekte Playboy. Alex kaufte die Tickets und dann kam die Verabschiedung, die mir ehrlich an die Nieren gegangen ist Ich habe geweint. Solche Freunde findet man kein zweites Mal!

Hatte ich mich an das Versteckspiel schon gewöhnt, bekam ich am Bahnhof doch weiche Knie. Ich brauchte erst mal ein Bier. Da der Mut noch nicht genug war, noch ein Zweites. Dann aber wollte ich es mit dem Teufel aufnehmen. »Ich muss hier raus!« dachte ich mir. Als ich in meinem Abteil saß fühlte ich mich schon besser, meine Frau saß zwei Abteile weit weg von mir. Als wir die Grenze erreichten, wuchs der Adrenalinspiegel sprunghaft an. Zwei Stunden standen wir schon an der Grenze, dann bin ich ausgestiegen, um die Lage zu checken. Sofort sah ich, dass die Waggons extrem kontrolliert wurden.

Plötzlich schickte man mich wieder in den Waggon zurück. Der ist aber noch nicht kontrolliert worden. Ich zog also meine Jacke aus, verließ den Waggon am Hintereingang und zündete mir eine Zigarette an. Wieder kam einer auf mich zu und machte Andeutung, in den Zug zurückzukehren. Lächelnd deutete ich auf meine Zigarette und ging an ihm vorbei, machte umständlich meine Zigarette aus und sah aus den Augenwinkeln, wie die Kontrolle mein Abteil betrat. Lässig stieg ich in das Abteil daneben, das schon kontrolliert worden war und sperrte mich ins Klo ein. Gespannt vor Aufregung hätte ich mir bestimmt in die Hosen gemacht, wenn ich nicht schon auf der Schüssel gesessen hätte!

Als der Zug endlich abfuhr, hatte ich Angst, dass man das Plumpsen des Steines hört, der mir vom Herzen fiel. Erst nach der türkischen Kontrolle war dann endlich die Anspannung weg. Und ich habe zum ersten Mal richtig glücklich gekotzt. In Istanbul stand ich dann nochmal unter Anspannung, als wir den Flieger nach Deutschland bestiegen, aber alles ging gut.

So lieber Gangerl, das war meine Odyssee und ich hoffe, dass es Euch nicht allzu schlecht geht. In Roding läuft schon eine Unterschriftensammlung für Euch, dass die in Athen sehen, ihr seid rechtschaffene Bürger.

Halt die Ohren steif, hier wird alles getan für Euch.

Dein Freund Franz

Einige Wochen später bekam ich einen Brief von Franz' Frau, der mich regelrecht zutiefst erschüttert hat. Mein Freund Franz ist beim Drachenfliegen tödlich abgestürzt. Er hat den gleichen Fehler wie ich zwei Mal zuvor gemacht und sich nicht am Drachen eingehängt. Bei ihm reichten zehn Meter aus, mich brachten fünfunddreißig Meter nicht um.

Der Rest des Tages und die folgende Nacht waren deswegen ein Wechselbad der Gefühle. Zum Einen erfreute mich die Aussicht, bald frei zu sein, doch zum Anderen pochte das Drama um Franz in meinem Kopf. Da hatte er eine atemberaubende Flucht hingelegt, die filmreifen Charakter hat, doch dann kam der Tod.

»Scheiße! Scheiße! Scheiße!!!« schrie ich auf einmal los und erzeugte einen Zellenaufruhr. Ziemlich schnell standen einige meiner Mithäftlinge mit finsteren Blicken um meine Koje und drohten mir scheinbar. Ich wurde vom Wachpersonal abgeführt. Mein Gedanke war, »auweh, jetzt gibt's Hiebe.« Als ich aber meinem Strafgericht erklärte, dass mein Bruder gestorben war, verfloss die Bestrafung in eine Ermahnung.

Wieder zurück in meiner Zelle fasste ich den Entschluss, mein Leben zu ändern. Wie in einem Film flog meine Vergangenheit an mir vorüber und meine Gedanken schweiften um sieben Jahre zurück, zum 25. September 1975. Dieser Tag sollte mein ganzes Leben umkrempeln, denn mein Lieblingsspruch »Träume nicht dein Leben, sondern lebe deine Träume« sollte sich bewahrheiten.

Da ich schon längere Zeit begeisterter Segler war, trieben sich Heinz und ich mit unserem FD, eine Regattajolle namens »Flying Dutchman«, auf bayerischen Regattabahnen herum. Einige Zeit lang hatte ich schon festgestellt, dass mich die schönen Hochseeyachten von Jahr zu Jahr mehr interessierten. Aber die Preise für diese Objekte waren halt für meinen Geldbeutel überhaupt nicht tragbar. Trotzdem sah ich mich im Geiste schon auf so einem tollen Schiff zu fernen Traumzielen und neuen Horizonten segeln.

Wie gerufen kam da, dass gerade Deutschlands größte Bootsmesse stattfand. Da musste ich natürlich unbedingt hin! Zwar glaube ich nicht fest an Gott, aber ich bin sicher, dass er mich manchmal lenkt. Was macht also dieser weise Herr? Er führte meine Schritte auf der Bootsmesse direkt an einen Bücherstand, an dem er meinen Blick auf ein Buch mit dem vielsagenden Titel »Yachten zum Selbstbauen« fallen ließ. Gebannt schweiften meine Blicke über die Seiten, die zusehends mein Interesse weckten. Einige hundert Boote waren darin beschrieben, vom Sechsmeterboot bis hin zur kotzig-angeberisch luxuriösen Hochseeyacht. Ich kaufte das Buch.

Tage und Nächte verbrachte ich bereits mit dieser äußerst interessanten Lektüre. Eigentlich wollte ich nur ein paar Jahre über die Weltmeere schippern, doch mir schoss immer wieder ein für mich sehr weiser Spruch durch den Kopf, der mein langweiliges Dasein total veränderte:

»Du weißt nicht, wie die Blumen duften, kennst Arbeit nur und Schuften. So gehen sie hin, die schönsten Jahre, auf einmal liegst du auf der Bahre, und hinter dir da grinst der Tod - kaputtgerackert, du Vollidiot!«

Und somit war es mir dann glasklar:

»Gangerl, du baust ein Schiff und steigst für immer aus!«

Also setzte ich meine Idee um und ließ sie zur Obsession werden. Ich entschied mich, natürlich typisch Deutsch, für ein Schiff, das gleich zwei Nummern zu groß für einen Einhandsegler ist. Die Kenntnisse aus meinem Beruf als Kunstschmied brachten mir aber, wie sich später noch zeigte, viele Vorteile beim Bau. Meine zukünftige Yacht, mit der ich die Welt erobern wollte, war im Buch aus Aluminium, fünfzehn Meter lang, vier Meter breit, mehr als zehn Tonnen schwer. Sie trug den Modellnamen »Hydra«. Gierig sog ich das Bild in mich auf und hatte es Tag und Nacht in meinem Kopf.

Mein Enterprise-Feeling nahm ganz schnell krankhafte Formen an, meine Zukunftspläne standen auf einmal explizit vor meinen Augen. Es formte sich in mir zu einem Bewusstseinszustand und der hieß »die große Freiheit«. Dazu brauchte ich aber eben dieses Schiff! Jedoch war mein Wissen über den Schiffsbau gleich Null und so dachte ich mir

»Wer nicht wagt, der nicht gewinnt.«

Ich verfüge nicht über ein besonders großes Maß an intellektueller Größe, aber mit meinem umfangreichen handwerklichen Allgemeinwissen traute ich mich dennoch an diese gewaltige Herausforderung heran. Meine Firma lief gut, die Abläufe waren seit langem eingespielt, warum sollte ich mich nicht einer neuen Aufgabe stellen? Meine Mutter sagte mir immer:

»Sobald du in einer Sache Meister geworden bist, solltest du in einer neuen Sache Schüler werden.«

Derartige Sprüche von klugen Leuten waren immer schon ein Leitfaden für mein Leben und meine Mutter war eine sehr weise Frau. Ich konnte zu diesem Zeitpunkt allerdings noch nicht erahnen, wie gewaltig dieses Projekt noch ausarten würde. Bevor ich die Pläne bestellt habe kamen mir jedoch große Bedenken.

»Ich alleine soll ein Schiff mit mehr als zehn Tonnen bauen? Ob das nicht zu fett ist?«

Doch ich wischte die Bedenken vom Tisch. Ich hatte mir eine eigene Firma aufgebaut, die gut lief, mein Leben war nur so mit Erfolgserlebnissen gespickt und ich sagte mir:

»Gang, das packst du!«

Und schon häuften sich die Motivationsschübe für mein zukünftiges Leben. Pläne und Ziele standen klar vor meinen Augen. Das Leben kann ja auch so viel mehr bieten als Schuften, prahlerisch mit Geld um sich schmeißen, teure Autos fahren und angeberische Urlaubsreisen zu vollziehen. Oder was noch schlimmer ist, stundenlang vor der Glotze sitzen und den Anschluss zum Leben verpassen. Das alles sind Dinge, die nicht in meinen Kopf passen.

Nur vierzehn Tage später waren die Pläne im Haus. Ich schlug mir die Nächte um die Ohren, um mich mit der unwahrscheinlich aufwendigen, neuen Materie »Selbstbau Yacht« auseinanderzusetzen. Ich war der Erste, der den »Hydra«-Plan der Firma Reinke-Yacht in die Tat umsetzen sollte. Obwohl es kein eigener Riss von Herrn Reinke war, sondern der eines Ingenieurs aus Kanada, fand ich eine Reihe von Fehlern in den Plänen, worauf ich ihn zu seiner Dankbarkeit auch aufmerksam machte. Ich entschloss mich anschließend, das Boot nicht aus Aluminium zu bauen, sondern aus Stahl, da ich mich mit dieser Materie auch besser auskannte.

Zunächst hob ich im Hof meiner Schmiede im Dezember 1975 ein knapp drei Meter langes und eineinhalb Meter tiefes Loch aus. Nun konnte ich auch mit der ersten Arbeit an meiner eigenen Segelyacht starten.

Zuerst wurde aus 8 mm Stahlplatten der Kiel gefertigt und am 31. Dezember 1975 war es dann schon soweit: Der Kiel war im Boden verankert und ein lustiges Bleigießen konnte an Silvester beginnen. In zwei großen Schmelztöpfen wurden in den Essen meiner Schmiede fünf Tonnen Blei geschmolzen und in den Kiel gegossen. Jede Nacht, jeden Samstag, oft auch sonntags, wurde am Schiff gearbeitet. Da ich selbstständig war und in meiner Kunstschmiede vier Angestellte beschäftigte, konnte ich nur in meiner Freizeit am Schiff arbeiten.

Nicht selten schluckte ich Captagon-Tabletten zum Aufputschen, um nicht im Stehen einzuschlafen. Das war zur Umsetzung dieses Projekts nötig, denn häufig kam es zu einem Tagespensum von 18 Stunden.

Mit den Monaten wuchs die Konstruktion und bald waren alle Spanten auf die Bodenwrangen geschweißt. Die Konstruktion ähnelte einer abgenagten Fischgräte. Viele Menschen fragten mich oft erstaunt, was ich denn da baue. Besonders Neugierigen gab ich zur Antwort: »Eine Abschussrampe für eine Mondrakete!« Als nach und nach die Beplankung folgte, war allen dann doch klar: Der Gangerl baut ein Schiff.

Bald reihten sich die Kritiker aneinander, die alles besser zu wissen schienen und mir als Schiffsbaulaien nichts zutrauten. Ich las einmal einen sehr passenden Spruch:

»Kritiker gleichen Eunuchen, sie wissen es genau, aber sie können es nicht.«

Dann ging auch das Gerücht um, dass ich schon vier Jahre später um die Welt segeln würde. Ich hatte aber eines nicht bedacht: Der Mensch denkt und Gott lenkt. Und so sollten zwölf Jahre vergehen, bis der Traum von der Weltumsegelung Wirklichkeit werden konnte.

Anfangs schritt der Bau flott voran. Ich arbeitete wie ein Pferd, denn ich wusste, irgendwann könnte ich in ein Motivationsloch fallen. Die Leidenschaft darf nie versiegen, denn Lustlosigkeit ist ein sicherer Vorbote des Scheiterns. Da aber Pausen erlaubt sind, restaurierte ich nebenbei in meiner Freizeit noch einige Oldtimer und kaufte ein Hotel mit Restaurant, Tennisplätzen und Schießanlage. Ich putschte die verwahrloste Anlage auf und machte einen Publikumsrenner daraus. Oft holte mich nachts um 22 Uhr ein Anruf meiner Freundin aus dem Schiff, mit den Worten:

»Gang, wenn du nicht gleich kommst, gehen deine Gäste wieder heim.«

Nach gut drei Jahren war ich dann aber dem Zusammenbruch nahe und verkaufte die Anlage wieder mit Profit. Die Belastung mit Kunstschmiede, Hotel, Schiff, Sport und Freizeit, war auf Dauer zu groß.

Als ich durch den Verkauf wieder mehr Luft hatte, gab ich in meiner bescheidenen Freizeit sportlich richtig Gas. Nicht selten spielte ich am

Sonntag um 5 Uhr morgens Tennis, um 9 Uhr war ich an der Wasserskischleppanlage in Straubing, um 13 Uhr flog ich mit meinem Flugdrachen vom Kaitersberg im Bayerischen Wald und fand mich schließlich um 17 Uhr in meinem Segelclub ein. Ich war hyperaktiv und ein Adrenalin-Junkie, dass es sogar meiner jungen Freundin oft zu viel war. 1977 wählte man mich auch noch zum Faschingsprinz für die Saison 1978. Als Geschenk für meine aufopfernde Hingabe meiner majestätischen Pflichten belohnte mich das Schicksal mit dem nettesten Mädchen aus meiner Garde, die sieben Jahre lang meine Freundin war.

Fasching 1978: Faschingsprinz Gangerl wirbelt die Damen durch die Luft

Nach einiger Zeit Pause widmete ich mich wieder intensiv dem Schiffsbau. Als angehender Weltumsegler ohne jede Ahnung, musste ich mich auf meine große World-Challenge vorbereiten. Also fuhr ich monatelang ein Mal wöchentlich nach München, um den BR-Schein, heute SKS für Sportküstenschifferschein, zu machen. Den praktischen Teil dieser Prüfung absolvierte ich in Caorle am Mittelmeer. Da ich der Überzeugung war, schon ein perfekter Kapitän zu sein, lud ich gleich vier Freunde zu einem Segelabenteuer ein. Um 16 Uhr erhielt ich mein Küstenschifferpatent ausgehändigt und schon um 20 Uhr verließen wir den Hafen mit einer Najade 900 zur ersten Nachtfahrt in Richtung Cattolica.

Die unzähligen Lichter der umher schwirrenden Fischerboote machten mich in dieser Nacht ziemlich nervös, aber die erste Episode verlief ohne Zwischenfälle. Nach einem Tag Erholung im Hafen startete ich zum zweiten Hit meiner Seglerkarriere: Ohne Kenntnisse von Funk und Astronavigation segelten wir zwei Tage lang schräg über die Adria nach Split im damaligen Jugoslawien. Einziges Navigationsinstrument war der Kompass am Schiff. War es Dusel oder Glück, wir trafen die Einfahrt des Hafens exakt.

Als 1979 eine Chartergesellschaft auf St. Lucia in der Karibik eine Basis eröffnete, schlug ich gleich mit fünf meiner Freunde zu und charterte eine Peterson 44. In den darauffolgenden Jahren charterte ich auch Yachten an der Ostsee, in Spanien, Frankreich, Griechenland und der Türkei.

1981, nach dem Verkauf meiner Gaststätte, fuhr ich Weihnachten mit meiner Freundin zum Skifahren und Drachenfliegen nach Österreich. Mit neuen Skiern bewaffnet stürzte ich mich in den vereisten Steilhang. Der Biss meiner Blizzard-Ski war beeindruckend und ich tanzte wie der Ski-Champion Alberto Tomba den Berg hinunter. Als ich bei zwei wartenden Skifahrern Halt machte, hörte ich die Bemerkung

»du, der foahrt fei guat.«

Mit stolzgeschwellter Brust stürzte ich mich daraufhin kamikazehaft den steilen Abhang hinunter. Es folgte, was folgen musste, es zerriss mich in der Luft. Bei der Landung stellte ich mir den linken Ski in das rechte Knie, sodass der Lebenssaft nur so spritzte. Eilig wollte ich meine Fahrt fortsetzen, aber das Knie hielt nicht mehr stand und ich kippte wieder um. Das Blut lief in Strömen und so kam leichte Panik in mir auf. Da ich nicht auf die Bergwacht warten konnte, weil ich bis dahin wohl verblutet wäre, presste ich den Daumen auf die Wunde und fuhr mit einem Ski ins Tal. Als man mir unten angekommen den Fuß abgebunden hatte, kam auch schon der Hubschrauber, der mich ins Unfallkrankenhaus bringen sollte. Endresultat: Innenband und Pulsader waren durchtrennt. Zwei Tage später brachte mich mein »Hasi« Liane im Wohnmobil liegend aus Österreich heraus bis in das Rodinger Krankenhaus.

Dort besuchten mich gleich Freunde, die mir die Mitteilung unter die Nase rieben, dass beim Fredy, meinem Zellengenossen in Griechenland, tags darauf eine Silvesterparty stattfinden sollte.

»Verdammte Hornochsen, aber nicht ohne mich!«, sagte ich mir im Stillen.

Ein Anruf in meiner Werkstatt genügte, um in den Besitz des passenden Werkzeuges zu kommen, mit dem ich das Kippfenster demontieren konnte. Gegen 22 Uhr an Silvester hievten mich zwei meiner Freunde aus dem Fenster und über die Leiter aus dem ersten Stock des Krankenhauses hinunter. Großes Hallo entstand, als ich auf der Party erschien. Gegen 4 Uhr morgens brachte man mich dann wieder zurück in meine Zwangsanstalt.

In dieser Nacht war mir ein Drachen als Nachtschwester zugeteilt, Spitzname »Beißzang«, die mein Fehlen festgestellt hatte, und so wurde ich morgens natürlich beim Chefarzt verpetzt. Da ich aber auf Klasse lag und der Chefarzt ein Fan meines Lebensstils war, verlief sich der Tadel zu einem Grinsen. Gelohnt hat es sich für mich allemal.

Noch im Krankenhaus las ich das neue Drachenflieger-Magazin, in dem ein neuer Wunderdrachen von der Firma UP aus Amerika vorgestellt wurde. Nach kurzem Telefongespräch mit dem Schweizer Generalimporteur saß ich ohne Erlaubnis des Krankenhauses mit meinem Freund Franz im Auto und wir fuhren in die Schweiz. Da mein Fuß noch eingegipst war musste Franz den neuen UP fliegen. Er war total begeistert, eine richtige Drachenflieger-Sensation war den Amis mit diesem Vogel gelungen. Obwohl es der einzige Vorführdrachen war, musste ich ihn unbedingt haben! Da ich das Geld schon dabei hatte, legte ich den Preis dafür auf den Tisch und schon war er meiner.

Wieder frei von meinem Gefängnis Krankenhaus, war in der nächsten Zeit nicht an Bootsbau zu denken. Jede freie Minute hing ich am Wunderdrachen und kreiste mit den Vögeln in den Lüften. Als im Altmühltal die Oberpfalzmeisterschaft stattfand, glaubte ich der Topfavorit mit meinem neuen Wundervogel zu sein. Leider tat sich wegen lauer Windverhältnisse nichts und so setzte ich mich in das Wirtshaus. Ich saß gerade bei der zweiten Halbe Bier und einer Brotzeit, als ich einen Drachen über der Startrampe schweben sah.

»Verdammt, der Aufwind ist da« und ich verschluckte mich fast. Wie ein geölter Blitz startete ich zu meinem Drachen, der noch aufgebaut in der Wiese lag. Ungeduldig, daraufhin sogar stinksauer auf die Schläfer, die vor mir an der Startrampe standen, wartete ich auf meinen Abflug.

Als ich endlich an der Reihe war, rannte ich ohne Liegeprobe los ins Leere. Ein eisiger Schreck durchfuhr mich innerhalb von Millisekunden, ich war nicht eingehängt! Die Arme streiften über die Seitenstangen des Trapezes und ich stürzte 35 Meter ohne Drachen in die Tiefe. Auf dem mit Bäumen und Moos bewachsenen, steilen Abhang schlug ich mehrere Male auf und blieb bewusstlos liegen. Obwohl mir kein Mensch die geringste Überlebenschance gab, rührte mich zum Glück keiner an, bis der Rettungsdienst eintraf. Drei Monate musste ich daraufhin mit starker Gehirnerschütterung und Halskrause im Gipsbett liegen. Drei angebrochene Rückenwirbel, eine total durchschlagene Hüftpfanne und ein gebrochener Knöchel, das rechtfertigt schon einen Krankenhausaufenthalt. Im Gipsbett liegend mit genageltem Fuß, an dem ein schweres Gewicht hing, kam erst nach Wochen die Erinnerung zurück.
Meine Aussichten waren denkbar schlecht. Die Wahrscheinlichkeit, dass ich ein Krüppel bleiben würde, war groß. Der Gedanke, lebenslang behindert zu sein und niemals wieder richtig gehen zu können, ließ mich an Selbstmord denken. Jeden Tag führte ich einen Feldzug gegen mich selbst und sagte mir:

»Damit das Mögliche entsteht, musst du das Unmögliche versuchen!«

Im zweiten Monat hatte ich schon Hanteln und andere Trimmgeräte in meinem Zimmer. Als ich nach siebzig Tagen von meinem Gipsbett befreit wurde, arbeitete ich wie verrückt an meinem knochigen Unterkörper. Obwohl noch bettlägerig, verließ ich heimlich das Krankenhaus mit Krücken und machte einen Stadtbummel. Resultat: Das Rote Kreuz musste mich von der Bordsteinkante auflesen, an der ich zusammengebrochen war.

Da ja auch meine Psyche wieder ins Lot kommen sollte, buchte ich noch im Krankenhaus mit sechs Freunden einen Segelurlaub in der Ägäis.

Zwei Wochen nach der Krankenhausentlassung saßen Agnes, Fredy, Franz und ich schon im Flieger nach Griechenland. Zwei Drachenfliegerfreunde wollten in Piräus zu uns stoßen, die mit dem Auto unterwegs waren. In Athen übernahmen wir die Yacht, die in einem miserablen Zustand war. Bevor wir auslaufen konnten, mussten wir aber erstmal den mitgebrachten Anlasser einbauen und die Segel nähen.

Nach dem Auslaufen war unser erster Ankerstop in der Bucht von Kap Sounion, auf dessen Bergspitze der Tempel des Poseidon steht. Das Wasser war warm und glasklar. Da ich ein exzellenter Freitaucher bin, für den 25 Meter Tiefe kein Hindernis darstellen, hatten wir bald einige antike Amphorenstücke an Bord, die auf dem Meeresboden herumlagen. Auf Karos hatte ich einige Jahre zuvor bereits einige kleine Tongefäße in einem verlassenen Gebäude entdeckt und sie unter Steinen im Meer versteckt. Als wir zu dieser Stelle kamen, fand ich die Gefäße tatsächlich noch auf, wunderschön mit Röhrenwürmern und Muscheln bewachsen. Erfreut über meine Funde nahm ich sie an Bord und dachte mir nichts Böses dabei. Bei der Rückgabe des Bootes warnte ich meine Freunde, diese Scherben gut in den Seesäcken zu verstecken, damit wir nicht am Flugplatz in Schwierigkeiten geraten. Die Griechen sind bei solchen Sachen extrem empfindlich. Wie empfindlich sie sind, sollten wir nur kurze Zeit später am eigenen Leib erfahren.

Ich kümmerte mich inzwischen um die Bootspapiere, während meine Freunde die Tonstücke, für alle gut sichtbar, an Deck in ihren Seesäcken verstauten. Schwachsinnig! Eigentlich hatten wir uns bei den paar Scherben überhaupt nichts gedacht, sollten sie doch nur ein Souvenir für uns sein. Wir verabschiedeten uns von Willi und Hans, die mit dem Auto nach Athen gekommen waren und fuhren mit dem Taxi zum Flugplatz.

Nach der Passkontrolle wurden wir auf einmal von Polizisten verhaftet und saßen wenige Stunden später schon im Polizeigefängnis von Athen. Der Eigner unserer Charteryacht hatte die Scherben an Bord gesehen und dies sofort dem Zoll gemeldet.

Drei Tage lang versuchte ich vergeblich, die deutsche Botschaft anzurufen und konnte mich jedes Mal nur mit dem Anrufbeantworter unterhalten. Meiner Bitte um einen Rückruf kam man nicht nach. Weitere drei Tage später wurde eine Schnellverhandlung angesetzt. Wir waren sicher, dass wir auch ohne Rechtsanwalt und Botschaft mit einer Geldstrafe davonkommen würden. Umso länger wurden unsere Gesichter, als der deutschsprachige Richter uns mit lächelnder Miene zwanzig Monate

Gefängnis aufbrummte. Die Staatsanwältin sprach von großangelegtem Antiquitätenraub der Ausländer in Griechenland.

Franz war nahe an einem Nervenzusammenbruch, kniete weinend vor dem Richter und bat um Milde. Das Rübenschwein sagte lachend

»zwanzig Monate gehen schnell vorbei.«

Als wir zur Überführung, bewacht von vier Polizisten, zwei vorne und zwei hinten bei uns, wieder in der Grünen Minna saßen, sah ich im Gesicht von Franz, dass er etwas plant. An einer Kreuzung stieg der mir gegenübersitzende Bewacher aus und so war nur noch einer im hinteren Abteil neben Franz. Bei der nächsten Kreuzung gab es eine große Menschenansammlung wegen eines Marktes. Ich beobachtete Franz und mir war klar, »jetzt haut er ab«. Kurz zischte es auch durch mein Gehirn, »ich gehe mit«. Aber dann siegte die Vernunft, denn durch mich sind meine Freunde in die Scheiße geraten und sollte die Flucht von uns beiden gelingen, würde man mich in Roding wahrscheinlich steinigen.
Franz saß an der Rückfront und ihm gegenüber der Bulle. Plötzlich sprang Franz auf, ich öffnete blitzschnell die Tür und Franz konnte aus dem Polizeitransporter entkommen. Der hinter ihm her stürzende Wächter stolperte über meinen absichtlich ausgestreckten Fuß und landete hart auf dem Asphalt. Der Bulle neben dem Fahrer hetzte hinter Franz her und der mit der Bauchlandung ebenfalls. Ich sah noch wie Franz im Hasenzickzack in der Menge verschwand. Plötzlich stand der Fahrer mit gezogener Waffe vor uns und verhinderte, dass wir auch wegliefen. Nach einiger Zeit kamen die Jäger ohne Beute zurück, Franz konnte tatsächlich flüchten. Aus lauter Wut über den Misserfolg wurden wir noch auf der Straße mit Gummiknüppeln wie Hunde traktiert und wieder hinein in die Minna geprügelt.

Im Polizeigefängnis angekommen wurden wir in ein unmenschliches Verlies gesteckt, ohne Licht und Verpflegung. Wir durften nicht einmal zur Toilette gehen und mussten unsere Notdurft in der Zelle verrichten. Drei Tage vegetierten Agnes, Fredi und ich in diesem Zwei-Pritschen-Appartement vor uns hin. Unser Recht auf die Kontaktierung der Deutschen Botschaft gewährten sie jeden Tag, doch wir hatten keinen Erfolg mit unseren Anrufen. Immer war der Anrufbeantworter eingeschaltet und ich bat jedes Mal um dringende Hilfe.

die Woche

14. Jahrgang / Nr. 35 Donnerstag, 3. September 1981 Einzelpreis 1.— DM R 5822 CX

Die regionale Wochenzeitung – unabhängig – kritisch – mutig

Böses Urlaubs-Ende in Griechenland 20 Monate Gefängnis für Taucher

Schatzsucher floh aus Polizei-Auto

Abenteuerlustig sind sie alle, die Männer vom 1. Oberpfälzer Drachenfliegerclub Steinerbrückl e. V. Doch was die hartgesottenen Oberpfälzer, bei denen neben dem Fliegen das Tauchen mit zu den liebsten Hobbys zählt, heuer in Griechenland erlebten und noch erleben müssen, hat ihre Lust an nervenkribbelnden Abenteuerreisen gewaltig gebremst. Mit aus dem Meer getauchten antiken Gegenständen wurden die drei Männer und ein Mädchen von der griechischen Polizei erwischt und umgehend zu Freiheitsstrafen von 20 Monaten verurteilt. Nur einem von ihnen gelang es nach dem harten Urteilsspruch, mitten in Athen aus einem Polizeiwagen zu fliehen und in der Menge unterzutauchen. Er hatte genug von ein paar Tagen in einem griechischen Untersuchungsgefängnis und war nahe am Durchdrehen. Seine Frau schmuggelte ihn außer Landes. Die beiden anderen verurteilten Männer und das Mädchen schmoren weiterhin in einer Zelle, und keiner weiß, ob sie die ausgesprochene Strafe in voller Länge absitzen müssen oder nicht. An so ein schlimmes Ende des Abenteuerer-Urlaubs auf dem Meer hatte keiner aus der Regensburger Drachenflieger-Schickeria auch nur im Traum gedacht.

Initiator der Kreuzfahrt in Griechenland mit einer gecharterten Yacht war der in der gesamten Oberpfalz wie ein bunter Hund bekannte Kunstschmied Wolfgang Clemens aus Roding. Der „Gangerl“, wie ihn seine Freunde nennen, hat schon zahlreiche Unternehmungen

Fortsetzung auf Seite 4

Titelseite von »die Woche« vom 3. September 1981

Drei Tage später wurden wir in ein Sammellager überstellt. Dort waren wir mit 22 Menschen, Ratten, Kakerlaken und anderem Tierzeug sowie unermesslich viel Müll in einem Raum eingepfercht und warteten auf unsere Verlegung in die Gefängnisse. In dieser Nacht nahm sich ein Mann das Leben, indem er sich die Pulsadern aufschnitt. Es herrschte Ausnahmezustand!

Schließlich wurden wir in ein Gefängnis nach Vollos überführt. Wir hausten dort mit zwölf Mann in einer Zelle, aber das war leidlich erträglich. Zwar waren Schwulitäten und Schlägereien an der Tagesordnung, aber uns ließ man in Ruhe. Wir drehten zwei Mal am Tag unsere Runden über den Gefängnishof und bohrten in der restlichen Zeit mit unseren Augen Löcher in die Knastdecke. Die Nächte vergingen in einem von Albträumen geplagten Dämmerzustand. Agnes brachte man in ein Frauengefängnis, wir hatten keine Ahnung wie es ihr erging.

Laufend versuchten wir die Deutsche Botschaft zu erreichen, doch die Schweine hüllten sich in ignorantes Schweigen. Nach fast drei Wochen erschien völlig überraschend der frühere Innenminister Hermann Höcherl, der immer wieder in Schiedsgerichten eingesetzt wurde. Er machte uns große Hoffnungen, dass wir bald frei sein würden. Da er nicht weit von unserer Heimatstadt Roding entfernt im Bayerischen Wald sein Zuhause hatte, wurde er von Fredis Vater eingeschaltet. Dieser mobilisierte den Sohn des früheren griechischen Ministerpräsidenten Stefanopoulos, der ebenfalls Anwalt war. Von den feinen Herren der Botschaft hatte sich bis dahin aber noch immer keiner bei uns gemeldet. Mit dem Versprechen, dass für uns alles getan würde, verließ er uns und ließ ein riesiges Paket Hoffnung bei uns zurück.

Zwei Wochen später wurden wir nach Athen zurückverlegt, dort erhielten wir endlich unseren ersten Besuch von der Deutschen Botschaft. Wie wir später erfuhren, hatte Herr Höcherl dort riesigen Stunk gemacht. Nach unserer Freilassung besuchte ich ihn, um mich zu bedanken und da erzählte er mir die Story seines Aufbegehrens in der Botschaft.

Er stand in Athen eine halbe Stunde nach Öffnungszeit vor verschlossener Tür, auf den Gängen warteten etwa zwanzig Personen auf Einlass. Erst als er mit wuchtigen Faustschlägen gegen die Tür donnerte und er seinen Namen nannte, wurde ihm geöffnet. Die Herrschaften saßen in Gruppen an Tischen, tranken Kaffee und lasen Zeitung und das zur normalen Arbeitszeit. Auf die Frage, warum man sich nach Wochen immer noch nicht um uns gekümmert hatte, meinten sie mit einem Achselzucken, der Anrufbeantworter sei kaputt gewesen. Dass man eine kaputte Maschine drei Wochen am Netz hängen lässt, ist mir echt ein Rätsel.

Leider hatten wir schon eine Rechtsanwältin eingeschaltet, der wir aber nichts zutrauten. Frau Malakata besuchte uns zwar des Öfteren, aber wir vermuteten, sie wollte nur die Anwaltskosten hochtreiben. Als Rechtsanwalt Stefanopoulos uns besuchte und uns die freudige Nachricht überbrachte, dass wir in einer Woche frei kämen, waren wir uns nicht sicher, sollten wir lachen oder sollten wir weinen vor Glück! Bei seinem nächsten Besuch aber entgleisten uns die Gesichtszüge, denn noch weitere sechs Wochen sollten wir in diesem Zuchthaus verbringen müssen. Der Grund waren Neuwahlen. Während dieser Zeit, vier Wochen vor und zwei Wochen nach der Wahl, durfte aus welchen Gründen auch immer niemand aus der Haft entlassen werden.

Nach zwei weiteren Wochen gelang es uns aber wenigstens, dass Fredi und ich in eine Zelle zusammengelegt wurden. Fredis Vater hatte ihm bei seinem Besuch Geld dagelassen und so konnten wir die Wärter bestechen. Bis zu diesem Zeitpunkt saß ich mit einem schwulen indischen Doppelmörder ein, der mir einmal an die Wäsche wollte. Als er merkte, dass auch ich zum Mörder werden kann, ließ er mich in Frieden. Fredi musste sich mit einem verrückten Tschechen die Zelle teilen, der sich für Adolf Hitler hielt und ihn mit seinen Parolen fast in den Wahnsinn getrieben hatte. Im Gefängnis durften wir zudem erfahren, was man im sonnigen Griechenland von uns Deutschen hielt: Wir bekamen grundsätzlich weniger und schlechteres Essen und man schikanierte uns im Zellentrakt. Man merkte, was sie in Wirklichkeit von uns Deutschen dachten, denn die Vergangenheit war dort immer noch wach. Agnes, die im Frauentrakt untergebracht war, ging es auch schlecht, sie musste sich mit abgestürzten Schlampen, Mörderinnen und Lesben herumschlagen.

In der Zeit, in der wir im Knast von Athen einsaßen, lernten wir auch etliche andere Deutsche kennen, die von der Botschaft, obwohl sie teilweise schon acht Monate im Knast saßen, noch nichts gehört oder gesehen hatten. Uns aber behandelte man plötzlich zuvorkommend, sie hatten auf einmal Angst und ein schlechtes Gewissen, denn von außen schien etwas in Gang geraten zu sein, was dem Ruf der Botschaft hätte schaden können. Nachdem mehr als drei Monate verstrichen waren, wurde endlich eine Revisionsverhandlung angesetzt, die aber nur eine Farce war, denn der Staatsanwalt sprach plötzlich mit den Worten eines Verteidigers. Mein Freund Dr. Max Fischer, damals Staatssekretär in der Bayerischen Staatsregierung, erschien höchstpersönlich mit 1.500 Unterschriften, die in Roding gesammelt worden waren, um für unsere Freilassung zu plädieren. Wie ich nun erfuhr, hatten sich auch der Europaabgeordnete Gerhard Schmid, der Ministerpräsident Dr. Franz Josef Strauß und der damalige Außenminister Hans-Dietrich Genscher für uns stark gemacht. Als sich das hohe Gericht zur Beratung zurückzog, eilte auch der Staatsanwalt in das Beratungszimmer. Ich sah darin etwas Positives.

Nachdem das Gericht den Sitzungssaal wieder betreten hatte, standen alle auf um den Richterspruch zu erwarten. Es blieb bei der ursprünglichen Strafe von zwanzig Monaten, allerdings dann zur Bewährung von sechs Monaten, was quasi einem Freispruch glich. Pfeifend entwich unser angehaltener Atem, wir waren unglaublich erleichtert. Der »Freispruch« klang aber eher nach einer Entschuldigung. Ohne die Hilfe unserer Parlamentarier hätten wir wohl unsere Strafe von zwanzig Monaten absitzen müssen.

Diese vielen negativen Erlebnisse, seien es nun die Krankenhausaufenthalte oder auch der Knast, sie machten mich immer vorsichtiger, aber auch zäher und verwegener. Schließlich gingen sie immer relativ glücklich aus. Ich glaubte so fest an mich, dass ich mir sicher war, auch in der ausweglosesten Situation immer noch eine Lösung zu finden. Aber ich wurde auch misstrauischer, was den Umgang mit meinen Mitmenschen betraf. Musste ich doch erfahren, dass viele meiner Rodinger Mitbürger, ja sogar Freunde, bei der Unterschriftenaktion ihr Signum verweigert hatten. Dabei ging mir erst ein Licht auf, was das Wort Neid überhaupt bedeutet. Vielen waren meine lockere Art und mein Lebensstil ein Dorn im Auge. Ich hatte noch nie einen Menschen betrogen, vermied Lügen und ein Ehrenwort war mir wirklich heilig. Dann musste ich hintenrum erfahren, wieviele mir den Knast in Griechenland gönnten. Oft klagte ich mein Leid meiner Mutter und wieder gab sie mir einen weisen Spruch mit auf den Weg:

»Neid musst du dir verdienen, Mitleid bekommst du geschenkt.«

Menschen, die in meiner unfreiwilligen Abwesenheit falsches Zeugnis über mich abgelegt hatten, hätte ich danach oft gerne ins Gesicht gespuckt. Erst viele Jahre später bei meiner Weltumsegelung stellte ich fest, dass Neid eigentlich eine deutsche Krankheit ist. Die Zeiten, in denen ich mich in der Öffentlichkeit in Szene setzte, waren nun für mich endgültig vorbei. Ich zog mich vollkommen aus der Gesellschaft zurück und erkannte bald, dass man nicht viele Freunde haben muss. Ein paar davon reichen aus, um sich glücklich zu schätzen.

Meine Arbeiter in der Werkstatt hatten mich verlassen, nur mein Lehrling, den zwischenzeitlich mein Freund Heiner angestellt hatte, war mir noch geblieben. Sorgen um Arbeit brauchte ich mir aber nicht zu machen. In der Nacht, in der ich aus Griechenland zurückkam, legte mir Heiner ein Leistungsverzeichnis über den Neubau eines Einkaufzentrums in Regensburg vor, das mir den Atem stocken ließ. Die ganze Nacht, mit keiner Minute Schlaf auf der Backe, saßen wir über dem Angebot, denn der Abgabetermin war schon am nächsten Morgen um 10 Uhr. Ich brachte es pünktlich im Planungsbüro vorbei. Schon am darauffolgenden Tag bekam ich den Zuschlag für diesen gigantischen Auftrag, der mir nicht um drei Nummern zu groß erschien, sondern gleich um zehn.

Von November bis Mai arbeiteten wir uns fast zu Tode. In den sieben Monaten hatte ich mir nur über die Weihnachtsfeiertage zwei Tage freigenommen, ansonsten arbeitete ich sieben Tage die Woche und das bis zu achtzehn Stunden. Die meisten Firmen auf der Baustelle waren nach ein paar Monaten bereits mit Terminen in Verzug geraten, nur der Clemens nicht. Der Inhaber des Einkaufszentrums, der jeden Sonntag zur Baustelle kam, lobte mich vor der ganzen Versammlung bei der Einweihung.

Plötzlich hatte ich wieder Geld und konnte mit meiner Freundin einen Aktivurlaub auf den Malediven machen. Wir waren dort hauptsächlich wegen der traumhaft schönen Tauchgebiete, vertrieben uns die Zeit aber auch mit Wasserskifahren, Surfen oder einfach nur am Strand die Seele baumeln lassen. Da wir den 11. November 1982 hatten, wusste ich, dass um 11:11 Uhr deutscher Zeit die Prinzeninthronisation in Roding stattfinden sollte. Aus Spaß heraus feuerte ich Liane an, am Strand doch schon mal das herrschaftliche Gehen einzuüben. Sie stutzte plötzlich und starrte mich an: »Du willst doch nicht sagen, dass wir das nächste Prinzenpaar sind?!« Ich genoss noch ein paar Stunden ihre entsetzte Verblüfftheit, klärte sie aber dann über meinen Spaß auf.

Als wir einige Tage später wieder in unser Heimat waren, erfuhr ich, dass der Prinzessinenvater kurz nach der Inthronisation verstarb. Und so kam es, dass ich am ersten Arbeitstag nach meinem Urlaub morgens gegen 8 Uhr Besuch vom Faschingspräsidenten Jupp Brantl mit Kommitee erhielt. Die Delegation schilderte mir ihre Notlage, da die amtierende Prinzessin aufgrund des Trauerfalls nicht am Faschingsgeschehen teilhaben konnte und der folgende Fasching somit auszufallen drohte. Auch die bisherigen Investitionen für das närrische Treiben dieser Saison waren so hoch, dass die Faschingsgesellschaft in den Bankrott getrieben werden könnte, sollte sich nicht eine Notlösung in der kurzen Zeit finden.

»Gang, du bist der Einzige, der uns aus der Patsche helfen kann, weil du mit Liane schon eingetanzt bist und früher so viele Tanzturniere bestritten hast«, flehten sie mich schon fast an.

Da meine Freunde Jupp Brandl und Hannelore Bergfeld die Hauptinitiatoren des Faschingsgeschehens waren und schon so viel an Vorleistung erbracht hatten, konnte ich sie nicht hängen lassen. Ich bat um kurze Bedenkzeit, um mit Liane zu sprechen. Wie es also so kommen musste, waren wir das Prinzenpaar der Faschingssaison 1983. Da nur gut vier Wochen Zeit bis zum Hof- und Bürgerball Anfang Januar waren, mussten wir fast täglich bis spät nachts trainieren. Zur Belohnung für unsere harte Arbeit wurden wir bei jedem unserer über vierzig Auftritte mit tosendem Beifall belohnt.

Noch im selben Jahr flog ich mit Liane nach Lanzarote zum Baden und Drachenfliegen. Als ich an einer 500 Meter hohen Steilklippe meinen Gleiter auspackte, herrschte schon Missstimmung, da ich gegen unsere Abmachung verstieß und nicht mit ihr zum baden gehen wollte. Liane war grantig, weil ich schon den zweiten Tag hintereinander fliegen wollte. Aber das Fliegen an Steilklippen reizt mich einfach total! Neben einer keifenden Frau Ruhe und Konzentration für den anstehenden Flug zu bewahren, ist dann schon eine Kunst. Aber die Strafe dafür sollte nicht lange auf sich warten lassen.

Allen Sicherheitsschwüren zum Trotz, packte ich meinen aufgebauten Vogel und stürzte mich mit einem närrisch grinsenden »Leck mich!« über die Felskante. Mich durchschoss ein Todesschreck, den ich schon kannte.

»Wieder nicht eingehängt«, ging es durch meine weiche Birne.

Blitzschnell ließ ich das Trapez los und konzentrierte mich auf den Aufprall, der mich nach 20 Metern freiem Fall wie der Hufschlag eines Pferdes traf. Dieses Mal aber knallte ich auf harten Fels und blieb auf einer Felsnase bewusstlos liegen. Mit Kopf und Beinen hing ich über dem Abgrund, der 500 Meter fast senkrecht in die Tiefe führte. Die hysterischen Schreie meiner Freundin hörte ich nicht mehr.

Als sich bei mir nichts rührte, versuchte sie im nahegelegenen Kloster Hilfe zu holen, aber vergeblich aufgrund von Verständigungsschwierigkeiten. Als sie nach 40 Minuten zurückkam, begann sich mein zerschundener Körper gerade zu rühren. Sie nahm all ihren Mut zusammen und kletterte zu mir schreiend herab. Langsam konnte ich ihre Rufe wahrnehmen, ich sollte mich nicht bewegen, da ich über dem Abgrund hing. Mit Lianes Hilfe drehte ich mich auf den Rücken aus der Gefahrenzone, konnte aber den rechten Arm und Fuß nicht bewegen. Ich weiß nicht wie wir es geschafft haben die steile Felswand hinaufzuklettern, aber ohne die Hilfe meiner Freundin hätte ich nicht die geringste Chance gehabt.

Ich lag aus vielen Wunden blutend am Abgrund und Liane holte den Wagen, einen Fiat Panda, zur Absturzstelle herunter. Ich vermutete, Fuß und Arm waren gebrochen, trotzdem schaffte ich es, mich auf den Beifahrersitz zu ziehen. Mein Hasi war total fertig und ich musste ihr beruhigend zureden. Als aber bergauf die Räder des Frontantriebes in der Vulkanasche durchdrehten, war sie einem Zusammenbruch nahe. Tröstend nahm ich sie in meinen gesunden Arm und redete ihr gut zu. Als sie wieder zu sich fand, bediente sie Kupplung und Gas und ich steuerte rückwärts das Auto zwischen den Findlingen zum Bergkamm hinauf. Nun konnte sie selbst fahren und ich wies ihr den Weg zurück nach Arecieve. Immer wieder wurde ihr zierlicher Körper von Schluchzern geschüttelt. Als wir zum Eingang des Krankenhauses einbogen, zeichnete ich das Gesegnete, ich begab mich in die Obhut der Bewusstlosigkeit.

Am nächsten Tag erwachte ich mit wunderschönen Gipsbandagen. Liane brachte mich später auf mein Drängen hin zurück in unser Hotel. Scherzhaft nahm ich sie auf den Arm mit den Worten

»sigst Schatzl, jetzt hast mi fia längere Zeit, die Fliegerei ist gestrichen!«

Die Diagnose vom Krankenhaus: Arm angebrochen, kein Problem, der Fuß aber war total zersplittert, den konnten sie dort nicht behandeln.

»Ist halt wieder ein Fall für unseren Chefarzt im Rodinger Krankenhaus, der kennt mich jetzt schon besser wie der Pfarrer seine Bibel.«

Obwohl ich beim ADAC versichert war, vergaß ich, dass ich einen Rücktransport hätte beanspruchen können. Und so wartete ich drei Tage auf einen Platz im Touristikbomber, der mich zurück nach Deutschland brachte. Langsam reichte es mir, war ich plötzlich nur noch vom Pech verfolgt?

In der Zeit im Rodinger Krankenhaus, in der ich mich sehr viel mit Fernsehen und Lesen beschäftigt hatte, entfernte ich mich noch mehr von der Zivilisationsrealität. Ich hatte die Schnauze voll vom Boulevardgeschnatter, was nur für Gelangweilte interessant sein kann, wie Fettabsaugung elefantöser Frauenschenkel oder Brustvergrößerungen vorher und nachher. Oder journalistische Höhepunkte um eine Brustverkleinerung, wo hemmungslos über zwei Drittel des Beitrages die riesigen Brüste eines unglücklichen Mädchens gezeigt werden, das sowieso schon von allen Männern angegeifert wird. Wen interessiert denn dieser Scheiß?

Nachdem unser Krankenhausboss beste Arbeit an mir geleistet hatte, humpelte ich schon wieder mit Gips am Fuß in der Werkstatt umher. Den Bau meines Schiffes trieb ich auch wieder intensiver voran. Aber es war unvorstellbar, wie viele Arbeitsstunden ich noch in diese Kiste stecken sollte. Die Leute in und um Roding glaubten nicht mehr daran, dass es jemals fertig werden würde. Und ich selbst hatte nach acht Jahren Bauzeit auch bereits Zweifel. Walter Lippmann sagte:

»Wo alle gleich denken, denkt keiner sehr viel.« Und so vergingen die nächsten Jahre in meinem gewohnten Rhythmus mit härtester Arbeit in der Werkstatt und an meinem Schiff sowie vielseitigen, sportlichen Freizeitbeschäftigungen.

1986 ließ ich mich noch einmal breitschlagen, die Prinzengarde mitzutrainieren und auch selbst mitzuwirken. Wenn man dann die großartigen Erfolge sieht, macht es einem doch ein bisschen Spaß, einer solchen Truppe anzugehören. Schließlich hatten wir beim europäischen Gardetreffen in der Münchner Olympiahalle schon einmal den ersten Platz belegt. Als dieser Fasching dann zu Ende war, hatte ich eine neue Freundin, Renate aus meiner Prinzengarde, die mich später bei der Weltumsegelung begleiten sollte.

Im Juni 1987 hatte ich beim Bayerischen Rundfunk einen Fernsehauftritt in der Sendung »Sag die Wahrheit« mit Moderator Gerd Rubenbauer. Das Rateteam bestand aus Thomas Gottschalk, Günther Jauch, Fritz Egner und einer Wasserstoffblondine, deren Namen ich vergessen habe. Sie war aber auch die Einzige, die mich als künftigen Weltumsegler erraten hatte. Ihre Begründung waren meine großen Hände. Hervorragende Intuition! Spätestens dann war allen klar: Der Gangerl segelt im kommenden Jahr los. In allen Kneipen und Bars wurde gerätselt, wie mein Schiff wohl heißen würde, für mich stand das aber schon längst fest: Ein dreiköpfiger Drache sollte am Bug Feuer zum Heck spucken und in den Flammen sollte der Name »Hydra« zu lesen sein.

In unserem kulturtreuen König-Ludwig-Patrioten-Club erzeugte ich mit dieser Idee allerdings nicht gerade Begeisterungsstürme. Als echt bayerischer Königstreuer hätte ich schließlich auch die Nationalfarben Weiß

Die fertige King of Bavaria auf dem Hof meiner Kunstschmiede

und Blau der Welt zu offenbaren. Zur Einsicht gekommen lackierte ich das Schiff weiß, vom Bug bis zum Heck mit weißblauen Rauten verziert. Am Bug prangte schließlich das Wappen König Ludwigs des II. Es war eine Heidenarbeit, bis die Yacht ihr bayerisches Gewand hatte. Dazu gehörte schließlich auch ein, wie ich damals noch glaubte, angemessener Name: *King of Bavaria*. Dieser bayerische Spleen sollte mich rund um die Welt mit meinen Deutschen Mitbürgern noch zur Verzweiflung treiben.

Wohnung, Auto und Kunstschmiede wurden verscherbelt und am 15. Mai 1988 stieg die große Einweihungsfeier mit Freibier und Weißwürsten. Hunderte Schaulustige kamen, um zu sehen, was der Gangerl in den Jahren so getrieben hatte. Staatssekretär Dr. Max Fischer, der Vorsitzende des Segelclubs, Landrat Ernst Girmindl und Bürgermeister Eduard Bäumel hielten Ansprachen und anschließend erhielt die Yacht den kirchlichen Segen vom evangelischen Pfarrer. Der Bürgermeister fungierte als Taufpate und schmetterte eine Flasche Moet Chandon gegen den Rumpf. Dann war die Menge nicht mehr zu halten, jeder wollte mein Werk besichtigen. Spätestens da war Vielen klar, warum sich der Bau so lange hingezogen hatte. Im Alleingang hatte ich nämlich den ganzen Rumpf geschweißt und die Innenausbauten aus feinstem Mahagoniholz gestaltet. Ausgerüstet war die Yacht mit zwei Dieselmotoren vom Typ Mercedes OM 615, UKW- und KW-Funk, Wetterkartenschreiber, Radar, Satnav und einem Tauchkompressor mit Equipment für acht Taucher an Bord.

Drei Tage nach der Einweihung rückte die Rodinger Feuerwehr an und legte mit der hydraulischen Leiter den Mast um. Schon tags darauf hievte ein Kran das 18 Tonnen schwere Schiff auf einen Bock, damit der Kiel gestrahlt und gestrichen werden konnte. Als mein Prachtstück anschließend auf einen Tieflader verfrachtet wurde, nahm es Abschied von Roding-Mitterdorf, wo es zwölf Jahre lang vor meiner kleinen Werkstatt bis zu seiner Fertigstellung ausgeharrt hatte. Für Viele gehörte es schon fast zum Stadtbild.

Unter Polizeibegleitung suchte sich der überbreite Schwertransport einen brückenlosen Weg über Schleichpfade nach Regensburg an die Donau. Der Weg war gesäumt von Schaulustigen, die kaum begreifen mochten, was sich vor ihren Augen abspielte. 20 Meter lang war der ganze Transporter, 4 Meter breit und 5,5 Meter hoch. Langsam aber sicher schlich das Ungetüm seinem Ziel entgegen. Unterwegs mussten zahlreiche Strom- und Telefonleitungen abmontiert werden. Für die 70 Kilometer lange Strecke benötigte der Transporter sieben Stunden.

Im Hafen der Domstadt Regensburg stand bereits der 90-Tonnen-Kran bereit. Ich beobachtete mit klopfendem Herzen und schweißnassen Händen die Wasserung meines Schiffes. Ich glaube, jeder Zuschauer konnte den Stein hören, der mir vom Herzen fiel, als sich die Kette lockerte und mein Schiff endlich schwamm. Alles war dicht, nur die Wasserlinie am Bug stimmte nicht. Herr Reinke hatte es sich mit der Anleitung zu einfach gemacht und erklärte, dass eine Yacht in Stahlbauweise 12 Zentimeter tiefer schwimmen würde, als eine aus Aluminium. Bei der *King of Bavaria* lag die Wasserlinie am Bug um 20 Zentimeter tiefer.

Das Hafenamt Regensburg, welches mir in jeder Hinsicht behilflich war, teilte mir im alten Westhafen einen Liegeplatz zu. Drei Wochen war ich nun noch damit beschäftigt, kleine Änderungen am Schiff vorzunehmen und es für die große Reise vorzubereiten. Gänzlich ungelegen kamen dabei die ständigen Besucher, die mir und meinen Helfern wertvolle Zeit raubten und oft ihren unqualifizierten Senf dazugaben.

Im Osthafen setzte ich die Yacht schließlich nochmal aufs Trockene, um die Wasserlinie zu korrigieren. Plötzlich fiel einem schlauen Herrn vom Wasserwirtschaftsamt die Frage ein, wie schwer denn mein Schiff sei. Ich antwortete Wahrheitsgemäß »keine Ahnung«, wollte mich aber bei Herrn Reinke erkundigen. Mit Schrecken stellte sich heraus, dass ich für die Überführung zum Donaudelta in Rumänien für mein 18 Tonnen Schiff ein Berufsschifferpatent benötigte. Kurzerhand ließ ich mir von Herrn Reinke bestätigen, dass ich die Yacht in Aluminium gebaut hätte und sie so nur 11,5 Tonnen schwer sei. Sofort waren alle Probleme beseitigt und es konnte losgehen. Spitzfindige Beamte muss man schon manchmal mit einem lächelnden Auge über den Tisch ziehen. So manche Probleme wurden zwecks des Tiefgangs der Yacht noch erhoben, aber die lösten sich von selbst, als der Donauspiegel wegen heftiger Regenfälle um 50 Zentimeter anstieg.

Endlich war es soweit: Der 15. Juni 1988 war angebrochen, der Tag unserer geplanten Abreise. Die Sonne strahlte mit ihrem schönsten Lächeln vom Himmel. Der Hafen war voller Schaulustiger, auch Presse und Regionalfernsehen erwiesen uns die Ehre. An Bord tummelten sich einige Verwandte und Bekannte, die Renate und mir den Abschied erleichtern wollten, indem sie uns eine Strecke weit auf der Donau begleiten. Ich startete den Motor, nahm meine Gitarre zur Hand und schmettere aus voller Kehle den Song von STS:

»Und irgendwann bin i dann dort, lass olles lieg'n und steh'n, geh' vo dahoam für immer fuart, darauf gib i dia mei Wort.«

Mir war klar dass ich längere Zeit nicht heimkommen würde, wenn überhaupt. Ich hatte kein Refugium zurückgelassen, in das zurück ich hätte flüchten können. Ich bin ausgestiegen, zumindest für längere Zeit. Mein eigenes Universum war nun die *King of Bavaria*, die mich zu neuen Horizonten bringen sollte. Ich verkaufte all meine Besitztümer und machte das Abenteuer zu meinem Lebenswerk. Die Ferne machte mich süchtig und ein alternatives Leben begann.

Damals ahnte ich noch nicht, dass ich auch über 30 Jahre später noch um die Welt kurven würde.

Kapitel 2

Die Donau und der kritische Balkan

Heute denke ich oft daran, wie recht ich doch mit dem Lied von STS hatte. Geplant war eigentlich eine acht- bis zehnjährige Reise. Die Raserei anderer Segler, die in drei bis fünf Jahren um die Erde segeln, bei der man doch nur Wasser und Häfen sieht, war schon damals für mich nicht akzeptabel. Auf hoher See zu segeln ist nicht immer schön. Die langen Tage, die nicht nur Kaffeesegeln bedeuten, würden mich sicherlich so manchen Nerv kosten. An Stürmen wie Flauten und an lebensbedrohlichen Situationen ist noch kein Weltumsegler vorbeigekommen, aber ich wollte mich dieser »World Challenge« stellen. Der Magnet dieser Herausforderung besteht darin, zu neuen Horizonten zu gelangen. Ich wollte keine Rekorde brechen, meine Reise nicht unter Geld- und Zeitdruck leiden lassen, sondern Land und Leute kennenlernen und nicht nur sagen:

»Ich bin da gewesen.«

Die Dominanz bei meiner Reise sollte sich auf Land und Leute beziehen und nicht nur auf die Weltumsegelung. Für mich bedeutete mein Schiff damals »die große Freiheit« und das tut es auch heute noch.

Wir glitten also winkend aus dem Westhafen von Regensburg raus.

»Puh, endlich gehts los!« Eine Last fiel von mir ab!

Aber gleich ging es wieder in den Osthafen hinein. Denn schon nach fünf Minuten unter Motor setzte eine der beiden Maschinen aus.

»Na toll!«

Das Problem war aber glücklicherweise rasch behoben, da der Diesel-Tagestank leer war. Doch hatten wir ein *weit* größeres Problem, denn die Wasserlinie stimmte überhaupt nicht. Da ich das Problem beheben wollte, musste meine Segelyacht also *nochmal* aus dem Wasser raus. Der Hafenmeister kam mir jedoch entgegen und hob für einen günstigen Preis das Schiff wieder an Land.

Da ich den Wasserstand am Schiff gekennzeichnet hatte, war die Arbeit in zwei Tagen erledigt und die *King of Bavaria* wieder zurück in ihrem Element. Nach einem Abschiedsschnaps für die hilfreichen Hände waren wir wieder unterwegs.

Endlich waren wir also unterwegs. Renate und ich waren *sehr* aufgeregt über die anstehenden Abenteuer, aber *mindestens* genauso quirlig war unsere Hundedame Sherry. Sie lief die Yacht ständig auf und ab und bellte jede glitzernde Welle an, jedes vorbeifahrende Boot und einfach alles, was sich bewegt hat. Natürlich machten wir uns Sorgen, dass Sherry über Bord fallen könnte, weswegen wir ihr eine kleine Schwimmweste angezogen haben. Zudem waren drei meiner Crew-Mitglieder fast zwei Tage damit beschäftigt, an der Reling fein säuberlich ein Sicherheitsnetz für Sherry anzubringen.

Als wir zur ersten Schleuse kamen, war sie schon geöffnet und als es mit gurgelndem Wasser abwärts ging, schauten uns vom Schleusenturm winkend noch einige Schaulustige aufmunternd zu. Der Schleusenwärter, der durch die vielen Presseberichte informiert war, wünschte uns über Kanal 16 »viel Glück«. Einer sang sogar das Lied von Freddy Quinn »Junge komm bald wieder«. Dass ich seinem Wunsch nicht nachkommen würde, wusste ich *damals* schon.

Allmählich wurde es dunkel, wir machten im unteren Vorhafen fest und wollten dort übernachten. Auf einmal fiel Renate ein, dass Sherry schon seit zwei Tagen kein »Geschäft« mehr erledigt hatte, da die Hundedame seitdem nicht mehr an Land war und sie, als *Prinzessin*, es ja anders gewohnt war.

»Das kann ja lustig werden, wenn der Hund jedesmal zum Scheißen an Land muss!«, entfuhr es mir ein wenig ärgerlich. Ich war von Anfang an nicht besonders erfreut darüber, dass der Hund unsere Reise mitmachen sollte. Doch mit der Zeit hat sich meine Meinung gravierend geändert.

Früh am nächsten Morgen setzten wir unsere Reise bei strahlendem Sonnenschein fort. Vorbei an Straubing und Deggendorf fuhren wir in die Schleuse Jochenstein vor Passau ein. Wieder wurden wir vom Schleusenturm aus freundlichst begrüßt und verbrachten die zweite Nacht unter der Brücke in Passau. Gegen 4 Uhr morgens wurden wir aber unsanft mit rauen Flüchen geweckt: Wir sollten schleunigst verschwinden, weil wir den Warteplatz der Donauschifffahrt für die Schleuse blockierten. Ein freundlicher Donauschiffer gab uns wenigstens einen Tipp, wohin wir uns verlegen konnten. Wir machten mit ihm eine weitere nette Bekanntschaft und erfuhren auch, wo man Donaukarten und das Tripticket für die Donau vom ADAC kaufen kann. Das zeigt mal wieder, wie rotzfrech und blauäugig ich mich manchmal in Abenteuer stürze.

In Regensburg hatte uns das Hafenamt schon schlechte Aussichten für die Donaupassage prophezeit, denn mit unserem Tiefgang von 2,2 Metern lagen wir zu tief für die Donau. Erst später wurde mir klar, *wie wichtig* die Donaukarten für eine Fahrt zum Schwarzen Meer sind. Leider gab es die in Deutschland 1988 noch nicht.

Bei herrlichem Wetter passierten wir die österreichische Grenze in Obernzell. Dort mussten wir über eine Stunde lang warten, denn der Zöllner wollte uns *unbedingt* fotografieren. Er rannte dafür extra nach Hause, um seine Kamera zu holen.

Ich fuhr die Strecke schon vor unserem Start zwei Mal mit meinem Motorboot ab. Von der Schönheit der Wachau bin ich nach wie vor überwältigt.

Auf Höhe Kloster Melk verabschiedeten wir uns von Renates Bruder Heiner und den beiden Nachfolgern meiner Kunstschmiede Gerd und Tom, sowie von meiner Exfrau Marianne und Wolfgang, ihrem neuen Ehemann. Als Passagier war nur noch meine Mutter an Bord, die bis nach Budapest mitfuhr.

Als wir in Wien ankamen, verweilten wir ein paar Tage in der Nachbarschaft einiger Yacht-Selbstbauer. Überall erregten wir großes Aufsehen mit unserer weißblauen, bayerischen Yacht, die mit dem Wappen *Ludovicus Rex Bavariae*, des bayerischen Märchenkönigs, am Bug verziert war. Einige nette Einladungen folgten. Ich war wirklich froh, dass mich meine Freunde zu diesem Design überredet hatten. Das sollte sich aber später noch ins Gegenteil wandeln.

Schon nach vier Tagen hatten wir in Wien ein paar nette Leute kennen gelernt, die uns mit Rat und Tat zur Seite standen. Ganz besonders dankbar war ich einem Selbstbauer, der mit seinem Bau in Verzug war und mir seine Karten für die Donaupassage Ungarn verkaufte. Mir klangen später ständig seine Worte im Ohr:

»Beobachte ständig die Kilometer-Uferzeichen mit den Hinweisen über die Fahrrinne!« Von namhaften Weltumseglern hatte ich gelesen, dass sie mehrfach mit weit geringerem Tiefgang aufgelaufen waren und fremde Hilfe für das Freikommen brauchten. Also steuerte ich das Schiff und checkte die Karten während Renate ständig mit dem Fernglas nach den Uferzeichen Ausschau hielt, die aber oft hinter Büschen versteckt waren.

Die Formalitäten an der tschechischen Grenze waren schnell erledigt. Von Beamtenwillkür gegenüber den »Reichen« aus Westdeutschland keine Rede, nachdem eine Flasche Whiskey und einige Päckchen Zigaretten ihren Besitzer gewechselt hatten.

Wenig später fuhren wir auch schon durch das freundliche Ungarn. Überall bewunderte man unseren Bordhund und unsere Yacht im bayerischen Gewand.

Vor Budapest fiel gut zwei Stunden vor Sonnenuntergang plötzlich der linke Motor aus.

»Schon wieder Probleme mit einer Maschine, das kann doch nicht wahr sein!«

Als es begann dunkel zu werden, machten wir an einem Anlegesteg in der Stadt fest. Kaum waren fünf Minuten vergangen, legte auch schon die Flusspolizei bei uns an. Mit grimmigen Mienen kontrollierten die Beamten unsere Papiere. Alles war paletti, doch nicht unser Anlegeplatz, denn der war den Donauschiffen vorbehalten. Mit Gesten und akrobatischen Verrenkungen gab ich der Obrigkeit zu verstehen, dass meine Maschine streikt. Da ich wieder meine Bestechungsmasche mit Schnaps und Zigaretten durchzog, herrschte auf dem Schiff urplötzlich die blanke Freundlichkeit. Kurzerhand nahm man uns sogar in Schlepp, obwohl ich ja mit der zweiten Maschine hätte fahren können. Doch das wussten sie ja nicht und man zog uns rüber zur Margareteninsel, wo wir am Kanusteg festmachen durften. Mit *treuherziger* Miene erklärte ich den Beamten, dass der Dieseltank leer war und die Maschine dadurch den Geist aufgegeben hatte.

Die Polizei regelte unseren Aufenthalt mit dem Vorstand des Kanuclubs und so durften wir fünf Tage lang am schönsten Platz der ungarischen Hauptstadt liegen bleiben. Unsere neuen Freunde von der Polizei bunkerten uns am nächsten Tag die Tanks mit Diesel voll und das alles für nur »ein Butterbrot«.

Nach einem Telefonat, die Nummer hatten wir von einem Bootsbauer in Wien erhalten, wurden wir abgeholt und zum Essen eingeladen. Stephan war die nächsten Tage unser Stadtführer in Budapest. Da seine Frau Aranka, die bei Adidas arbeitete, ihrem Chef von der deutschen Segelyacht berichtet hatte, wurden wir vom Adidas-Chef Ungarn auf einen Besuch ins Geschäft eingeladen.

Tags darauf begleiteten wir Stephan in den Laden, in dem sich uns Westdeutschen ein schier unglaubliches Schauspiel bot: Vor dem Geschäft standen etwa 80 Menschen und warteten auf Einlass.

»Wie bei uns nach dem Krieg, als die Menschen mit Essensmarken vor den Geschäften anstanden«, sagte ich makaber zu Renate. Aranka führte uns durch die Hintertür zu dem deutschsprachigen Chef, der uns sofort zum Essen einlud und anschließend noch von Kopf bis Fuß mit Adidasklamotten neu einkleiden ließ.

Am kommenden Tag stieg bei uns an Bord eine Party besonderer Art. Hoher Besuch erwies uns die Ehre. Stephan und Aranka, Adidas-Chef Endre mit Frau, Hartmuth mit Gemahlin vom Kanuclub, der deutsche Konsul mit Gattin, der Handelsattaché der DDR, der einzige ungarische Weltumsegler Joseph Gal, der Chef der Margareteninsel, meine Mutter und unsere Wenigkeit brachten den Kahn fast zum Sinken. Die Yacht war also *bis* an den Rand voll und so nahm ein rauschendes Fest seinen Lauf. Noch lange Zeit später mussten Renate und ich über eine Frage der Frau Konsul lachen:

»Und wo haben Sie Ihre Waschmaschine?«

Noch zwei weitere Tage begleiteten uns die neuen Freunde Stephan und Aranka durch ihre herrliche Stadt. Wir bekamen einen kleinen Einblick in die Gepflogenheiten des Ostblocks und stellten fest, nicht alles war schlecht hinter dem *Eisernen Vorhang*.

Am folgenden Tag brachte ich meine Mutter zum Zug zurück nach Deutschland. Anschließend machten wir uns auf den Weg donauabwärts zur jugoslawischen Grenze.

Seit wir Regensburg verlassen hatten, begleitete uns nur strahlendes Wetter. Die Sonne verwischte den schalen Vorgeschmack der anfänglichen Reise durch den Ostblock. In schönen Tagesetappen hatten wir uns bis dahin die Donau abwärts gehangelt. Dabei hat es sich zum Ritual entwickelt, dass ich vor dem Ankeraufgehen mit unserer Prinzessin Sherry zum Kacken an Land fahren musste, während Renate das Frühstück zubereitet hat. Inzwischen machte mir diese Gewohnheit sogar Spaß, da es mir die höchste Freude bereitet hat, Sherry beim täglichen Frühsport zuzusehen. Sie erledigte nämlich nicht nur ihr Geschäft, sondern lebte auch wie eine verrückte ihren Übermut aus. Das Herumtollen war mir eine willkommene Abwechslung.

Unsere Bordprinzessin Sherry konnte den täglichen Landgang nie abwarten

An der Grenze zu Jugoslawien füllten wir Diesel und Wassertanks auf und erledigten unsere Formalitäten. Besser gesagt, Renate tat das, da ich kein Englisch sprach. Sobald aber die Herren Beamten auch kein Englisch beherrschten, kam ich mit meiner Zeichensprache besser zum Zuge.

Neben uns lag ein russischer Frachter. Der Kapitän besuchte uns mit einer Flasche Wodka und schenkte uns Urkunden und Anstecknadeln von seinem Schiff. Langsam begriff ich, dass Renate mit ihrem guten Aussehen eine absolute Trumpfkarte war, die ich nun mehr und mehr verstand einzusetzen.

Das Wetter zeigte sich auch in Jugoslawien von seiner allerbesten Seite. An einer kleinen Insel legten wir zwischendurch an und ich versuchte mit meiner neuen Angelrute einen Fisch zu fangen. Nach einer Stunde glücklosem Wurmbadens warf ich das Gerät zur Seite. In dem Moment trieb ein toter Fisch vorbei, als hätte er sich bei meinem erfolglosen Unterfangen totgelacht.

Ich stieg anschließend mit der Kamera in den Mast, um die untergehende Sonne zu filmen. Wie ein glitzerndes Band schlängelte sich die Donau durch das grüne Tal während die Abendsonne hinter den Hügeln verschwand und die Landschaft in ein goldenes Licht tauchte.

»Einfach herrlich!«

Verträumt saß ich dann im Cockpit, trank meinen Sundowner, während Renate ein leckeres Abendessen zubereitete, auf das ich mich jeden Tag aufs Neue freute. Mit dem Körper kann man einen Mann nur kurze Zeit fesseln, aber die feste Bindung von Frau zu Mann muss aus Intelligenz, Humor, scharfem Geist, Charme, einem milden Herzen und natürlich der Liebe am Herd bestehen.

Nachts schaute ich einige Male aus der Luke, wenn wieder ein Frachter vorbeifuhr. Aber wir hatten nahe am Ufer geankert, womit alles in Ordnung sein sollte.

Beim ersten Grau des neuen Tages saß ich im Cockpit und beobachtete die Sonne, wie sie sich um ihre Wiedergeburt abmühte. Nach dem Frühstück, bei dem mich Renate wieder mit frischen, selbstgemachten Brötchen überraschte, gingen wir Anker auf. In der Stadt Smederevo erfuhr ich dann zum ersten Mal, dass Freizeitschippern auch ein Knochenjob sein kann: Mit Kanistern schleppte ich von einer etwa einen Kilometer entfernten Tankstelle 500 Liter Diesel an Bord. An einen Kanisterkarren hatte ich *leider* nicht gedacht.

An der Grenze klarierten wir aus und fuhren zur gleichen Zeit los wie der ungarische Frachter *Harta*. Die Donau wurde immer breiter und nur die Fahrwasserbetonnung wies uns den rechten Weg. Mir kamen die warnenden Worte der Freunde aus Wien in den Sinn:

»Gebt's ja Acht vor der Grenze zum *Eisernen Tor*, denn da ist die Donau sehr seicht!«

Ich hielt mich im Kielwasser der *Harta*, dem ungarischen Schubverband, und konnte nur hoffen, dass mein größerer Tiefgang mich nicht auflaufen lassen sollte. Mein Echolot war auf den Tiefgang der Yacht mit Null eingestellt und so einige Male gefror mir das Blut in den Adern, als mir der Tiefenmesser nur noch einen Meter Tiefe unter dem Kiel anzeigte. Bald erblickten wir links und rechts nur noch Wasser und da fragte ich mich, wo wohl die rumänische Zollstelle sein mochte. Bei Einbruch der Dunkelheit wurde mir klar, dass wir die Einklarierungsstelle verpasst hatten. Die *Harta* hat sich darum nicht kümmern brauchen, weil sie im Transitverkehr unterwegs war. Es blieb mir also nichts anderes übrig, als mich weiter im Kielwasser des Schiffes zu halten. Gott sei Dank konnte ich ihrem Tempo mit sieben Knoten folgen!

Stundenlang fuhren wir auf eine Gebirgswand zu, die wie ein unüberwindbares Bollwerk in der Ferne zu sehen war, um wie es schien, uns den Weg zu versperren. Golden angeleuchtet von der untergehenden Sonne, hinterließ das Gebirgsmassiv einen bleibenden Eindruck. Im Grau der einbrechenden Nacht öffnete sich dann aber ein Spalt im Fels und wir fuhren in den Donaudurchbruch ein, das *Eiserne Tor* genannt.

Schon seit Langem hatte ich die Fahrwassertonnen außer Acht gelassen. Wie gebannt hing mein Blick also an der Heckleuchte des vorausfahrenden Frachtschiffes. Uns umgab schwärzeste Nacht zwischen den Felsschluchten. Nur die unzähligen Sterne hoch über uns ließen schemenhaft die steil aufragenden Wände des Gebirgsmassivs erkennen. Uns war sehr unheimlich zu Mute, da die Felsen einige hundert Meter hoch sind und wir in der finsteren Schlucht fuhren. Die *Harta* hatte inzwischen die

Fahrt auf drei Knoten gedrosselt, das Echolot zeigte plötzlich 30 Meter Tiefe an.

»Mist!« dachte ich, »das Ding ist kaputt!«

Dann fiel mir mein Radar ein. Als die 60 Sekunden Vorlaufzeit verstrichen waren, zeigte sich ein kleines Bild auf dem Schirm, welches aber zu klein war, um etwas darauf zu erkennen. Ich übergab das Ruder an meine protestierende Renate und machte mich an der Kiste zu schaffen.

»Scheiße! Warum hast du Idiot dich nicht an dem Gerät schon vorher trainiert?«, verfluchte ich mich. Doch dann funktionierte alles einwandfrei. Als ich meinen Standort auf dem Radar vergrößert hatte, sah ich uns ganz deutlich inmitten der Felsenschlucht des Donaudurchbruchs. Dort war es so dunkel, dass ich die nahen Steilfelsen nicht mehr ausmachen konnte. Die Wassertiefe war inzwischen auf 60 Meter angestiegen. Da ich nun den klaren Schirm des Radars am Kartentisch sah und es keinen Gegenverkehr gab, kehrte wieder Ruhe in mir ein.

Die halbe Nacht lang fuhren wir nun schon zwischen den Felsen entlang, als diese plötzlich verschwanden und die Donau sich zu einem großen Stausee vor der Schleuse anstaute. Gegen 2 Uhr morgens stoppte die *Harta* und ließ den Anker ausrauschen. Da ich nicht auf 40 Meter ankern konnte, steuerte ich dem Ufer entgegen. Plötzlich rörte das laute Schiffshorn der *Harta* und die *King of Bavaria* wurde von einem blendenden Suchscheinwerfer erfasst, der warnend an- und ausging. Verunsichert wendete ich das Boot und fuhr zur *Harta* zurück, da diese Warnsignale nur uns gelten konnten. Eine deutschsprachige Stimme gab mir zu verstehen, längsseits am Transporter festzumachen. Am Ufer wären wir nämlich sofort ins Gefängnis marschiert, weil wir uns in Transitgewässern befanden. Dankbar machten wir fest und hauten uns aufs Ohr.

Am nächsten Morgen wurden wir von einer akzentschwangeren deutschen Stimme geweckt, die uns zum Frühstück an Bord der *Harta* einlud. Bis zum Mittag lagen wir im Vorhafen der Schleuse Sip vor Anker, bis wir im Verband in die Schleuse einlaufen durften. Inzwischen waren wir das fünfte Anhängsel des Mutterschiffes und wurden um 25 Meter abgesenkt. Nach dem Passieren schaute ich den Kapitän des Donaufrachters ungläubig an. Er bot mir an bis Sulina in seinem Verband bleiben zu können. Dankbar nahmen wir dieses Angebot natürlich an und erlebten ein paar erholsame und schöne Tage ohne selbst steuern zu müssen. Ivo, der Deutschsprachige, war sozusagen unser Stuart. Alle Augenblicke schleppte er irgendetwas Leckeres an und ich dachte mir nur:

»Gang, diesen Service hättest du alleine nicht bekommen.«

Wir kamen aus dem Staunen *nicht mehr* heraus! Filme, gutes Essen und eine lustige, nette Mannschaft versüßten uns das Leben. Es waren so positiv eingestellte Menschen, die oft lachten und zu ewigen Späßen aufgelegt waren. Mir fällt ein Spruch eines weisen Mannes ein:

»Humor ist das Positivste des Menschen. Wer lacht und fröhlich ist wie Kinder, kann sich nicht ernsthaft streiten und Kriege führen.«

Was mich auch sehr beeindruckte, war die Kommandobrücke der *Harta*. Sehr routiniert steuerten Kapitän und Navigator den riesigen Verband zu Tages- und Nachtzeiten durch enge Fahrrinnen in Richtung Schwarzes Meer. Es war einfach faszinierend!

Tagelang ging es zwischen Bulgarien und Rumänien donauabwärts. Nachts saß ich oft in der Brücke und bestaunte die navigatorische Kunst des Steuermanns sowie die Kommandos des Kapitäns. Vor einem riesigen Radartisch sitzend, ertönten laufend seine Kommandos, die der Steuermann blitzschnell ausführte.

Als wir uns der Stadt Reni in der Sowjetunion näherten, startete ich die Motoren und die Leinen wurden losgeworfen. Die *Harta* musste einen Lastkahn dort abgeben, weswgen wir auf die Rückkehr des Verbandes warten sollten. Gehorsam warfen wir an einer Backbordtonne den Anker, Renate kochte Kaffee und ich versuchte mich wieder am Glück mit der Angel.

»O sackra, ich hab einen Biss!« rief ich zu Renate. »Schatzerl, bring gleich den Kescher, denn das ist ein ganz großer Brocken!«

Mühsam kämpfte ich gegen Strömung und Fisch.

»Spatzl, i will zum Fisch einen Kartoffelsalat!«

Renate antwortete nur »ei ei Käpt'n!«

Nach etwa mühsamen zehn Minuten hatte ich ihn *dicht* am Heck. Sherry war auch schon aufgeregt und bellte wie verrückt das Wasser an. Denn der Hund verspürte wohl genau wie ich die Aufregung über den anstehenden, *großen* Fang.

»Tu fei rechtzeitig den Kescher unter den Fisch!«

Renate stand neben mir bereit und wartete auf das *Monster*. Endlich sahen wir ihn silbrig glänzend unter der Wasseroberfläche. Was für ein Gerät! Schnell hielt Renate den großen Kescher ins Wasser und wir sahen, wie sich seine gewaltige Gestalt mit dem Auslaufen des Wassers verminderte. Plötzlich brachen wir in *schallendes* Gelächter aus, wir hatten einen großen Zementsack gefangen.

Zum Abendessen legte mir Renate eine Plastiktüte auf den Teller.

»Guten Appetit mein Schatz!« neckte sie mich und küsste mich dabei. Ich zog mit zwei Fingern die Augenlieder nach unten und mit dem anderen Finger die Nase hoch.

Gegen 23 Uhr, wir saßen unter Deck, wurde die *King of Bavaria* plötzlich in grelles Licht getaucht. In Sorge erwartete ich ein bulgarisches Grenzboot und lief hoch aufs Deck. Als das Licht aber wieder ausging, vermutete ich die Rückkehr der *Harta*, was dann auch zutraf. Schnell starteten wir die Motoren und Renate holte den schweren Bruce-Anker mit der Ankerwinde hoch. Langsam schob der riesige Verband an uns vorbei woraufhin wir uns wieder der Backbordseite näherten. Die Festmacherleinen flogen herüber, die Renate auf unseren Klampen belegte.

Bei Sonnenaufgang waren wir kurz vor dem Eingang des Sulinakanals. Als uns ein Schwesterschiff der *Harta* entgegenkam, bat mich der Käpt'n mit meinem Dingi Frachtpapiere zum anderen Verband zu bringen. Wir ließen also das Beiboot vom Davit, der Schlauchboothalterung am Heck, und ich brachte die Papiere hinüber. Als ich wieder zurück auf meiner Yacht war, ließ ich sträflicherweise das Beiboot im Wasser und schleppte es an der Leine nach. Eine Stunde später stoppte der Verband, da der Kanallotse an Bord kam.

Plötzlich traf mich fast der Schlag! Mit schreckgeweiteten Augen sah ich, wie mein Beiboot samt Außenbordmotor wie von Geisterhand *unter* der Yacht verschwand.

»Stopp, Stopp, Stopp!« rief ich verzweifelt rauf zur Brücke, doch niemand hörte mich. Als die *Harta* auf Rückwärtsfahrt ging, um den Verband zu stoppen, entstand ein gewaltiger Sog und schwupp, wurde mein vier Meter langes Dingi von den Fluten der Donau verschluckt. Als der Frachter zum Stillstand kam, die Maschinen im Leerlauf liefen, tauchte aus den dreckig aufgewirbelten Fluten unversehens mein starkes Dingi wieder auf. Allerdings waren Paddel, Sitzkissen, Sitzbank, Tank und Anker auf Nimmerwiedersehen verschwunden.

Doch das größere Problem war die Windsteueranlage am Heck der Yacht. Die Festmacherleine der Gummisau, die ja am Heck befestigt wird, hatte mir das Ruder des Windpiloten verbogen, als sie unter Wasser gesaugt wurde.

Am Abend des 17. Juli 1988 erreichten wir die Hafenstadt Sulina am Schwarzen Meer. Wir bereiteten nun den Abschied von unseren neuen Freunden vor. Ich überreichte dem Kapitän der *Harta* einen schönen bayerischen Bierkrug mit Zinndeckel, worüber er sich riesig gefreut hat. Sie füllten uns die Dieseltanks auf, ebenso wechselte eine Menge Proviant seinen Besitzer. Noch lange sollten wir von diesen überaus netten Leuten sprechen. Ich konnte mich nicht verhalten und sagte zu Renate:

»Siehst Schatz, gut, dass wir unser Schiff so bayerisch dekoriert haben, denn sonst wären wir gar nicht aufgefallen.«

Renate war natürlich anderer Meinung, aber ich ließ sie in ihrem Glauben. Als man uns unseren Liegeplatz zuwies, wurde die Yacht zu unserer Sicherheit gleich unter Bewachung durch zwei schwer bewaffnete Soldaten gestellt. Anfänglich zwar beklemmend, diente aber nur zu unserer Sicherheit.

Am nächsten Morgen erledigte ich die Einklarierung und versuchte danach in der Bäckerei gegenüber des Hafengeländes Brot zu kaufen. Aber dieses Unterfangen scheiterte kläglich an den strikten Regeln der Wachposten des Hafengeländes. Unmöglich *ohne* Passierschein! Also ging ich rein ins Hafenamt, um einen Passierschein ausstellen zu lassen. Als ich bei der Bäckerei ankam, war der Laden aber bereits leergekauft. Auf dem Rückweg nahm ich einen kleinen Umweg und ging bei der *Harta* vorbei. Mein wohl trauriger Blick erzeugte Mitleid bei der Crew und so ergatterte ich zwei frisch gebackene Brote.

Zwei Tage später wieder das gleiche Spiel: Ich ging zur Bäckerei, doch da war eine lange Schlange vor der Tür. Drei Stunden auf ein Brot zu warten fiel mir ja im Traum nicht ein. »Lieber verhungere ich!« Die Wachmänner am Tor, die ich schon mit Zigaretten geschmiert hatte, fragten mich mit Gesten, wo denn mein Brot sei. Mit gleicher Zeichensprache wie bei einem Idiotentreffen gab ich zu verstehen, dass dieses Unterfangen zwecklos war bei der Anzahl an wartenden Kunden. Auf seine Forderung hin drückte ich einem Wachmann Geld in die Hand, das ich beim Kapitän der *Harta* eingetauscht hatte. Wie ein geölter Blitz rannte er in Richtung Bäckerei. Ich wollte natürlich mitkriegen, was er jetzt unternimmt und kletterte zur Beobachtung auf einen Container. Dabei scherte sich mein neuer Freund wenig um die vielen Menschen, die vor dem Geschäft Schlange standen und geduldig warteten. Schließlich war auch das Grundnahrungsmittel in der sozialistischen Planwirtschaft unter dem Diktat von Nicolae Ceausescu Mangelware. Der Wachmann kehrte kurz darauf mit den gewünschten zwei Broten zurück. Wahrscheinlich hat er nicht mal etwas dafür bezahlt.

Wieder brauchte ich unseren Deutsch sprechenden Navigator Ivo von der *Harta*, der mir einen Kran zum Mastaufstellen besorgen sollte. Nach drei Stunden kam er mit enttäuschter Miene zurück, da kein Kran verfügbar war. Ich deutete auf ein riesiges Ungetüm auf der anderen Seite des Hafens und schon war Ivo wieder unterwegs. Nach gut einer Stunde kam er diesmal mit strahlendem Gesicht zurück. Der Lenker des 200-Tonnen-Schwimmkrans würde uns für umgerechnet 200 Deutsche Mark den Mast aufstellen. Grundbedingung war aber sofort, da er am nächsten Tag anderweitig eingesetzt wäre. Und so wurde ich zum *Fliegenden Holländer*, denn ich musste etliche Vorbereitungen treffen.

Nach etwa einer Stunde war ich dann soweit fertig und wir gingen mit der Yacht am Kran längsseits. Als beim Aufstellen des 18 Meter hohen Masts auch noch ein Gewitter aufzog und das Ungetüm wie ein Strohhalm im Wind hin und her pendelte, rutschte mir mein Herz schon deutlich in die Hose. Viele Helfer eilten herbei, um den schwankenden Mast zu bändigen und die untere Nase am Mastfuß in den Mastschuh auf Deck einzuführen. Das brachte aber so einige Probleme mit sich. Wenn ich dem Kranfahrer, der 20 Meter über mir saß, andeutete, *zehn Zentimeter* nach links, rechts, rauf oder runter zu manövrieren, so wurde immer ein halber Meter daraus.

Meine Nerven waren zum Zerreißen gespannt! Immer wieder haben plötzlich einfallende Böen versucht, uns den Mast aus den Händen zu reißen. Ich war einem Kollaps sehr nahe, denn mir fiel ein, dass ich die Einhängung am Kranhaken nicht gesichert hatte. Wenn sich das Seil ausgehängt hätte, wäre der Mast beim Umfallen sicherlich gebrochen oder verbogen und das Abenteuer Weltumsegelung wäre dort schon so gut wie beendet gewesen. Ganz zu Schweigen von möglichen Verletzten. Doch endlich, nach einigen Anläufen, trafen wir den winzigen Mastschuh. Kurz Durchschnaufen! Beim Blick nach oben aber dann der nächste Schreck: der Mast hing *nach vorne*. Hektisch brachte ich den Bolzen für das Vorstag an und gab meinen Helfern die beiden Achterwanten in die Hand. Sechs Mann zogen nun an den Drahtseilen und stellten den Mast gerade. Schnell steckte ich die Bolzen durch das Beschlagsauge und die beiden Topwanten, die nach Back- und Steuerbord gehen. Endlich geschafft! Ich *schrie* meine Anspannung mit einem lauten Juchzer hinaus. Leider hatte bei der Mastaufstellung die UKW-Antenne ihr Zeitliches gesegnet. Später sollte ich sie aber mit Epoxy-Kleber und hoffte, dass sie noch funktionieren würde. Der böse Spuk nahm schließlich ein glückliches Ende, aber es hätte wirklich ins Auge gehen können. Als die Wanten verspannt waren und alles an seinem korrekten Platz saß, machte ein Stapel Büchsenbier die Runde.

Zwei Tage später wollte ich endlich mein Zwölfjahreswerk segeln sehen und so liefen wir trotz starken Windes aus. Solange wir uns noch in der zwölf Kilometer langen Baggerrinne bewegten, war alles im grünen Bereich. Aber kaum, als wir den Leuchtturm passiert hatten, packte uns eine grobe See. Segelsetzen bei Windstärke 6 war für den Anfang doch *etwas* zu viel! Zudem übergab Renate mit einem strahlenden Lächeln ihr Frühstück der See, ihre Gesichtsfarbe erinnerte mich an die eines Marsmännchens. Da bereits drei Stunden später die Nacht hereinbrechen sollte und ich nicht gleich zu Anfang meiner Freundin die Liebe zum Segeln versalzen wollte, drehte ich um und lief wieder in die lange Fahrrinne ein. Als wir zurück im schützenden Hafen waren, war auch *ich* heilfroh, nicht eine stürmische Nacht vor mir haben zu müssen.

Wiederum zwei Tage später wagten wir den nächsten Anlauf, oder besser gesagt Auslauf. Kurz vor dem Leuchtturm stoppte uns ein Militärboot mit grimmig dreinschauender Besatzung, die meine Yacht enterten. Der Kommandeur, mit üppigem Lametta auf der Brust dekoriert und pockennarbigem 50-Jahre-Gefängnisgesicht, bellte mich an.

»Where you go?!«

Geistesgegenwärtig gab ich ihm zu verstehen, dass wir nur eine Probefahrt unternahmen. Auch dies hätten wir anmelden müssen, keifte er bissig zurück. Mit beschwichtigenden Worten lud ich die Herrschaften zu einer Runde Whiskey und Zigaretten ein - und schon herrschte wieder eine angenehmere Stimmung.

Am Salontisch lag wie immer das Album meiner Yachtentstehung, in das nun alle ihre Nase reinhielten. Einstimmiger Kommentar der Coast Guard:

»You are a big engineer!«

Als dann auch noch drei Flaschen des edlen Whiskey und eine Stange Zigaretten unter ihren Kappen und Jacken verschwanden, erhielten wir problemlos einen Passierschein nach Constanza, bevor die Acht-Mann-Armee sich freundlich winkend verabschiedete.

»Wer gut schmiert, der gut fährt.«

Kein Fitnessstudio, sondern harte Arbeit hat mich gestählt

Kapitel 3

Im Schwarzen Meer

Nach dem mehrstündigen Aufenthalt mit der Coast Guard kamen wir natürlich in die Nacht hinein. Als dann gegen 2 Uhr Constanza zu erkennen war, war ich ohne Hafenkarte mit meinem Latein am Ende. Langsam tasteten wir uns unter Radar auf den mutmaßlichen Hafen zu, da wir in dem Lichtermeer der Stadt keine Leuchtfeuer der Hafeneinfahrt ausmachen konnten. Zuerst versuchte ich es steuerbords der riesigen Hafenmauer, aber da war nichts zu sehen. Also machte ich Kehrt und suchte das Schlupfloch in den Hafen an der Backbordseite. Eine Seemeile schlichen wir an der Kaimauer entlang, doch es wollte sich kein Einlass auftun.

»Verflixt!«, fluchte ich, »Haben die einen Hafen ohne Eingang? Das gibt's doch nicht!« Doch im selben Moment sah ich zwischen den tausenden Lichtern der Großstadt ein grünes Licht leuchten. Endlich erreichten wir das Ende der Mauer, auf der das grüne Steuerbordlicht der Einfahrt stand. Nun ging es etwa die gleiche Strecke an der Innenseite des Wellenbrechers wieder zurück bis zum Eingang des Hafens. Als wir einlaufen wollten, erschreckte uns eine unverständliche Stimme aus einem Lautsprecher. Wir verstanden kein Wort und fuhren weiter. Doch dann donnerte uns ein verärgertes »Go! Go! Go!« entgegen. Das kapiert auch ein *dummer Bayer.* Mit Wut im Bauch verschwand ich aus dem Hafengelände und kehrte dieser unfreundlichen Stadt den Rücken zu. Als wir wieder freien Seeraum erreichten, setzten wir die Segel und verließen Rumänien ohne auszuklarieren.

Nach einer Nacht ohne Schlaf warf ich früh morgens in der ersten Bucht Bulgariens den Anker und schlief den Schlaf des Gerechten. Als ich am Nachmittag erwachte und meine Nase aus der Luke steckte, rutschte mir *schon wieder* das Herz in die Hose: Vor der Bucht hatte sich ein großes Militärschiff breit gemacht! Wir rechneten missmutig mit einer baldigen Kontrolle. Abwartend, was gleich auf uns zukommen würde, beruhigten wir erst mal unsere brummenden Mägen mit einem kräftigen Brunch.

Gestärkt schaute ich hinüber zum Kriegsschiff, doch die schienen sich gar nicht für uns zu interessieren. Kurzentschlossen gingen wir Anker auf, bevor sie sich die Sache anders überlegen würden. Das hatte aber zur Folge, dass in Richtung Varna eine zweite Nachtfahrt anstand.

Gegen Mitternacht erreichten wir unser Ziel bei starkem Gewitter und sehr ruppiger See. Langsam wurde mir klar, dass die christliche Seefahrt doch nicht so einfach für Grünschnäbel ist. Regen, schlechte Sicht sowie fehlende Karten oder fehlendes Hafenhandbuch setzten meinen empfindlichen Magennerven gehörig zu. Vorsichtshalber ankerte ich vor dem Hafen, denn alles Andere wäre ein großes Risiko gewesen.

Am Tag bei klarer Sicht erwies sich aber alles als sehr einfach. Wir liefen in den Hafen von Varna ein und erledigten sofort unsere seemännischen Pflichten. Man machte uns keinerlei Probleme, weil wir in Rumänien nicht ausklariert hatten. Allerdings erzeugte unser Auftritt größtmögliches Erstaunen, da dort höchst selten deutsche Wessis erschienen. Wir waren am sogenannten *Gold Strand* Bulgariens angekommen, der *Cote d'Azur* der Ossis. Überall begegneten uns Deutsche, aber alle kamen von drüben aus dem Osten. Schließlich war es das Urlaubsparadies der Bürger aus der DDR. Wir blieben nur zwei Tage und machten uns dann auf den Weg zum Bosporus.

Bei klarer, dunkler Nacht wurden wir urplötzlich aus dem Nichts angeleuchtet.

»Sakrament, des san Piraten!«

Sofort holte ich mein Gewehr aus seinem Versteck und stürmte zurück ins Cockpit. Doch da war nichts! Keine Positionslampen, nur ein leises Brummen war zu vernehmen. Ich aktivierte mein Radar und stellte fest, dass wir von einem UWO, einem undefinierbaren Wasserobjekt, umkreist wurden. Dann erfassten uns die grellen Scheinwerfer unverhofft von der anderen Seite. Renate forderte die Bedränger ständig über UKW auf, sich zu erkennen zu geben. Zu allem bereit, saß ich im Cockpit mit der Knarre zwischen den Knien. Auf einmal gingen gleichzeitig alle Lichter eines riesigen Kriegsschiffes an.

»Shit, das hat uns gerade noch gefehlt!«, entfuhr es mir erschrocken.

Blitzschnell ließ ich meine Flinte im Niedergang verschwinden. Mit unverständlichem Kauderwelsch, gefolgt von gebrochenem Englisch über ein Megaphon, wurde uns zu verstehen gegeben, längsseits zu kommen. Eilig banden wir die Fender an die Reling, wobei ich mich vorsichtig an die riesige Stahlwand herantastete. Im Flutlicht sah ich, wie per Kran zwei Marinesoldaten zu uns herabgelassen wurden. Einer der beiden *bellte* uns im barschen Ton an, *was wir hier wollen.* Ich deutete auf Renate, da ich kein Englisch sprach. Nachdem ihm Renate zu verstehen gab, dass wir Westdeutsche Weltumsegler sind und zum Bosporus wollten, forderte er unsere Pässe und Papiere. Aber alles schien in Ordnung, denn wir hatten korrekt ausklariert. Was wir aber übersehen und nicht gewusst hatten: Wir durchkreuzten einen Zipfel eines militärischen Sperrgebietes. Zwei Flaschen Whiskey waren auch in diesem Fall zweckdienlich und so wurden wir lächelnd und winkend entlassen.

Langsam wurde mir klar, dass man sich freundliche Gesichter mit Schnaps erkaufen kann. Dass diese Masche aber in Deutschland funktionieren würde, muss ich wohl stark bezweifeln. Mit Renate hatte ich zuvor einigen Disput, weil ich zwanzig Flaschen Whiskey und zehn Stangen Zigaretten in der Metro besorgt und den Vorrat in Ungarn noch weiter aufgefüllt hatte. Nun sah sie es ein, dass das Zeug uns schon so weit gebracht hatte.

Im Laufe des folgenden Tages kam endlich der Bosporus in Sicht, der sich anfänglich als geschlossene Felsbarriere zeigte. Wir durchfuhren den Felsdurchbruch und hielten vor der Stadt Ausschau nach einem Ankerplatz. Wir konnten aber keinen finden, da das Wasser zu tief war. Nicht weit entfernt von der riesigen Bogenbrücke, die Europa mit Asien verbindet, hingen wir unser Schiff an eine riesige, schwimmende Stahlmuring.

Als ich in den Schiffssalon ging, fiel ich aus allen Wolken! Mein Hasi, aufgeputzt wie ein Pfau, stand grinsend vor mir.

»Ja sakra, willst du zur Modenschau?« Die Zivilisation ruft, »it's time to go!« Das verstand auch ich, denn ich war ständig dabei, meine Kenntnisse in Englisch zu verbessern. Also ging es rein ins Dingi, denn ich war auch *geil* auf Land unter den Füßen.

Bald darauf durften wir echte türkische Gastfreundschaft kennenlernen. Wir standen in Bebek an der Straße und sahen uns nach einem Taxi oder Bus Richtung Istanbul um. Ein VW-Bus, besetzt mit zwei Männern, stoppte unaufgefordert und nahm uns einfach mit in die große Stadt. Dem nicht genug, sie kurvten mit uns von einer Sehenswürdigkeit zur nächsten. Wir wurden herrschaftlich durch die traumhafte Stadt geführt und erlebten tief beeindruckt Istanbul bei Nacht.

Anschließend luden sie uns auch noch in ein türkisches Nobelrestaurant ein, welches voll besetzt war, aber ohne Touristen. Mit kulinarischen Köstlichkeiten wurden wir verwöhnt bis wir nicht mal mehr »Paff« sagen konnten. Dazu wurden die besten Weine gereicht. Dank der ständig kreisenden *Raki*-Flasche waren wir bald abgefüllt bis Oberkante Unterlippe.

Meine Gedanken kreisten ständig um die astronomischen Preise, die wir wohl berappen müssten.

»Hoffentlich nehmen die US-Dollar und hoffentlich reichen die zweihundert überhaupt?!«, flüsterte ich Renate zu. Als ich meinen trunkenen Body auf die Gehwerkzeuge stellte und einem vorbeizischenden Kellner mit einer Zahlungsgeste zu verstehen gab, mir die Rechnung zu bringen, winkte er ab und deutete auf einen unserer Gastgeber. Mit großer Erleichterung, die ich mir aber nicht anmerken ließ, startete ich vergeblich ein Protestgehabe.

In den Armen freundschaftlich eingehakt, wurden wir sanft zum Auto geschoben und sogar wieder zurück zum Schiff gebracht. Hatte uns die Gastfreundlichkeit der Ungarn in Budapest schon in unglaubliches Staunen versetzt, haute *dies* dem Fass den Boden raus! Was sind wir Deutsche doch gegen diese Völker oft teilnahmslose Zivilisationsrüpel.

Am nächsten Tag wollten wir die sagenhafte Stadt bei Tag erleben. Vieles wiederholte sich von außen, unser Augenmerk richtete sich aber auf das Innenleben der Moscheen, Paläste und Basare. Der Mittag nahte und die Sommersonne brannte auf die Stadt und deren Bewohner nieder. Sie verwandelte das Blei der Kuppeln in Bronze, das Laub der Zypressen in Silber und übergoss die Moscheen und Paläste mit dem Gold von Byzanz.

Zwei Tage später kamen Aranka und Stephan an Bord, unsere Freunde aus Budapest, die mit dem Zug angereist waren. Sie wollten zwei Wochen Urlaub machen. Nach vier Tagen in Istanbul bekam ich allerdings meinen ersten Stadtkoller, also brachen wir schleunigst auf in Richtung Marmarameer. Beim Loswerfen der Leine musste ich leider feststellen, dass die riesige Stahlboje den Lack am Bug erheblich abgeschlagen hatte.

Mit sieben Knoten Fahrt flog mein *König Ludwig* von Insel zu Insel. Viele Nächte verbrachten wir an einsamen Stränden, die vollgepflanzt mit den fettesten Miesmuscheln waren. Wir genossen die lauen Sommernächte mit kulinarischen Leckerbissen und ungarischem Wein.

Zum *ersten Mal* stellte ich an mir fest, wie ich meine deutschkonservative Einstellung verlor. Ein Schleier der Gelassenheit breitete sich in mir aus und ich merkte, wie sich etwas in mir veränderte. »Ruhe« kehrte langsam ein. Ich genoss mehr und mehr Momente, die vorher fast selbstverständlich waren. Jeden Sonnenauf- und -untergang bewunderte ich auf einmal und ließ die Magie des Moments auf mich wirken. Mit dem Sundowner in der Hand betrachtete ich, wie der rote Feuerball im Meer versank und das Licht mit hinab in den Abgrund zog, während die Dämmerung ihr graues Tuch über das Meer ausbreitete, um es in nächtliches Schweigen zu hüllen. Nur kurz war die schmucklose Phase bis sich der unsagbare Sternenhimmel als Decke mit Milliarden bestückter Lichtpunkte über unseren Häuptern wölbte.

Mich faszinieren diese Momente auch heute noch und lassen in mir jedes Mal aufs Neue verträumte Stimmung aufkommen.

In den Tagen im Marmarameer litten wir mit Sicherheit an Eiweißübersättigung, weil wir täglich Muscheln und Fisch aßen. Aranka war eine begnadete Köchin, der ich so manche Kochkunst verdanke.

Die Tage flogen dahin und ehe wir uns versahen, waren zwei Wochen an uns vorbeigerast. Bald gelangten wir nach Cannakale in den Dardanellen, wo wir bunkerten, also unseren Proviant auffüllten. Dabei gab es immer eine klare Rollenverteilung: Ich habe als Lastenträger die schweren Tüten und Rucksäcke geschleppt, während Renate Sherry auf dem Arm getragen hat. Unser Bordhund hat wie überall großes Aufsehen erregt, weil dieses kleine, zottelige Rasse in dieser Gegend recht unbekannt war.

Während wir also unseren Proviant bunkerten, flog Sherry auf einmal wie eine Rakete einer Katze hinterher. Sherry jagte die Katze kreuz und quer bis unter ein Auto, unter dem beide verschwanden. Es dauerte nicht lange bis ein lautes Gejohle losging und unser Hund mit blutiger Clownsnase wieder zurück zu Frauchen geflüchtet ist.

Dann kam auch schon die Zeit, in der wir zu unseren neuen Freunden »bye bye« sagen mussten. Anschließend brausten wir unter ausgebaumten Passatsegeln mit zehn Knoten ins Mittelmeer. In den Dardanellen blies der Wind gehörig mit achterlichen Winden und mein anfänglich geiler Höllenritt wurde bei einer Halse mit einem Segelriss bestraft. So, meine erste Watsch'n hatte ich abbekommen und es sollte noch lange nicht die letzte gewesen sein. Mein *rotzfreches* Draufgängertum sollte in den kommenden Jahren noch viele Niederlagen einstecken müssen und ich in meine Schranken gewiesen werden.

Als wir aus der Meerenge herauskamen wurde der Wind schwächer und wir bogen in die Straße von Lesbos ein. An einem ruhigen, sonnenklaren Morgen überraschte ich meine Freundin mit den Worten:

»Heute setzen wir zum ersten Mal den Spinnaker!«

Noch vor Anker liegend zogen wir den »Spi-Sack« hoch, in dem das riesige, 200 Quadratmeter große Tuch gebändigt war und setzten den »Spi-Baum«. Renate holte den Anker hoch und ich setzte das Großsegel.

Das erste Mal den Spi setzen: Ich war unglaublich aufgeregt

Nachdem wir wieder auf Fahrt waren und unser Windpilot *Pazifik-Plus* die *King of Bavaria* vor dem Wind auf Kurs hielt, zog ich langsam den Bergesack nach oben. Mit Macht füllte sich die *riesige* Blase und mein Boot lief los wie Sprinter Armin Harry zu seinen besten Zeiten.

»Wauuuuu!« Was ist *das* für ein Gefühl! So wenig Wind und wir segelten mit sieben Knoten dahin. Mein Blick wanderte zu Renate und sie sah es mir an, dass es mich vor Stolz und Freude fast zerriss. Wie ein wild gewordener Köter rannte ich viele Male mit der Kamera vom Heck zum Bug und wieder zurück. Schlussendlich kletterte ich ins Dingi, welches am Davit hing und danach sogar noch bis zum Masttop des 18 Meter hohen Mastes hoch, um ja keine Einstellung meines ersten Spinnaker-Highlights zu versäumen. In meiner hirnverbrannten Ekstase nahm ich nicht wahr, dass der Wind zunahm und mein Boot immer schneller wurde. Plötzlich lief es aus dem Ruder, bekam Schräglage und die Steuerbordseite des Spinnakers klappte zur Backbordseite. Ehe ich mich versah, hatte ich das gefürchtete »Stundenglas« im Spinnaker. Der Spi war also wieder gefüllt, aber der Mittelteil war wie bei der Silhouette einer Sanduhr um das Vorstag gewickelt. Da ich an meinen Spinnakerschoten Kappschäkel angebracht hatte, zog ich an der dünnen Leine, die an der Leeschot entlanglief, um das Schothorn des Spinnakers freizugeben. Nun gab ich Anweisung an Renate, den Spinnakerbaum am Schlitten des Mastes langsam herunterzufahren. Doch da passierte schon das nächste Drama. Renate löste die Aufholleine des Schlittens am Mast von der Klampe und wickelte sie von der Winsch. Plötzlich rauschte der Spi-Baum herunter und Renate direkt auf den Kopf. Wie vom Blitz getroffen sackte sie zu Boden und stand nicht mehr auf.

»Scheiße! Scheiße! Scheiße!«

Ich beugte mich entsetzt über mein Weib. Bewegungslos lag sie auf Deck und zeigte keinerlei Reaktion auf mein Geschrei. Vorsichtig hob ich sie hoch und trug sie ins Cockpit. Nach kalten Kopfwickeln und rund zwanzig Minuten Bewusstlosigkeit kam sie Gott sei Dank wieder zu sich. Ich verordnete ihr vorerst absolute Bettruhe und steuerte die nahegelegene Küste an. Im Windschatten einer kleinen Insel ging ich vor Anker.

Renate war inzwischen zum Einhorn mutiert und lag jammernd auf den Cockpitkissen. Für mich war oberstes Gebot, Renate erst mal zu versorgen und dann den Spinnaker runterzubringen. Mehrere vergebliche Versuche später, den Spi runterzuholen, blieb mir nur noch eine Lösung: Ich musste in den Mast klettern, aber dazu brauchte ich wieder Renates Hilfe. Zuerst verabreichte ich ihr Schmerztabletten, denn sie klagte noch sehr. Ihr Kopf, in dem es zuging wie in einem Bienenkorb, bereitete fürchterliche Schmerzen. Als langsam die Wirkung eintrat konnte ich ihr Anweisungen zu unserem Vorgehen geben. Ich schlüpfte in den Seemannsstuhl, schäkelte das zweite Vorfall an und kletterte über die Maststufen zur Mastspitze hoch. Als mich Renate auf der Winsch mit dem Fall gesichert hatte, schwang ich mich rüber zum Vorstag und befestigte mich dort mit einem Schäkel. Nun ließ mich Renate langsam runter bis ich an der kritischen Stelle in der Mitte des Spi ankam, wo sich das Tuch um das Vorstag gewickelt hatte. Dort rief ich »Stopp!« Nach einer endlosen Ewigkeit, 10 Meter über dem Wasser hängend, gelang es mir dann endlich, den Tuchsalat zu entwirren. Wieder sicher auf Deck stehend gab ich meinem Hasi einen Dankes-Schmatz, weil sie mich nicht *aus Rache* hat abstürzen lassen. Nachdem ich das riesige Tuch geborgen hatte, war für die nächsten drei Tage Feierabend angesagt, meine Segeleuphorie hatte erst mal einen Dämpfer bekommen.

Da bei einer starken Gehirnerschütterung, die sie sicherlich hatte, absolute Ruhe angesagt ist, waren sämtliche Aktivitäten in der nächsten Zeit untersagt. Ich spielte Krankenschwester, Koch, Hausmann und den fürsorglichen Lover. Nach vier Tagen ging es Renate wieder besser, woraufhin wir uns von Bucht zu Bucht und von Insel zu Insel hangelten. Aber die große Blase, der Spi, blieb erstmal im Keller.

Ein Mal erlebten wir ein fürchterliches Gewitter mit Sturmstärke, doch es beeindruckte mich wenig, obwohl die Blitze um uns herum nur so herunterzischten. Wir lagen geschützt hinter einer Insel. Mein großer, 35 Kilogramm schwerer *Bruce*-Anker hielt die Yacht sicher an Ort und Stelle.

Kapitel 4

Quer durchs Mittelmeer

In Kusadasi, Türkei, trafen wir auf die ersten deutschen Segler und eckten mit unserem bayerischen Schiffsdesign auch prompt an. Diese Erfahrung sollten wir noch häufiger machen, bis ich mich vier Jahre später entschloss, die »easy Barfußroute« der Weltumsegler zu verlassen, um meine Ruhe und meinen Frieden in von Zivilisation unberührten Zonen zu suchen. Mit Wut im Bauch lichtete ich den Anker und suchte das Weite.

Auf dem Weg nach Samos bekam ich meine nächste Lehrstunde im Blauwassersegeln. In der Straße von Samos fing es so fürchterlich zu blasen an, dass mein nachgeschlepptes Beiboot, obwohl 70 Kilo schwer plus Motor und Tank, upside down ging. Die Böe mit Windstärke 10 hatte es plötzlich kieloben schwimmen lassen. Sofort riss ich die Segel herunter. Unter enormen Anstrengungen konnten wir das Dingi an die Leeseite des Bootes bringen, um es an Deck zu holen. Dieser anfängliche Fehler passierte mir später nur noch einmal auf meiner gesamten Reise um die Welt (Ok, zweimal, es passierte auch während des Lektorats dieses Buches in Thailand vor der Insel Ko Chang, dort allerdings vor Anker). Auch auf den kürzesten Distanzen kam das Beiboot ab diesem Moment an das Davit und bei längeren Strecken sogar an Deck.

Über Patmos, Kos und Astypalea ging unsere Reise nach Thira, der Vulkaninsel des Archipels Santorin. Als wir mit Buganker rückwärts an einen Poller gingen, mussten wir kurze Zeit darauf wieder das Weite suchen, da ein *Luxus Liner* voller Touristen unseren Platz benötigte. Etwas grantig im Bauch verlegten wir uns in die hinterste Ecke.

Als wir uns dann über die vielen Treppenstufen rauf zum Dorf machen wollten, wurde der Touristenstrom gerade an Land gebracht. An der 200 Meter hohen Felswand warteten in glühender Sonne etwa 50 Esel mit ihren Treibern, um die überwiegend fetten Amis nach oben zu bringen. Obwohl die Esel erst nur herumstanden, waren sie schon *ohne* Anstrengung schweißnass geschwitzt. Ich sah mit kribbelnden Bauchnerven zu, wie eine zwei Zentner schwere Kaugummi-Lady von drei Griechen in den Sattel gehoben wurde. Mit Sicherheit, dachte ich, würde rauf zum Kraterrand des Esels letzte Stunde schlagen und er würde zusammenbrechen. Auf einmal drehte ich völlig durch! Ich ging zu der Dampfnudel hin und schleuderte ihr ins Gesicht:

»He du fettes Monster, schone doch das arme Tier und geh zu Fuß da rauf, würde dir bestimmt nicht schaden!« Da ich es aber auf Deutsch sagte, kam es wahrscheinlich bei dem Fettsack gar nicht an. Ihrem Gesicht aber war anzusehen, dass sie merkte, ich machte ihr kein Kompliment.

Voller Wut war Thira ab da für mich gestrichen. Mit dem Affenhaufen ins Dorf raufzugehen, erschien mir in dem Moment unmöglich. Da ich die Insel in früheren Jahren mit Charterschiffen schon angelaufen hatte, mir der Touristennepp dort gar nicht mehr behagte, liefen wir noch am selben Tag aus.

In der Nacht beutelte uns wieder ein heftiges Gewitter. Doch schon am Morgen standen wir vor der Einfahrt von Heraklion auf Kreta. Renates Bienenschwarm im Kopf war mittlerweile erträglicher geworden. Zudem schlich sich bei uns allmählich auch eine gewisse Professionalität ein, was den Umgang mit dem Boot betraf. Wettergeschehen konnte mich kaum noch überraschen, denn durch die Erfahrung mit meiner Drachenfliegerei, machte ich des Öfteren bessere Vorhersagen als die lokalen Wetterberichte.

Als wir uns am Spätnachmittag durch die Stadt treiben ließen und vor einer Taverne saßen, entdeckte ich auf der anderen Seite auf einmal einige mir bekannte Gesichter. Ich konnte es nicht glauben!

»He Renate, schau mal, kennst du die?«

»O fareck, des san ja Rodinger«, sprudelte es aus ihrem Mund. Ehe ich mich versah, rannte Renate schon über die Straße winkend auf sie zu. Als wir in Regensburg losgefahren waren, hatten wir geglaubt, für viele Jahre keine bekannten Gesichter mehr zu sehen. Bald aber stellte sich heraus, dass der Busnternehmer Hans Lobmeyer mit seinem neuen Schlafkabinenbus eine Reise bis nach Kreta unternommen hatte und zwei Tage in Heraklion weilte. Das »Hallo« und der darauffolgende Umtrunk mit der Reisegruppe waren gewaltig! Am nächsten Tag unternahmen wir mit ihnen einen Tagesausflug und zum Abschied am späteren Nachmittag schenkte uns Hans noch einen Kasten Weizen, den ich über einige Wochen hütete wie den Diamant Kohinoor der Britischen Königin.

Kreta 1988: Rodinger Busunternehmer Lobmeyer mit Reisegästen (Hintergrund)

Einen Tag später, wir befanden uns gerade in der Bucht Kolpos Almirou an der Nordseite von Kreta, hörten wir heftiges Geschützfeuer. Zwei Stunden später sahen wir voraus ein Schiff, welches etwas schräg im Wasser lag. Als wir uns auf etwa eine halbe Meile genähert hatten, wurden wir auf lautes Sirenengeheul aufmerksam und sahen ein Schnellboot steuerbords auf uns zurasen. Ich konnte mir überhaupt keinen Reim darauf machen und hielt meinen Kurs. Kurze Zeit später stoppte das Schnellboot neben uns und eine Megaphonstimme befahl uns, sofort dem Boot zu folgen. Ich begriff noch immer nicht, was das sollte. Und dann sah ich weit voraus ein riesiges Kriegsschiff liegen, auf das wir nun zusteuerten.

Ich dachte mir, »lieber nachgeben, als versenkt zu werden.« Und so wurde ich über das Megaphon aufgefordert schneller zu fahren und gab Gas was das Zeug herhielt. Als wir hinter dem mit Kanonen bestückten, amerikanischen Schlachtschiff waren, kam das Schnellboot längsseits. Auf Englisch wurde Renate gefragt, ob wir denn lebensmüde wären, da wir *mitten* durch eine Schießübung gefahren sind. Da begriff ich erst, das Schlachtschiff wollte mit Kanonen auf das Schiff schießen, welches auf unserer Kurslinie lag.

»Verdammt! Die blöden Amis spielen genau dort Krieg und das ohne die geringste Absicherung.«

Als wir uns wieder eine Meile von der Vernichtungsmaschine entfernt hatten, spuckten die Kanonen Feuer aus allen Rohren. Eine Zeit lang verfolgte ich ihre Treffsicherheit, die aber zu wünschen übrig ließ. Als ich mit dem Fernstecher eine halbe Stunde später den Horizont absuchte, war ihr Schießziel nach zahllosen Granaten aber doch verschwunden.

Als es dunkel wurde gingen wir an der ungeschützten Küste vor Anker. Ich flehte zu Gott, dass er uns nicht mit Dreckwetter überrascht. Aber er erhörte mich nicht und schüttete des Nachts unterstützt von heftig auflandigem Wind sein himmlisches Donnerwetter über uns aus. Fluchend wie ein türkischer Mulitreiber ging ich gegen 2 Uhr Anker auf, weil mir die Legerwall-Lage zu gefährlich erschien. Der Schlaf überfiel mich nach kurzer Zeit, doch ich wollte Renate nicht wecken.

Im Morgengrauen schreckte mich ein brüllendes Schiffshorn auf.

»Oh Himmelarsch und Zwirn, da steht ein Berg mit Lichtern vor mir!« Das Adrenalin der Angst schoss in meine Adern. Blitzschnell riss ich mein Steuer nach Backbord, als ein Stahlwolkenkratzer an uns vorbeizischte. Als das riesige, undefinierbare Etwas hinter uns war, sahen wir hoch oben an Deck viele Helikopter stehen. Es war ein amerikanischer Hubschrauberträger riesigen Ausmaßes.

»Jetzt aber reichts! Diese bekloppten Amis glauben doch tatsächlich, ihnen gehört die Welt!« fluchte ich zu Renate. In Chania erholten wir uns später zwei Tage von dem Stress der Kriegsführung und nahmen dann Kurs auf Peleponnes.

Die folgenden zwei Wochen waren dann wieder genau nach meinem Geschmack. Über Zakynthos und Kefalonia erreichten wir die Insel Lefkada. Diese beiden Wochen werde ich *nie* vergessen. Keine Städte, keine Touris und keine Yachten, nur Natur und nochmals Natur. Fischer brachten uns Fische, manchmal saßen wir mit ihnen am Lagerfeuer und spielten Gitarre. Einmal schliefen wir sogar am Strand, grillten unseren Fisch am Feuer und deckten uns mit dem Sternenhimmel zu. Noch bis spät nach Mitternacht betrachteten wir unsere riesige, glitzernde Zudecke, die bei jedem Glas Wein schöner wurde.

Witternd wie ein Maulwurf beäugte ich das erste Grau des heraufziehenden Tages. Orangefarbenes Licht brach hervor, geisterhafte Strahlen verzauberten den östlichen Himmel. Wie ein Scherenschnitt aus der Dunkelheit geholt, das tiefe Lavendelblau des Himmels, das sich langsam zu Blau wandelte und das Singen der Vögel, ließen mich an der Wirklichkeit zweifeln. Das Licht des anbrechenden Tages war in so vollendeter Schönheit, dass ich wieder Mal einen Sonnenaufgang fotografieren musste. Ich komme dabei einfach immer ins Schwärmen.

»Auf, auf du faules Murmeltier, bevor ich die Geduld verlier!« trällerte ich los, um meine Holde an das Frühstück zu erinnern. Mit verschlafenen, verkaterten Augen sah sie mich vorwurfsvoll an, doch da kannte ich kein Erbarmen. »Wer saufen kann, kann auch auf aufstehen!« Ich schickte Renate zur Yacht, um Topf, Tassen und Kaffee zu holen und bereitete in der Zwischenzeit ein Feuer vor. Bald erschien meine Trapperfrau mit den Frühstücksutensilien und zwei Makrelen aus dem Kühlschrank, die bald aufgespießt an zwei Stöcken über dem Feuer brutzelten. In der kommenden Stunde wurde es dann gleich wieder so warm, dass wir uns jedes Kleidungsstückes entledigten. Als ich meine Holde in den Arm nahm und anfing zu schmusen, gingen sogleich meine Hände auf Entdeckungsreise. Sie schaute mich gekünstelt strafend an und meinte:

»Gang, doch nicht schon wieder!«

»Doch meine Gute, siehst du denn nicht Sack und Rute?«

Da sah sie mich ganz glücklich an, »ich glaub du bist der Weihnachtsmann.« Kurz darauf wälzten wir uns wie die Schweine im Dreck. Solche Episoden erlebten wir ab und zu, denn wir sind ja auch nur Gottes Kinder.

Wir ließen uns von Bucht zu Bucht treiben und hatten sichtlich Spaß am Leben. Bei solchen friedvollen, paradiesischen Episoden stimmte mich meine Seele so glücklich, dass ich am liebsten an jedem dieser Orte geblieben wäre.

In Lefkada-Stadt, als wir ausklarierten Richtung Italien, wurde ich vom Hafenkapitän gewarnt, dass ich am nächsten Tag auf meiner geplanten Überfahrt nach Sizilien in sehr schlechtes Wetter geraten würde. Ich war aber wieder mal gescheiter und sprang mit beiden Beinen in den angesagten Dreck.

Die ersten Stunden im Kanal lief alles harmlos ab. Die sechs Windstärken konnten mich nicht einschüchtern. Der Begriff »Sauwetter« ist gar kein treffendes Wort für das, was uns dann draußen auf der offenen See erwartete. Der *Zorn* der Elemente traf uns mit elementarer Gewalt. Nach zwanzig Stunden harten Kampfes gab ich schließlich klein bei und kürte den römischen Gott des Windes, Rasmus, zum Sieger. Wir machten Kehrt.

Während dieser ganzen Zeit zeterte mir meine Seebraut in die Ohren: »Ich hab's dir doch gleich gesagt, du sollst auf den Hafenkapitän hören!« Ich nickte demütig.

Wieder vor Anker, gingen gewaltige Böen über uns hinweg und der Gedanke, bei diesem Wetter auf dem Meer zu sein, bereitet mir noch im Nachhinein Magenprobleme. Meine Seele verband sich mit Renate und wir krochen in die Koje.

Zwei Tage später unternahmen wir einen neuen Anlauf und das Wetter verpasste uns erneut eine Ohrfeige. Das Einzige, auf das ich mich auf See verlassen kann, ist die absolute Unberechenbarkeit von See und Wind. Doch diesmal gab es kein zurück, denn wir waren schon mitten in der Adria. Der Herbst hat sich bereits nachhaltig bemerkbar gemacht und so durften wir feststellen, dass Segeln nicht immer ein Honiglecken ist.

Nach weiteren zweieinhalb Tagen erreichten wir Le Castella im Golf von Squillace an der Ferse Italiens und gingen dort vor Anker. Diese Nacht sollte auch zu denen gehören, die man nie vergisst oder besser vergessen sollte. In die Bucht stand ein leichter Wind und von der Steuerbordseite rollte ein grässlicher Schwell herein. Es war einer der unbequemsten Ankerplätze meiner gesamten Reise, da eine Schiffschaukel ein

Kinderspielzeug dagegen ist. Schlussendlich lagen wir beide eingekeilt auf dem Fußboden, wo sich der Drehpunkt der rollenden Yacht befand und kamen so zu einigen Stunden Schlaf.

Als wir am nächsten Tag in die Straße von Messina einliefen, wollte ich wegen der Gegenströmung die Steuerbordmaschine hinzuschalten, doch sie antwortete mir mit Schweigen. Deutlich sahen wir den Vulkan Ätna, der seine Rauchsäulen in den Himmel blies und mich von meiner Sorge ablenkte.

An der Nordküste Siziliens angekommen segelten wir über die Insel Vulcano in das herrliche Hafenstädtchen Cefalu. Die Altstadt mit einer Zitadelle auf einem Berg beeindruckte uns so sehr, dass wir gleich für mehrere Tage blieben. Wir entdeckten den Ort mit seinen schmalen Gässchen und kleinen Cafes, die ihm einen typisch sizilianischen Stempel aufdrückten. Genüsslich aßen wir leckere Meeresfrüchte, tranken Wein dazu, verschlangen Berge von Eis und fühlten uns wie zwei Menschen auf Hochzeitsreise. In Termini trafen wir wieder auf den amerikanischen Hubschrauberträger, der aber diesmal bei klarer Sicht keinerlei Gefahr für uns bedeutete.

Einige Zeit später liefen wir in der Hauptstadt Palermo ein. Nach dem wunderschönen, sauberen Eindruck von Cefalu traf uns dort *der blanke Schreck*: Unrat, Mief und Dreck überall wo man nur hinsah! Wir glaubten auf einer Müllkippe gelandet zu sein. Unsere Miesstimmung wurde aber geglättet, als man uns im Yachthafen äußerst freundlich empfing.

Am nächsten Tag sah ich mich sofort nach einem Mechaniker für meinen Mercedes-Motor um. Empfohlen wurde mir der Chefmechaniker der Guardia di Finanza von Palermo.

Sein Urteil: Die Dieselpumpe ist kaputt.

Ich kaufte für ein Schweinegeld eine neue Pumpe von der Firma Bosch, aber der Motor sprang wieder nicht an. Anschließend holte ich den Spezialisten von der Bosch-Werkstatt, der nur meinte, dass die Einspritzpumpe zum Service muss. Ich gab ihm also meine Ersatzpumpe und ließ sie prüfen. Beim Abholen musste ich erstmal 640 Mark hinblättern, denn es hatte angeblich *Etliches* erneuert werden müssen. Als der Bosch-Mann die Pumpe eingebaut hatte, sprang der Motor aber immer noch nicht an. Der Mann stand vor einem Rätsel. Genau wie ich. Als er für den Einbau nochmals 120 Mark haben wollte, explodierte ich aber:

»Du verfluchter Spaghettifresser, pass bloß auf, dass i dir koane schmier, du Halsabschneider!« und jagte ihn von Bord. Später besuchte uns der Commodore des Yachtclubs, bei dem sich der Bosch-Mann beschwert hatte. Nach einiger Debatte mit meinem holprigen Italienisch sah er ein, dass ich im Recht war. Er empfahl mir einen Mechaniker für LKW-Reparaturen. Also wurden gleich zwei weitere Mechaniker hinzugezogen, denn alleine auf einem ausländischen Schiff zu arbeiten, das würde zu billig werden. Sie schlossen zwei meiner Batterien hintereinander auf 24 Volt und mit einem gewaltigen Rumms explodierte meine Starterbatterie. Warum, weiß der Teufel. Danach schleppten sie eine riesige 24 Volt-Batterie an und starteten damit endlich den Motor. Der drehte durch wie eine Rennmaschine und sprang sofort an.

»Molto bene!« klang es in die Runde und ihre Gesichter strahlten nur so von Erfolg. Als ich meine Nase aus dem Cockpit steckte, sah ich, dass der Motor rauchte wie ein alter Hatz-Diesel.

»Na ja«, dachte ich, »vielleicht muss er sich noch einlaufen.« Als eine neue 12 Volt-Starterbatterie angeschlossen war, ließ sich meine gute Emma aber erneut nicht mehr starten. Auch diese göttlichen Mechaniker jagte ich wutentbrannt von Bord, als sie ihren Lohn forderten, obwohl sie mir auch noch eine Batterie zerstört hatten.

»Ja glaubt denn ihr alle, wir Bayern sind Deppen?« schrie ich ihnen noch faustschüttelnd hinterher. Anschließend wurde der Chef der Mercedes-Niederlassung persönlich geholt. Hoch erhobenen Hauptes schritt er durch die Wirkungsstätte seiner vorangegangenen Versager. Der Chef steckte den Finger ins Kühlwasser, leckte ihn ab und meinte:

»Bene!« Dann tauchte er den Finger ins Öl und sagte wieder »bene!«. Anschließend zog er den Messstab zur Ölkontrolle heraus, hielt den Finger auf die Öffnung und ließ dabei den Motor durchdrehen. Sein fachmännisches Urteil lautete nun:

»No bene, Motor kaputt!« Er meinte, es müssten neue Kolben und Ringe eingebaut werden.

Ich konnte es nicht fassen! Der Motor mit wenigen Betriebsstunden sollte kaputt sein. Eine Reparatur an Bord war für ihn nicht möglich, infolgedessen musste ein Kran her. Also entfernte ich die Gasflaschen im Cockpit, baute den Tisch aus und entfernte den Cockpitdeckel. Nach zwei Stunden waren wir soweit und der bereits wartende Kran hob den Mercedes-Motor auf einen LKW. Vor der Abfahrt bekam ich noch einen *Kostenvoranschlag* über 3.500 Mark.

Bereits am nächsten Tag hörte ich vom Yachtclub, der Motor sei fertig. Als ich bei Mercedes ankam, schnurrte meine Emma gerade wie ein sanftes Kätzchen. Als ich fragte, was die Ursache war, bekam ich zur Antwort:

»Die Kolbenringe waren fest, Salzwasser muss in den Dieseltank gekommen sein.« Erleichtert dachte ich mir, dann kann es ja nicht so viel kosten. Bald war der Motor eingebaut und brummte wieder wie ein satter Bär. Als ich die Rechnung erhielt ging mir aber der Hut hoch! Der Mafioso verrechnete tatsächlich die gesamte Summe seines Angebotes obwohl er keine neuen Kolben eingebaut hatte. Mit Zornesröte geschminkt weigerte ich mich zu bezahlen. Achselzuckend und die Ruhe selbst ging er von Bord und kam mit zwei Carabinieri zurück. Schlussendlich blieb mir nichts anderes übrig, ich musste bezahlen. Mercedes, Mechaniker, Bosch, explodierte Batterie und Kranwagen summierten sich auf 6.370 Mark. *Oh bella Italia, wie ich dich liebe.*

Der Tag war gelaufen und ich besoff mich fürchterlich. Als ich immer lustiger wurde, verlor ich meine Italienfeindlichkeit wieder und holte die Gitarre von Bord. Bald sang im Yachtclub ein gewaltiger Chor »o sole mio, was geht des mi o«. Einen Einbruch in seinem Leben bekämpft man am besten mit einem neuen Aufbruch. Aber der nächste Tag fiel aus, denn ich war unpässlich, ich hatte »Katerstimmung«.

Dann aber musste die Ursache wegen dem Salzwasser im Dieseltank gefunden werden und die war recht simpel. Die Tankentlüftungen für die Dieseltanks waren zu tief an der Außenbordwand angebracht. Als wir im Sturm eine sehr starke Schräglage auf Steuerbord hatten, war die Tankentlüftung unter Wasser. Aber als positiv denkender Mensch machte ich das Beste daraus und erkundete zunächst mal Palermo. Die Entlüftungen konnten warten, da wir ja im Hafen lagen.

Wir lernten viele Menschen kennen, die äußerst freundlich und uneigennützig waren. Sie kutschierten uns durch die Stadt, luden uns zum Essen ein und an jedem Abend erklang Gangerls Gesang zur Gitarre aus einer anderen Hafenecke. Nachdem die astronomisch hohen Hafengebühren bezahlt waren, machten wir uns sprichwörtlich *erleichtert* aus dem Staub. Palermo ade, zahlen tut weh! Außer dem teuren Pech mit der Maschine, den astronomischen Yachtclub-Gebühren, hatte ich nämlich auch noch meine teuren Wasserski verloren, als wir uns im Außenhafen sportlich betätigten.

Trotz guten Winden segelten wir nur sehr langsam in Richtung Sardinien. Am nächsten Tag hatte ich von dieser Zottelei genug, holte mitten auf dem Meer die Segel herunter und fing an, das Unterwasserschiff abzuspachteln. In der Kloake des Hafens von Palermo hatte mein »König« nämlich einen mächtigen Bart bekommen. Da das Antifouling aus Deutschland der blanke Mist ist, den ich sogar als Betrug einstufen würde, musste ich mir Gedanken machen um einen neuen Giftanstrich am Unterwasserschiff. Da werden den Sportschiffern wegen Umweltschutz die wahnsinnigsten Preise für den Unterwasseranstrich auferlegt, die oft wirkungslos sind, und die Großschifffahrt fährt mit dem giftigsten Zeug herum.

Als diese Putzarbeit erledigt war, glitt mein Schiff wieder wie ein munterer Fisch durch das Mittelmeer.

Gegen Abend drehte der Wind und wurde schwächer. Kurzerhand holte ich den Spinnaker aus der Segellast und setzte die große Blase. Meine Freundin protestierte heftig, denn wir hatten vereinbart, dieses Segel während einer Nachtfahrt nicht mehr zu setzen.

»Da muss ich mich wohl total verhört haben!«

Eigentlich hatten wir inzwischen schon etliche erfolgreiche Spinnakerseemeilen hinter uns gebracht, aber nunmal nicht mehr nachts.

»Ich bin ja auch nicht mehr der Jüngste«, antwortete ich trotzig. Und die Strafe folgte natürlich auf dem Fuße: Mein Spatzl streikte.

Die halbe Nacht saß ich nun im Cockpit, starrte auf meinen Spi, regulierte manchmal an den Schoten, bis mir *die Erleuchtung* kam. Eigentlich hatte sie ja Recht, was hätte sie auch alleine machen sollen, wenn plötzlich Wind aufgekommen wäre? Ich kappte die Leeschot, zog den Spi-Sack runter, setze die Genua und kroch zu ihr ins Bett.

»Liebling, aufsteh'n, Wachwechsel!« Es folgte murrendes Gepolter, bis ich ihr klarmachen konnte, dass unser Schiff unter Genua lief. Ohne weitere Diskussion übernahm mein Hasi die nächste Wache.

In Cagliari angekommen kauften wir nur kurz ein, um unsere Vorräte aufzufüllen und nahmen Vitus, einen Gast aus München, an Bord. Bereits wieder einem Hafenkoller bedenklich nahe legten wir nach vier Tagen ab. Um diese Krankheit loszuwerden, ankerte ich in der einsamen Bucht von Cala Malfatano und genoss die wilde, unverfälschte Natur.

Auf dem Weg nach Mallorca übergab ich an Vitus die Wache und zog mich mit Renate in die Kiste zurück, um ein angebliches *Nickerchen* zu machen. Als ich nach getaner Arbeit meinen Kopf aus dem Achter-Niedergang steckte, traf mich der Schlag!

»Vitus, du Arsch!«, schrie ich, »Bist du denn blind?« und riss das Ruder am Achter-Steuerstand herum. Keine 100 Meter voraus kreuzte ein riesiges Frachtschiff unseren Kurs. Vitus wurde totenbleich und war total verdattert, als er nach Entschuldigungen suchte. Ich schluckte meine Vorwürfe hinunter, denn einem Akademiker die Wichtigkeit einer Ruderwache in stark frequentiertem Seegebiet zu erklären dürfte schwierig sein. Ich konnte mich mit *seiner* Bildung ja nicht messen.

Mit gutem Wind glitt unser *König* weiter nach Mallorca. Den ersten Stopp legten wir im malerischen Naturhafen Portocolom ein. An der zauberhaften Küste entlang, über Colònia de Sant Jordi segelten wir Palma entgegen. Schon in diesen ersten Tagen änderten wir unsere Meinung über die »Putzfraueninsel« und erklärten sie zur schönsten Insel im Mittelmeer.

Beim Einlaufen in den Hafen musterte ich die vor Anker liegenden Yachten und entdeckte dabei eine deutsche. Mit Buganker und Leinen zum Pier legten wir uns daneben, denn sie könnten uns sicherlich mit Informationen behilflich sein. So haben wir jedenfalls gedacht. Der Mensch denkt und Gott lenkt. Was er sich in den kommenden Stunden dann aber hat einfallen lassen, war nicht gerade das Gelbe vom Ei.

Da das Nachbarschiff verlassen zu sein schien, machten wir uns erst mal über das Abendessen her. Es gab Sauerbraten, aber offensichtlich *mit Ei!* Passt nicht? Könnte man meinen, denn die Eier waren auch nicht von uns. Sie kamen plötzlich von außen auf unser Schiff geflogen. Im Moment begriffsstutzig, schauten wir zu den Bullaugen, an denen Eiersoße herablief. Ich stürmte wie von der Tarantel gestochen rauf aufs Deck und sah auf unserem Nachbarschiff vier Kerle stehen, die ein Preisschießen mit Eiern und Tomaten auf unser Schiff eröffnet hatten. Auf meine Frage, was dieser Unsinn denn bitteschön sollte, bekam ich zur Antwort:

»Ach du blöder Bayer, magst noch ein paar Eier?« Und das Bombardement ging weiter!

»So eine Frechheit!« Wutentbrannt hetzte ich nach unten, schnappte mir die *Pump Gun* und wollte die scheiß Typen erschießen. Renate kannte mich und wusste haargenau, wie ich ausrasten kann, wenn man mich ungerecht behandelt. Sofort hing sie schreiend an meinem Hals und flehte mich an, »mach uns nicht unglücklich!« Kurz darauf kam ich wieder zur Vernunft, stieg nach oben und löschte gerade noch rechtzeitig eine Zigarette, die auf einem Polster vor sich hin schwelte. Als schließlich die Eier, Tomaten, Gläser und Zigaretten aufgebraucht schienen, begnügten sie sich mit Schimpfworten wie:

»Du Arsch, geh zu deinem Alten, wo ihr alle hingehört!«

Gemeint war damit Franz Joseph Strauß, der zwei Tage zuvor verstorben war. Noch in derselben Nacht gingen wir zur Polizei und erstatteten Anzeige gegen die Vier von der *Sundowner* aus Kiel. Als wir zurückkamen war unsere Bayernflagge von der Saling verschwunden, die auf Halbmast gesetzt war. Also auch noch Hausfriedensbruch mit Diebstahl.

»Wartets nur, ihr preißische Saubande! Euch werd ich helfen, so an Scheiß macht ihr ned mit dem Gang«, schrie ich wutentbrannt zu ihnen hinüber.

Am kommenden Morgen erstattete ich gegen die deutsche Besatzung meines Nachbarschiffes erneut Anzeige, aber bei Gericht. Als wir zurück zum Schiff kamen, waren Polizei und Hafenpolizei schon vor Ort und verhinderten das Auslaufen dieser Rüpel, die sich verdrücken wollten. Nach einigen Verhandlungen forderte ich 1.000 US-Dollar Schadenersatz, die sie bereitwillig entrichteten. Anschließend forderte die Hafenpolizei die Saubande auf, sofort den Hafen zu verlassen.

Von der deutschsprachigen Urlauberzeitung auf Mallorca erschien am gleichen Vormittag ein Reporter und ließ sich den Vorfall schildern. Wegen des Artikels in der Zeitung wurden wir dann auch von einem deutschsprachigen Radiosender eingeladen und zu den Geschehnissen befragt. Da dies ein Live-Interview war, erwähnten wir bei dieser Gelegenheit, dass wir eine Marina suchen, die ein 20 Tonnen-Schiff aus dem Wasser hieven kann. Noch während der Sendung erhielten wir den Anruf eines Bäckers namens Paul aus München, der uns nach Andratx einlud, da es dort einen *Travelift* für unsere Größe gab. Er wollte dort auch die Slip-Kosten der Yacht übernehmen, denn es tat ihm leid, was wir auf Mallorca erleben mussten.

»Es gibt selten einen Schaden, wo kein Nutzen dabei ist, also Hasi, auf nach Andratx!«

Da Paul dort eine Bäckerei besaß, wurden wir standesgemäß jeden Tag mit frischen Brezen und Weißwürsten verwöhnt. Schon am nächsten Morgen standen wir, besser gesagt unser *König*, auf dem Trockenen. Das Unterwasserschiff sah schon wieder zum Grausen aus! An einigen Stellen löste sich sogar die Zink-Epoxy-Farbe und das blanke Metall schaute hervor. Es war zum Heulen! Zwei Tage hatten wir für die Wiederinstandsetzung eingeplant, schließlich wurden es dann aber sieben. Unser einziger Lichtblick war Bäcker Paul, der jeden Morgen pünktlich um 9 Uhr mit Brezen, Weißwürsten und Sekt erschien. Kirta-Kücherl, Torten und Apfelkuchen gab es am Nachmittag, der Mann war echt eine Schau!

Prinz Michael von Preußen mit Gattin zur Entschuldigung in Andratx

Am letzten Tag, kurz vor der Wasserung, besuchte uns wieder der Reporter der Zeitung und stellte uns zu unserem Erstaunen Prinz Michael von Preußen samt seiner Gattin vor. Sie hatten von unserer Gaudi mit den Norddeutschen erfahren und wollten sich für das ungebührliche Benehmen ihrer Landsleute entschuldigen. Mit einer Flasche *Moèt Chandon* versteht sich! Das ganze Gespräch mit dem Prinzen wurde live im Sender *Radio Alemania* gesendet. Später erhielten wir aus der Heimat auch die Titelseite der *BILD*-Zeitung, auf der in fetten Lettern stand:

»Die Seeschlacht von Mallorca - Holsteiner gegen Bayern«.

Ich kann nur sagen, unter deutschen Seglern eine Schande!

Als wir mit dem Unterwasserschiff fertig waren und auf den *Travelift* warteten, zog ein heftiges Gewitter auf. Plötzlich sah ich, wie sich durch den Winddruck zwei Ständerstützen verschoben. Mit aller Kraft auf den Stützen stemmte ich mich dagegen und *schrie* um Hilfe. Eilig rannten ein paar Arbeiter zu mir und brachten zusätzliche Stützen herbei, die sie gegen den Winddruck an den Seiten verbolzten. Als dann die Yacht in den Tragegurten des Liftes sicher hing, war ich *einem Herzinfarkt* gerade noch einmal entkommen. Denn wäre die Yacht umgefallen, Rigg und Mast wären mit Sicherheit gebrochen. Als mein *König* wieder schwamm, gab es erstmal mit allen Yachthelfern einen tüchtigen Umtrunk.

Unser Schiff, wieder aalglatt mit Antifouling frisch versehen, bewegte sich pfeilschnell wie ein übermütiger Fisch. Unter Spinnaker *flogen* wir mit der Yacht in Windeseile nach Ibiza, wo wir Wolfgang und Renate wieder treffen sollten. Wir hatten sie auf Mallorca kurz kennengelernt und uns sehr gewundert, dass ein anderes Weltumseglerpaar die gleichen Namen trug. Schon nach einem halben Jahr Mittelmeer wollten die Zwei aber wieder das Handtuch schmeißen. Nach einigen Stürmen und Pannen wollten sie ihr Boot verkaufen und stattdessen mit einem Wohnmobil durch Kanada reisen. Dieses Beispiel zeigte, das Aussieben der großen Abenteurer beginnt schon kurz hinter der Haustür.

In Ibiza-Stadt besuchten wir einige Anmachschuppen und lernten die seltsamsten Typen kennen. So manches Schreckgespenst hätte freie Kost und Logis in Stadelheim bekommen, der Klapsmühle bei München. Die

Typen, die dort herumlungerten, hatten nicht unsere Wellenlänge. Ich wundere mich über Leute, die Ibiza damals so cool fanden.

Am 24. Oktober lagen wir schließlich in der Bucht von Gastabi auf Espalmador. Auf dem Grill über dem Lagerfeuer brutzelte eine 80 Zentimeter lange Goldmakrele, die wir bei der Überfahrt gefangen hatten. Unsere Weingläser waren mit edlem Tropfen gefüllt und ein leises Lüftchen umschmeichelte uns. Wir lagen im Sand und ein von Sternen übersäter Himmel beleuchtete die friedliche Szene. Oh Welt, wie bist du schön! Ich bin mir sicher: Nur der, der die Schönheit sucht, wird sie auch finden. Dort erkannte ich, dass *jeder Tag, jede Stunde und jede Minute* einmalig ist und ich begann, den Weg in die eigene Tiefe zu finden. In Deutschland hatte ich nicht die Zeit über mich nachzudenken und in mich reinzuhorchen. Ununterbrochene Arbeit verbunden mit Stress lassen da so Manchen mutlos werden.

Drei Tage später, während der Überfahrt nach Gibraltar, saß ich am Vorschiff und starrte schon seit Stunden auf die Weite des Meeres. Ich weiß nicht mehr, wo ich mit meinen Gedanken gewesen bin, als ich plötzlich – wie vom wilden Affen gebissen – hochfuhr. Keine 50 Meter von unserem Schiff entfernt ragte *ein eisernes Rohr* aus dem Wasser.

»Scheiße, Riff!« Gleich darauf merkte ich aber, dass sich das Rohr mit gleicher Geschwindigkeit mit uns bewegte.

»He Renate, i glaub i spinn, sigst du des dort a?« und ich deutete auf das Ding dann gut 100 Meter neben uns. Ich starrte zusammen mit Renate dieses seltsame Teil an. Kurz darauf brodelte und gurgelte es und wir dachten schon an ein Seeungeheuer, welches uns gleich holen würde. Wenig später tauchte aber mit fauchendem Zischen ein Stahlungeheuer auf, welches sich als ein amerikanisches U-Boot entpuppte. Die Luke öffnete sich und drei Untersee-Cowboys winkten *freundlich lachend* zu uns herüber.

»Jetzt glangt's aber, gehört das Mittelmeer auch schon den Amis?«

Über Wasser fuhr das Ungetüm nun wesentlich schneller und zog uns spielend davon. Wie wir später erfahren haben, war zu dieser Zeit gerade Nato-Großmanöver im Mittelmeer.

Am nächsten Tag machten wir im Yachtclub von Almeria fest und nahmen uns tags darauf einen Leihwagen. Durch die wunderschöne Gebirgskette der Sierra Nevada, welche im Winter ein fantastisches Skigebiet ist, ging unsere Reise weiter nach Granada. Der darauffolgende Besuch der Alhambra setzte dieser Reise die Krone auf. Die gewaltige Stadtburg, die geschaffen wurde von den maurischen Königen, ist ein architektonisches Wunder aus dem frühen Mittelalter. Die Palaststadt, der Löwenbrunnen, der Palast von Karl V., das Stalaktitengewölbe Sala de los Mocárabes, alles trug dazu bei, dass wir vor Bewunderung oft den Mund nicht schließen konnten.

Wieder zurück auf dem Schiff, setzten wir unseren Weg nach Gibraltar fort. Schon am Tag danach zeichnete sich im dunstigen Sonnenlicht der berühmte graubraune Affenfelsen von Gibraltar ab. Kaum hatten wir unsere Nase in der Marina, war draußen auf See der Teufel los. Zwei Tage lang wehte ein heftiger Wind, der die Weiterreise zu den Kanaren vergessen ließ. Wir hatten also Zeit unseren Proviant aufzufüllen und so einige Vorbereitungen zu treffen. Jeden Tag beobachteten wir das Tief zwischen den Azoren und Gibraltar auf dem Wetterfax, das aber nicht daran dachte weiterzuziehen.

Kapitel 5

Aussteigen ist kein Zuckerschlecken

An die vierzig Yachten warteten auf den Sprung zu den kanarischen Inseln. Neben uns lag Harald. Auch er wollte am *Atlantic Race* von Gran Canaria nach Barbados teilnehmen. Er erkundigte sich nachhaltig beim Wetteramt und bekam schließlich grünes Licht. Das Tief zwischen den Azoren und den Kanaren sollte sich nämlich ostwärts und nicht nach Süden bewegt haben. Viele Yachten nahmen also das Risiko in Kauf und wagten den 700-Seemeilen-Sprung zu den kanarischen Inseln.

Auch wir liefen am 2. November 1988 aus und durften mit Einbruch der Nacht ein einmaliges Schauspiel erleben: Geschätzte *fünfzig* Delphine begleiteten meine Yacht durch die Straße von Gibraltar hinaus in den Atlantik. Das zu der Zeit starke Vorkommen von Leuchtplankton ließ dieses Erlebnes zur reinen Magie werden: Die Körper der Meeressäuger schimmerten fluoreszierend in Silber und zogen einen Kometenschweif an funkelnden Pünktchen hinter sich her. Ein wahnsinnig beeindruckender Anblick! Das Glück, dies mit einer so großen Zahl von Delphinen beobachten zu dürfen, hatte ich auf meiner ganzen weiteren Reise kein zweites Mal. Ich sagte zu Renate:

»Siehst Spatzl, das ist ein Glücksomen für den kommenden Trip! Der Atlantik ist ein ganz zahmer Weiher.« Da hatte ich mich aber gewaltig getäuscht.

Am nächsten Tag bot sich uns ein leichtes Spinnakerwetter. Renates anfängliche Nervosität legte sich. Sie hatte große Angst vor dem großen Atlantik und dem wettermäßig unsicheren Törn, nachdem wir im

Mittelmeer auch schon Einiges mitgemacht hatten. Ich beruhigte sie stets damit, dass der Atlantik total harmlos sei. Aber schon am Abend verhieß der Himmel nichts Gutes: Er war schleierhaft verhangen mit Cirrus-Wolken. Wir nahmen den Spinnaker weg und legten noch vor Einbruch der Dunkelheit ein Reff in das Großsegel ein. Während der Nacht nahm der Wind kräftig zu und eine grobe Welle baute sich auf. Am Morgen kämpfte ich gegen 35 Knoten Wind an, während Renate krank in der Koje lag. Aber dies sollte erst der Anfang sein.

Abends lief die *King of Bavaria* bei 40 Knoten Sturm hart am Wind mit dreifach gerefftem Groß und mit kleinster Sturmfock. Dieser Kampf dauerte drei Tage an und ich kam keinen Meter mehr voran. Als der Sturm noch stärker wurde musste ich beidrehen. Mit back gestelltem Trysegel am Mast bewegten wir uns nur noch rückwärts. Aber im Schiff war nun Ruhe eingekehrt und ich ärgerte mich, warum ich das nicht schon eher gemacht hatte. Das Schaukeln wurde etwas erträglicher.

Inzwischen hatten wir Windstärke Zehn bis Elf. Meine Freundin lag eingekeilt unter dem Tisch. Plötzlich fauchte sie mich an:

»Du hast gesagt, Aussteigen ist ein Traum, doch das hier ist ein wahrgewordener *Albtraum*!«

Vollkommen erschöpft legte auch ich mich hin und schlief bestimmt zehn Stunden lang. Nur wenn wieder mal ein Brecher übers Deck hämmerte, öffnete ich die Niedergangsluke, schaute nach dem Rechten, ob am Schiff noch alles in Ordnung war, und betrachtete die Monsterwellen, die auf meine Yacht seitlich zurollten. Als so ein Kaventsmann plötzlich ins Cockpit einstieg, war ich natürlich platschnass. Auch das Schiff hat einiges an Wasser abbekommen, da sich viele Liter Wasser in den Niedergang ergossen. Schnell ging ich wieder unter Deck und machte hinter mir die Schotten dicht. Auch über die Windhutzen kam einiges Wasser ins Schiff, die ich, als ich es bemerkt habe, natürlich zügig verschloss. Rasch zog ich mir die pitschnassen Klamotten aus und strich mir zur Beruhigung meiner Magennerven erstmal ein Brot. Renate hingegen verweigerte jede Nahrung. Ich machte mir schon Sorgen, dass sie mir vom Fleisch fallen würde, weil sie sich laufend übergeben musste. Wenigstens etwas Wasser oder Tee sollte sie zu sich nehmen, dazu habe ich sie gedrängt und ihr jedesmal auch gleich den Eimer gereicht.

Drei Tage lang lagen wir beigedreht, ich döste die meiste Zeit so vor mich hin. Wenn ich Renate fragte, wie es ihr ging, bekam ich keine Antwort. Die Tage schlichen dahin, an das ständige *Krachen* und Rauschen inzwischen gewöhnt, wurde die Zeit ein Problem. Ständig schaute ich auf die Uhr und war dann schrecklich enttäuscht, dass wieder erst zwei oder drei Stunden seit der letzten Uhrkontrolle vergangen waren. Nach einer etwas längeren Schlafphase über einige Stunden war ich froh, dass ich von dem draußen herrschenden Inferno nichts mitbekommen hatte.

Ich versuchte ein Buch zu lesen, doch dafür waren meine Seemannsbeine noch zu kurz. Die Angst, nun könnte die letzte Stunde geschlagen haben, ließ jede Konzentration auf den Inhalt schwinden.

Nach gut 30 Stunden rappelte ich mich auf und bereitete uns eine Suppe zu. Angeschnallt am Herd, mit dem Kopf hin und her zuckend wie ein Geisteskranker, gelang es mir, die Suppe zu kochen. Ich füllte sie in zwei hohe Tupperdosen, damit nichts herausschwappen kann. Die Dosen zum Wellengang balancierend, rutschte ich auf dem Hintern zu Renate rüber, die unter dem Tisch lag. Ich rechnete schon mit großem Widerstand wegen der Nahrungsaufnahme, doch der blieb aus. Da sie mehr als 24 Stunden lang schon nicht mehr gekotzt hatte, stellte ich den Kübel zur Seite und empfing einen dankbaren Blick.

Als unser Dinner vertilgt war, herrschte draußen wieder finsterste Nacht. Zur Sicherheit und nicht ganz uneigennützig rückte ich den Speikübel wieder zu Renate hin und verzog mich auf die andere Seite unter dem Tisch. Am Boden waren die heftigen Schlingerbewegungen zu ertragen, da man dort der Rollachse der Yacht am nähesten ist.

Am vierten Tag unserer Odyssee ließ der Wind nach und so nahm ich den Kampf gegen die Elemente wieder auf. Der Wind war zwischenzeitlich auf 40 Knoten abgeflaut, doch durch den Kurs hart am Wind herrschte wieder *Weltuntergangstimmung*. Nach 24 Stunden Kampf mit Schütteln, Hämmern und Krachen der Wellen hatte ich ein deprimierendes Etmal von neun Seemeilen herausgesegelt. Diese kurze Strecke hatte anscheinend zur Ursache, dass Renate schreiend aufsprang und sofort nach Hause wollte. Ich hätte es wohl besser für mich behalten. Damit zog sie mir natürlich den Zahn und ich fing auch zu schreien an. Kurzfristig änderte ich den Kurs, um nach Casablanca in Afrika zu segeln. Diese

Kurzschlusshandlung hielt aber nicht lange an, denn es war ein Ding der Unmöglichkeit, dort hinzusegeln. Wenn es auch die kürzeste Strecke zum Land war. Erstens hatte ich keine Seekarten von dort und Zweitens, bei diesen hohen auflandigen Wellen die Hafeneinfahrt zu finden, das konnte ich nicht riskieren.

Inzwischen hatte sich Renate wieder beruhigt und so ging ich wieder auf Kurs nach Lanzarote. Schließlich ließ der Wind nach auf 30 Knoten und die schwarzen Wolken wurden lichter.

Auf einmal bot sich uns eine verrückte Showeinlage! Neben unserem Schiff versammelten sich geschätzt um die hundert Delphine, die mit ihren Kunststücken und verrückten Kapriolen auf sich aufmerksam machten. Ich rief nach Renate, die *tatsächlich* nach oben kam. Wir schauten diesen Wasserakrobaten fasziniert zu. Eine ganze Herde versuchte uns unsere Laune mit Saltos, Schrauben und Pirouetten zu verbessern.

»Siehst du, das ist ein Geschenk von Neptun, damit wir nicht verzweifeln.« Renates kommentarlose Reaktion war nur ein leichtes Augenrollen.

Nach kurzer Atempause legte der Wind aber wieder zu. Ganz toll! Denn zwei Tage später erreichten wir wieder den Standort, auf dem wir vier Tage zuvor beigedreht waren. Während dieser Zeit schickte ich so manchen Fluch gen Himmel. Renate wollte nur noch heim, sobald wir Lanzarote erreichen sollten.

Mutlos saß ich im Cockpit und starrte auf die Wellenberge, die auf meine winzige *Bavaria* zurollten, als mochten sie mein Schiff fressen. Wie klein und hilflos ist doch der Mensch gegen die *ungezähmte* Naturgewalt! Ich fragte mich »ist es das, was du willst?« und war stark am Zweifeln. Ob das der richtige Weg ins Paradies wäre? Erst viel später fand ich heraus, dass man sich Paradiese verdienen muss und die Wege dorthin manchmal sehr steinig sind.

Doch plötzlich wurde das Wetter besser, während ich Richtung Kanarische Inseln kreuzte. Am zwölften Tag drehte der Wind zurück und wir kamen wieder richtig zügig voran. Dank der guten Nachrichten und der *fast* beendeten Schaukelei, war auch Renate von den Toten auferstanden. Sie duschte sich warm und fiel mir um den Hals.

»Ach, wie schön kann doch segeln sein«, sagte sie und grinste mich zweideutig an.

Am Morgen des sechzehnten Tages seit unserer Abreise von Gibraltar standen die langersehnten Berge von Lanzarote über der Kim. Wie wir dann später erfahren sollten, waren Harald und drei andere Yachten nach Casablanca abgedreht. Die restlichen 35 Schiffe hatten den Törn abgebrochen und waren nach Gibraltar zurückgekehrt. Eine Yacht soll verschollen sein, ein Containerschiff hatte Container verloren. Nur der sture Bayer hatte sich als Einziger mit seiner Yacht durchgeboxt.

Die erste große Feuertaufe war bestanden! Doch die Bordfrau war zum Teil ozeangeschädigt, was später ein wachsendes Problem werden sollte. Als wir in den Hafen von Arrecife einliefen, fiel mir der Seglerspruch ein, mit dem ich diesmal total konform war:

»Das Schönste am Segeln ist immer das Ankommen.«

Die King of Bavaria unter Spinnaker

Kapitel 6

Die Kanaren und der große Teich

Im Nachhinein betrachtete ich den Kampf gegen die Elemente auf der Überfahrt zu den Kanaren als Dummheit, weil ich ein noch unerfahrener Hochseesegler war. Aber das Meeting auf Lanzarote mit Tom und Gerd, dem Nachfolger meiner Kunstschmiede, hatte mich gezwungen und vorangetrieben, nicht umzudrehen.

In Arrecife angekommen warf ich die Kralle auf Grund, eilte an Land zu einer Telefonzelle und rief in Deutschland an. Als ich mit Gerds Frau telefonierte, sagt sie mir, dass die beiden jeden Augenblick landen müssten. Ich sprang ins nächste Taxi und raste zum Flughafen. Und da saßen sie auch schon seit 30 Minuten. Mit Lederhose und Gamsbart am Hut, Weißbier trinkend und mit unerschütterlichem Selbstvertrauen warteten sie auf den Käpt'n. Meine Entschuldigung über meine Verspätung interessierte diese *Leck-mich-am-Arsch-Typen* überhaupt nicht. »Mei, wenn'st net kemma warst, hätt ma im Puff g'schlafa«, witzelten sie.

Zusammen mit Gerd und Tom entdeckte ich die Schönheiten von Lanzarote. Dabei standen wir auch am Fuß der 500 Meter hohen Klippe, von der ich einige Jahre zuvor mit dem Drachen abgestürzt war. Wir fuhren gemeinsam zur Frachtabteilung am Flugplatz und holten das Geschenk des Rodinger Busunternehmers Lobmeyer ab, eine Honda Monkey. Als ich dann die Frachtkosten von 1.200 Mark bezahlen musste, hat es mich direkt umgehauen. Ich brauchte erst mal eine Wiederbelebungstherapie mit zwei Weizen, weil ich mit so hohen Kosten nicht gerechnet hatte.

Die zehn lauschig süffigen Tage vergingen wie im Flug und die beiden kehrten wieder zu ihrem Amboss in die Werkstatt zurück. Am Flughafen rief mir Gerd noch zu:

»Wir kommen wieder!«

Wie sehr er sich da aber getäuscht hatte, konnte er zu diesem Zeitpunkt noch nicht wissen. Denn wer einmal in die stressige Erfolgsmaschinerie des Unternehmertums verstrickt ist, hat für Lust und Laster meist keine Zeit mehr oder er wird von den anderen, emsigen Unternehmern gefressen. Heute besitzt Gerd ein riesiges Betriebsgelände und beschäftigt viele Angestellte.

Ich selbst war zwar immer ein Erfolgsmensch, aber Geld war für mich nie das Maß aller Dinge. Arbeit ist für mich immer auch Selbstbestätigung, aber mehr Mittel zum Zweck und der Zweck heißt nun mal »Leben«. Nach all den Jahren in der Ferne werde ich oft gefragt, wo es am Schönsten ist. Innerlich muss ich dann immer lächeln, denn sie haben ja sowieso keine Ahnung, wo meine Paradiese liegen. Dann taucht oft die Frage auf, was auf meinen Reisen die wichtigste Erfahrung war: »Mich selbst kennengelernt zu haben, zufrieden zu sein und Bescheidenheit zu pflegen« ist stets meine Antwort. Wer zu Hause im Wohlstand unter geregelten Verhältnissen glaubt, sich selbst zu finden, der liegt in den meisten Fällen total daneben. Woher sollte man auch erfahren, wie der eigene Körper reagiert, wenn er aus dem letzten Loch pfeift? Woher sollte man wissen, wie der Verstand arbeitet, wenn es ums Überleben geht? Ein früherer Freund, er arbeitete als Oberarzt im *Klinikum rechts der Isar* in München, hat auf unserem ersten BR-Törn gesagt:

»Wenn ein Mensch zum ersten Mal sagt ›ich kann nicht mehr‹, hat er wahrscheinlich erst ein Zehntel seiner Energie verbraucht.«

Dieser Satz hat mich seit damals ständig begleitet und geprägt. In der Zwischenzeit weiß ich, dass auf Dauer die mentale Kraft die körperliche weit übertrifft. Zu dieser Erkenntnis hat auch mein erster Sturm beigetragen, dem ich im Atlantik getrotzt habe.

Wieder zurück auf dem Schiff legten Renate und ich ab und segelten rüber nach Fuerteventura. Wir ankerten in einer schönen Bucht, die aber nach Osten hin offen war. Drei weitere Yachten hatten sich ebenfalls für dieses Plätzchen entschieden und so gesellten wir uns zu ihnen. In diesem Moment herrschte Windstille, aber der Himmel versprach nichts Gutes. Dank meiner langen Drachenfliegerei hatte ich reichlich Erfahrung mit der Wetterkunde. Prompt kam kurze Zeit später Wind auf und wir lagen auf Legerwall. Gegen den Protest meiner Begleiterin ging ich Anker auf und lief auf das offene Meer hinaus. Mit genügend Sicherheitsabstand umrundete ich das Westkap. Kaum waren wir am Kap vorbei fing es auch schon ordentlich zu blasen an. Da ich nicht zu viel Seeraum verlieren wollte, drehte ich bei. Der Wind pfefferte mit 50 Knoten aus Ost, aber ich fühlte mich hinter der Insel sicher. Auch Renate hatte sich wieder beruhigt, sie sah ein, dass die vorherige Position zur reinen Hölle geworden sein musste. Der Sturm dauerte 20 Stunden!

Als der Wind wieder moderat wurde, segelten wir gleich Richtung Gran Canaria. In allen Ecken an Deck hatte sich roter Sand aus Afrika abgelagert, ebenso zwei blinde Passagiere. Wie wir später herausfanden, hatte der Sturm eine Heuschreckeninvasion von Afrika herübergebracht.

Als ich beim Einlaufen in Las Palmas die Motoren startete, sprang wieder nur der Linke an. Ich hatte mal wieder ein großes Fragezeichen in den Augen.

Im dortigen Yachtclub angekommen erfuhren wir, dass alle drei Yachten, die in Fuerteventura mit uns in der Bucht lagen und nicht Anker auf gegangen waren, gestrandet sind. Da gefror mir doch glatt das Blut in den Adern.

Nach einem Tag Ruhepause machte ich mich gleich über die defekte Maschine her, doch sie wollte nicht um alles in der Welt anspringen. Wieder ging ich zu Mercedes, doch die sagten mir *rotzfrech* »bring den Motor in die Werkstatt!« Doch dabei hatte ich Glück. Ein Mechaniker sprach mich auf Deutsch an, er wollte sich gern den Motor auf dem Schiff anschauen. Was ich schon vermutet hatte trat auch ein, die Kolbenringe waren wieder fest. Der Sturm bei der Überfahrt hatte wieder Salzwasser in die Dieseltanks fließen lassen. Ich hätte mich vor Zorn in den Arsch beißen können, dass ich die Entlüftungsleitungen vor der Abreise nicht geändert hatte.

Gleich am nächsten Tag baute ich die defekte Maschine aus und zerlegte sie im Cockpit. Als ich schließlich die Kolben herauszog, musste ich feststellen, dass tatsächlich die Kolbenringe durch Salzkristalle festoxidiert waren. Obwohl ich die Ringe in Bremsflüssigkeit legte, lösten sie sich nicht, stattdessen zerbrachen sie. Da mich meine Tochter zu ihrer Hochzeit eingeladen hatte und wir auch dringend Ersatzteile benötigten, entschlossen wir uns zu einem kurzen Abstecher in die Heimat. Ich brauchte auch Ausrüstung, um mein Slup-Rigg mit einem zusätzlichen Kutterstag umzurüsten.

Nachdem meine Tochter unter der Haube war, wir ein neues Kutterstag, eine neue Funkanlage und Mercedes-Ersatzteile beschafft hatten, kehrten wir zwanzig Tage später wieder auf die Yacht zurück. Tags darauf fing ich an, die Maschine wieder einsatzbereit zu machen. Schon zwei Tage später lief sie wieder wie eine Orgel. Ich bin sehr stolz auf mich, da ich doch anfangs von Motorenkunde wenig Ahnung hatte. Die Reparaturkosten in Palermo hätte ich mir eigentlich sparen können. Anschließend montierte ich die Entlüftungsleitungen und die Lenzrohre im Maschinenraum höher, sodass sich dieses Malheur nicht wiederholen konnte. Da ich mit Hilfe einer Lichtmaschine an Bord auch schweißen konnte, benötigte ich für meine Arbeit keine Hilfe. Nur für den Einbau der Funkanlage und der dazugehörigen Antenne zog ich einen Fachmann hinzu.

Die Yachten, die sich am *Atlantic Race* beteiligt hatten, waren alle längst verschwunden. Deshalb herrschte in der Marina Ruhe und Frieden. Allerdings störten die Verhältnisse im Hafen: Ständig schwammen wir in Öl und Diesel, weil der Wind die Brühe vom Öldock herüberblies. Wir stellten überall fest, dass die anderen Länder von Umweltschutz noch nie etwas gehört haben müssen. Wir bunkerten einen Klein-LKW voll Proviant und meine größte Sorge war nun, *all diese Vorräte* zu verstauen. Nachdem das endlich geschafft war, mieteten wir ein Auto, erforschten die herrliche Insel und campierten zwei Tage im Zelt.

Für *mich* ist die Natur das Allergrößte! Schon als Kind hatte ich mich mehr im Wald, auf Bäumen und in Höhlen aufgehalten, als in der Schule.

Nach unserer Rückkehr in die Marina ging mir ein junger Schweizer so lange auf die Nerven, bis ich endlich zustimmte, ihn auf der Atlantiküberquerung mitzunehmen. Gut, *drei* Nachtwachen sind besser als zwei.

Am 22. Januar 1989 gegen 11.30 Uhr wagten wir das große Abenteuer: Wir machten die Leinen los und sagten Las Palmas »adé«. Anfangs lief meine *King of Bavaria* noch etwas zögerlich und ächzte unter der Last, die wir gebunkert hatten. Schließlich waren auch Wasser- und Dieseltanks bis zum Rand gefüllt. Ein stetiger Wind aus Afrika schob uns schon bald hurtig über die Weiten des Atlantischen Ozeans in Richtung *Neue Welt*.

An den ersten Tagen wurden wir morgens mehrmals von Sherry's Bellen geweckt. Wir fragten uns jedes Mal, was der Hund denn *jetzt* schon wieder entdeckt hat. Obwohl wir das Sicherheitsnetz angebracht hatten, mussten wir uns immer wieder über einen Fischsegen an Bord wundern: Fliegende Fische lagen auf dem Deck. Sie haben es sogar bis über die Oberkante der Reling geschafft, die gut 1,80 Meter über der Wasseroberfläche war. Sherry war von diesem Segen sehr beeindruckt und hatte die hellste Freude mit den Fischen. Wir konnten sie gar nicht schnell genug einsammeln und ins Meer zurückwerfen, da hat sich der Hund wieder einen gepackt, durch die Gegend geworfen, beschnuppert und wieder herumgeschleudert.

Fliegender Fisch auf unserer Atlantiküberquerung

Mit dem Geschäft verrichten von Sherry war es auch so eine Sache. Eigentlich hatten wir ja immer an Land fahren müssen, beziehungsweise ich. Schon auf der Überfahrt zu den Kanaren hat Sherry da aber alt ausgesehen, denn ein Landgang war ja nicht möglich. Also musste das Vieh zwangsläufig an Bord kacken. Sie war schon nach einem Tag fast dem Platzen nahe gewesen und hat sich deswegen das Vorschiff als den Ort des Geschehens ausgesucht. Das war auch zukünftig ihr *Örtchen*, denn unter Deck wollte sie nicht machen. Und schon hatte sich das Thema ganz von selbst erledigt.

Am dritten Tag dieses Törns stellte sich ein schwerwiegendes Problem ein. Unser junger Passagier Patrick aus der Schweiz litt plötzlich unter starken Zahnschmerzen. Ich fragte ihn, ob er das schon in Gran Canaria gespürt hatte, was er bejahte. Ich sagte zu Renate:

»Den Affen würde ich am liebsten über Bord schmeißen!«

Renate zeigte Herz, untersuchte den Leidenden und war auch gleich sehr beunruhigt. Der ganze Kiefer war geschwollen, die Zahnwurzel saß auf Eiter, ein ziemlich übler Anblick. Obwohl meine Freundin eine gelernte Krankenschwester ist, wollte sie sich an diese Sache nicht heranwagen. Mit Wut im Bauch änderte ich den Kurs zu den Kapverdischen Inseln.

Als Renate abends wieder am Radio saß und sich die Amateurfunker auf DL8DJ/mm stürzten, erzählte sie von unserem Problem. Kurz darauf meldete sich ein Funker, sein Freund wäre Arzt und er wollte ihn ans Radio holen. Als der Arzt am Mikrofon war, riet er uns zu einem sofortigen Eingriff, da eine Sepsis die Folge und der Weg nach Kap Verde noch sehr weit wäre. Wir funktionierten also das Cockpit kurzerhand zu einem OP um und legten alles nötige Operationsmaterial bereit. Ich bediente das Radio, während Renate bei extrem rauer See nach den Anweisungen des Doktors operierte.

Die Notfallausrüstung, über die ich zu Beginn noch geschimpft hatte, erwies sich auf den Weiten des Meeres nun als wahrer Segen. Zuerst galt es, den entzündeten Zahn mit einer Spritze zu betäuben. Dann schnitt Renate das Zahnfleisch an der Wurzel auf und drückte den Eiter heraus. Schließlich vernähte sie die Wunde fachmännisch mit zwei Stichen. Gegen eine Infektion verabreichten wir unserem Patienten noch Antibiotika und eine Ladung Schmerztabletten. Anschließend durften wir noch jede Menge Fragen über Funk beantworten, da eine Vielzahl von Amateurfunkern die Operation über Radio verfolgt hatten.

Endlich war die Schiffsbatterie im Keller, wodurch ich die verfluchte Funke abschalten durfte. Diesen Leierkasten sollte ich später noch hassen! Das sinnlose Geplapper nicht weniger Segler ging mir auf Dauer einfach auf den Keks.

Inzwischen waren wir wieder auf Kurs Karibik, doch der Passatwind zeigte sich nun von seiner grimmigen Seite. Mit Windstärke 6 bis 7 und *sehr* hoher See jagte er die Yacht nach Westen. An einem einzigen Tag schafften wir deswegen sogar ein Etmal von 220 Seemeilen! Auf die Dauer war uns das aber zu anstrengend, weswegen ich die Passatsegel verkleinerte. Das Großsegel fuhr ich mittschiffs zweifach gerefft, damit die Rollbewegungen gedämpft werden. Mein *König* segelte sodann auch wie ein sanfter Delphin und nicht mehr wie eine wilde Sau.

Als der Wind am achten Tag dann noch mehr zunahm, musste ich die Passatsegel einholen. Es war einfach zu stürmisch, die rollende, anlaufende See machte uns unerfahrenen Seglern wirklich etwas Angst. Zuvor war ständig etwas durch die Gegend geflogen, überall hat es geklappert, die Schiebetüren gingen von alleine auf und zu. Alle Kissen und Handtücher hatten wir deswegen in die Regale gestopft und die Türen eingekeilt, damit das nervige Geklappere ein Ende finden konnte. Selbst Sherry war hinter Kissen in einer Koje fixiert.

Eines Tages erlebten wir ein *herrliches* Naturschauspiel. Sechs große Schweinswale *surften* stundenlang neben der Yacht die Wellenberge herunter, kehrten immer wieder um und wiederholten das gleiche Spiel. Es war eine tolle Show, die mich über die Zeit ihrer Darbietungen im Bann hielt. Auch Sherry war davon natürlich *überaus* begeistert! Wie ein vergifteter Affe jagte unsere Hundedame vom Bug zum Heck und wieder zurück. Und das stundenlang! Sie keifte unsere unbeeindruckten Begleiter pausenlos an und wäre, hätten wir das Netz nicht gehabt, auf die Schweinswale losgegangen. Später hat sie das sogar einige Male bei Haien gemacht, die ums Schiff kreisten. Ich musste den Lebensretter geben, damit die zottelige, wild gewordene Schoßhündin nicht gefressen wird.

Die Tage zogen dahin und ich hatte zum ersten Mal Zeit, um Bücher über vergangene oder noch amtierende Seehelden zu lesen. Die einen waren stinklangweilig und flogen gleich über Bord. Diejenigen, die mich fesselten, stellten sich oft im Nachhinein als stark übertrieben, wenn nicht sogar als Lügenmärchen heraus. Doch so Einiges war wirklich lehrreich für mich. Da las ich von hilfreichen Tipps über Kakerlaken, Rüsselkäfer, Schimmel und anderem üblen Zeug. Sofort kontrollierten wir unser Lebensmittellager und *siehe da*, in so einige Nudel- und Mehlpakete hatten sich tatsächlich Rüsselkäfer eingenistet. Also raus damit, denn wir waren ja sowieso zu schwer.

Am 16. Tag, die Nacht war mondlos, sahen wir einen leichten Lichtschimmer über der Kim im Westen und leerten ein Gläschen auf unsere baldige Ankunft. Aber es sollten noch 30 Stunden vergehen bis zu unserem Landfall in Barbados.

Kapitel 7

Karibik – Paradies und Enttäuschung

»Laaand in Sicht!«,
erreichte mich der Ruf am Kartentisch. Wie von der Sehne geschnellt stürmte ich an Deck. Patrick hatte Barbados ausgemacht und deutete mit der Hand in Bugrichtung. Schemenhaft zeichnete sich am Horizont ein Schatten ab. Noch war ich mir nicht sicher, ob es nicht Dunst über der Kim ist. Das Meer war ruhig, die Sonne sendete sengende Strahlen auf das Deck. Schnell eilte ich in den Mast und tatsächlich - *es war Land!*

Es ist immer ein stimmungsvolles Erlebnis nach langer Fahrt über eine endlos erscheinende Wasserwüste den Schimmer von Land zu erblicken. Allemal geheimnisvolles Land, auch wenn man darüber schon mancherlei Angaben gelesen hatte. Nur langsam, *viel* zu langsam für die Ungeduld der Besatzung, näherte sich die Yacht der stetig wachsenden Küste.

Den ganzen Tag herrschte schon Emsigkeit an Bord, wie bei einem Pferd, das seinen Stall riecht. Wir alle waren glücklich, wir hatten es geschafft! Der erste große Teich war bezwungen.

»Schrei nicht zu früh« mahnte mich Renate, »noch sind wir nicht da!«

»Ach, was soll scho no passier'n, mir san doch Gottes Kinder« antwortete sie mir und küsste mich.

Ich war völlig eins mit mir, der *erste große Schritt* des Projekts »around the world« war geschafft. Bekam ich zwar manchmal vom Schicksal Einen auf den Deckel, worauf ich dann oft an der Gerechtigkeit zweifelte, kann ich doch sehr viele Erfolgserlebnisse in meinem Leben dagegensetzen. Jeder ist seines eigenen Glückes Schmied.

Nahe dem Land nahmen wir den typischen Geruch der Insel auf, ein Mix aus Gewürzen, exotischen Früchten und immer feuchten Mangroven. Denn die an Salzluft verkümmerte Seenase erfreut sich an den Düften des Landes. Dies bleibt Flugpassagieren vorenthalten. In wenigen Minuten sind sie von hoch droben auf festem Boden und werden gleich zur Mühle der Formalitäten geschleust. Die Hektik der Abreise, der Jetlag und die feuchtwarme Hitze bringen dann das Nervenkostüm zum Flattern. Das Reisen heutzutage ist rasch und oberflächlich geworden und die abgestumpften Naturinstinkte werden mit in den Urlaub geschleust. Doch unsere Glücksgefühle ließen sich in diesem Moment nicht in Worte kleiden.

Nachts rundeten wir die Südspitze von Barbados. Plötzlich schrie Renate »Riff! Riff! Riff!«

Mein Blick hetzte zum Echolot. Blitzartig fiel ich ins Steuer, machte eine 180 Grad-Wende und startete dabei einen Motor. Mit back stehenden Segeln entfernten wir uns vom Riff, woraufhin die Wassertiefe schlagartig wieder zunahm. Pfeifend entwich die Luft aus meinem spannungsgeladenen Blasebalg! Wir hatten nur noch 10 Meter Wasser unterm Kiel! Das weit ausladende Riff im Süden hätte uns leicht zum Verhängnis werden können. Ich gab meinem Spatzl einen Schmatz auf die Wange, weil sie ein wachsames Auge auf den Tiefenmesser gerichtet hatte.

Gegen 6 Uhr morgens liefen wir müde aber glücklich in den Hafen von Bridgetown ein. Endlich geschafft! Das ständige Rollen von links nach rechts, mit den Händen festhaltend wie Affen an den Haltegriffen, angeschnallt am Ofen kochend und von Sex keine Spur - das alles war nicht gerade Lebensqualität und hatte sodann ein Ende. Wir freuten uns auf Land, Menschen, Einkaufsläden, Kneipen und ruhiges Schlafen mit dem gewissen Etwas. Siebzehn Tage ist zwar verdammt schnell für 2.800 Seemeilen, doch mit weniger Wind wäre die Fahrt weitaus stressfreier und gemütlicher für die Besatzung gewesen.

Als wir festen Boden unter die Füße bekamen, fiel uns fast die Straße entgegen. Breitfüßig, als befürchteten wir stets umzufallen, watschelten wir im Entengang durch die Straßen wie Betrunkene oder wie mit vollgeschissenen Hosen. Als wir unsere Einklarierungsformalitäten erledigt hatten, schrie mein Body erst mal nach Bier. Patrick war inzwischen von

Bord, was meine Bordfrau und ich als große Erleichterung aufnahmen. Abends dann gingen wir zu einem Umtrunk zu Werner und seiner Frau auf die *Bonita*. Wir hatten sie unterwegs auf Gran Canaria kennengelernt.

Schon drei Tage später bekamen wir Besuch aus Deutschland. Meine Mutter und mein Schwager Alfred kamen an Bord und wollten drei Wochen Urlaub bei uns machen.

»Oh mein Gott, was will ich bloß jetzt mit meiner 70-jährigen Mama hier in der Karibik anfangen?« Da sollte ich aber noch gewaltig überrascht werden, schließlich ist sie die Mutter vom Seewolf Gangerl.

Nach zwei Tagen auf dem Schiff mit der Familie statteten wir alle dem sündigen Viertel in der Nelson Street einen Besuch ab. Werner war der Führer, da er als Seemann auf einem Frachter Barbados sehr gut kannte. Was sich da abgespielt hat, dürfte wohl die Hamburger Reeperbahn in den Schatten stellen! Nur mit dem einzigen Unterschied, dort war alles ein bisschen herzlicher und lockerer. Die Kneipen glänzten nicht durch Abzocke und die Freudenmädchen waren liebe, zugängliche Frauen, die fröhlich jeden Spaß verstanden. Mitten im puren Leben fanden wir Kirchen gefüllt mit Gospelsängern, die himmelhoch jauchzend die Hände nach oben streckten, um Gott näherzukommen. Daneben Freudenhäuser mit schnuckeligen Bienen, die mit Charme auf Kunden warteten. Vor den Bars standen aber auch oft Mütter, die ihre minderjährigen Töchter an den Mann bringen wollten. Ich hatte den Eindruck in eine Art *Niemandsland* geraten zu sein, in eine Zeitblase ohne Verbindung zur realen Welt. In Deutschland natürlich undenkbar, doch dies war alles real und neu für uns.

Wir hangelten uns von Pub zu Pub, hatten mit den unaufdringlichen Tingel-Tangel-Puppen echt viel Spaß. Die ganze Nacht tanzten wir in den Bars und auf der Straße nach den rhythmischen Klängen karibischer Steel Band-Musik. Einfach schee!

Für große Unterhaltung sorgte dann aber ein »Krüppel«, der an Krücken ging und um eine milde Spende bettelte. Alfred überreichte ihm einen Karibik-Dollar, vermisste aber kurz darauf seine Geldbörse.

»Der Krüppel hat mein Geld geklaut!«, schrie er ganz außer sich. Wir sahen aber noch wie er um die nächste Hütte humpelte und nahmen die

Verfolgung auf. Als er merkte, dass er verfolgt wurde, warf er die Krücken weg und rannte wie ein Wiesel davon. Wir hakten die 50 US-Dollar als Entwicklungshilfe ab und feierten feuchtfröhlich weiter.

Über meine alte Dame mussten wir uns aber alle wundern, sie besaß mehr Power als wir alle zusammen. Sie tanzte an allen Ecken, in Bars und auf der Straße, dass die Einheimischen die hellste Freude an meiner Mutter hatten.

Singend zur Kette eingehakt schaukelten wir in den Morgenstunden zum Hafen zurück. Der Brummschädel und der Saumagen am nächsten Tag waren aber dann auch vom Feinsten. An unseren entgleisten Gesichtszügen konnten wir erkennen, dass wir einen karibischen Kreuzzug hinter uns hatten.

Schon am Montag klarierten wir wieder aus, holten unsere Waffen vom Zollbüro ab, die wir beim Einklarieren abgegeben hatten und nahmen Kurs auf Grenada. Unterwegs fingen wir einen riesigen Thunfisch und einen jungen Marlin. Somit hatten wir *70 Kilo* frischen Fisch an Bord. Wegwerfen ist Sünde! Eine Nachkriegstrümmerfrau und ihr Sohn hatten so etwas nicht gelernt. Deshalb war Arbeit angesagt. Der Fisch wurde in kleine 100 Gramm Stücke filetiert, gesalzen, an einem Faden befestigt und auf einer Leine zum Trocknen aufgereiht. Als wir fertig waren, hingen unzählige Fischfetzen an der Wäscheleine rund um das Schiff.

»So, Mutti, jetzt bist kein Waschweib, sondern eine Hamburger Fischfrau!« scherzte ich zu meiner First Lady.

Tags darauf liefen wir auf Grenada in die Prickly Bay ein und saßen bald darauf in einer Hafenkneipe. Anschließend stand Sightseeing auf dem Programm. Wir mieteten ein Auto und besuchten die weit angelegten und gut duftenden Gewürzfelder der Gewürzinsel Grenada.Wieder zurück an Bord verlegten wir uns mit der Yacht in den Süden, wo es einige geschützte Buchten gibt. Dann aber war jeden Tag Tauchen, Surfen und Wasserskifahren angesagt. Wir fühlten uns nach der anstrengenden Atlantikpassage *wie im Paradies*, ließen die Seele baumeln und hielten uns fit an Bord.

Dann mussten wir allerdings nach Georgetown zurück, weil sich mein Freund Spieze zu Besuch aus der Heimat angemeldet hatte. Noch am gleichen Tag segelten wir nach Carriacou in die Tyrell Bay.

Abends saßen wir in einer kleinen Bar und genossen jede Menge Cuba Libre. In einer Ecke entdeckte ich jede Menge verschieden große Benzinfässer und erkannte, dass es sich um Musikinstrumente handeln musste. Sofort fragte Renate auf mein Geheiß beim Wirt nach, wann die Steel Band in Aktion treten würde. »Jedes Wochenende« hieß es, aber sie spielten auch manchmal bei gegebenem Anlass.

»Ja so einen Anlass haben wir gerade jetzt!« meinte ich. Wir waren uns einig, die Band musste her! Als die Jungs erschienen, verhandelten wir einen Preis und schon ging der Punk ab: Der Cuba Libre floss in Strömen und wir tanzten bis uns die Socken qualmten. Da meine Mutter früher Ballettlehrerin war und ich Turnier getanzt hatte, zogen wir eine echte Show ab, für die wir viel Beifall bekamen.

Am nächsten Morgen war es uns allen ein Rätsel, wie wir auf die Yacht zurückgekommen waren. Die Crew der *King of Bavaria* bestand nur noch aus Invaliden: Renate litt unter Magenschmerzen, ich kam wegen eines Hexenschusses nicht mehr aus der Koje und Spieze konnte sich wegen seiner schmerzenden Schulter nicht mehr bewegen. Er hatte von uns allen den Vogel abgeschossen! Als wir nach unserer Sauftour spät nachts zum Anlegesteg zurückkamen, war gerade Niedrigwasser. Spieze hatte wahrscheinlich noch den Hochwasserstand bei unserer Anlandung am Spätnachmittag im Kopf. Als er einstieg, lag das Dingi aber einen Meter tiefer und so landete er mit einem eingesprungenen Rittberger *kopfüber* im Dingi. Wie sich am nächsten Tag herausstellte, hatte er sich das Schlüsselbein gebrochen.

Einen Tag später rammte sich meine Mutter auch noch einen Angelhaken in den Arm, weil die Angelrute meines Schwagers noch an der Badeplattform montiert war. Pech von A-Z! Der ganze Tag war wegen Krankenhausaufenthalts im Eimer. Der große Haken musste tatsächlich herausoperiert werden. Prost Mahlzeit! Carriacou war kein gutes Pflaster für uns. Drei Tage lang musste das Schiff als Lazarett dienen, auf dem gegenseitige Krankenpflege den Tagesablauf beherrscht hat.

Als wir einigermaßen kuriert waren segelten wir über Sandy Island, Union Island und Palm Island in die Tobago Cays. Dort war ich aber zum ersten Mal so richtig enttäuscht von der Karibik. Zehn Jahre vorher waren wir an diesem Ort die einzige Yacht, diesmal zählten wir 52 Stück. Weil die

Korallen kaputt waren, sich deshalb das Tauchen nicht lohnte, verließen wir die Inselgruppe und liefen unter Motor zum *Worlds End Reef*, welches draußen im Osten liegt. Mit dem Dingi vorausfahrend suchte und fand ich eine schmale Einfahrt durch den riesigen Riff-Irrgarten. Wie im Paradies lagen wir später bei Niedrigwasser mit 30 Zentimeter Wasser unter dem Kiel auf türkisfarbenem Grund. Die Einheimischen der Insel verhielten sich uns gegenüber äußerst freundlich und entgegenkommend obwohl man uns wegen Piraterie vor dieser Insel gewarnt hatte. Die Korallen dort waren von unglaublicher Pracht und somit war auch das Tauchen die reinste Freude.

Von diesem Tag an begegnete ich Aussagen anderer Leute mit großer Vorsicht. Wie will ich auch die überaus vorsichtigen Rentner, die ihren Lebensabend auf das Meer verlegt haben, mit *mir* unter einen Hut bringen? Das wäre ungefähr so, als würde man ein Faultier zum Bergsteigen animieren. Meistens sehen sie ihr Dasein an Bord als momentanen Altersruhesitz an, sind bequem und überaus vorsichtig. In der Regel verlassen sie über längere Zeit ihren ruhigen Ankerplatz nicht und gehen keinerlei Risiko ein. Nicht zu vergessen die alltägliche »Klönerei«, die einmal hier und einmal da an Bord vonstatten geht. Jeder soll nach *seiner* Fasson glücklich werden, aber *meine* Auffassung von einer Weltumsegelung sieht nun mal anders aus.

Empfehlungen aus Reiseführern verschaffen zwar einen Überblick, doch sollte man ihnen meiner Meinung nach auch mit Misstrauen begegnen, weil sie auf den Normaltouristen gemünzt sind. Und die Infos vom Auswärtigen Amt kann *ich* sowieso in der Pfeife rauchen! Taucht nur an einer Ecke eines Landes ein kleines Problem auf, wird vom Besuch dort abgeraten. Ich wäre bis heute nicht so weit gekommen und hätte nicht so viele Abenteuer erlebt, hätte ich diesen *Empfehlungen* stets Folge geleistet. Und ja, ich lebe noch.

Da Alfred, mein Schwager, passionierter Sportfischer ist, fühlte er sich an diesem Ort sofort in seinem Element. Kugelfische, Barakudas, Zackenbarsche, Schnapper und sogar ein Stachelrochen zählten zu seiner Ausbeute. Dem Kugelfisch schenkten wir aber lieber wieder die Freiheit, da man die Zubereitung doch lieber einem Spezialisten überlassen sollte. Und etwas töten, ohne es zu essen, das geht gar nicht!

Jeden Tag schweiften unsere Blicke hinüber zum Mastwald der Yachten in den Tobago Cays und genossen unseren Aufenthalt in unserem kleinen, einsamen Paradies. Nur ein einziges Mal versuchte eine andere Yacht zu uns vorzudringen, aber drehte dann doch lieber ab, da dem Skipper der Riffgarten wohl unüberwindlich erschien.

Karibik 1989: Damals waren auch die nichttouristischen Strände noch sauber

Auf dem Weg nach Bequia rauschte dann plötzlich die Angel mit einem enormen Tempo aus.

»Das ist ein Monster!« entfuhr es mir aufgeregt. Und schon sahen wir ihn fliegen! Ein Marlin von *unvorstellbarem Ausmaß* segelte hinter uns durch die Lüfte! Ich stürmte an den Bug und riss die Genua herab. Bis das Schiff schließlich beidrehte waren die 500 Meter Angelschnur schon abgespult und die Leine mit 80 Kilo Reißfestigkeit zerriss wie ein dünner Faden. Nie wieder habe ich in den folgenden Jahren ein so gewaltiges Tier gesehen. Später, in Venezuela, hörte ich von einem Fang eines 780 Kilo schweren *schwarzen Marlins.* Gegen einen König der Meere von solchem Ausmaß hatten wir natürlich an Bord eines Segelschiffes nicht die geringste Chance. In mir kamen die Bilder hoch aus »Der alte Mann und das Meer«.

Auf Petit Nevis, einer ehemaligen Walfanginsel, besichtigten wir die riesigen Kessel, in denen das Fett ausgekocht wurde und die Winde, mit der die Walfänger die Giganten an Land zogen. Noch heute soll es erlaubt sein auf kleinen Booten und mit Handspeeren Wale zu jagen, was aber die letzten Jahre nicht mehr gelungen sein soll.

In St. Vincent verließen unser Freund Spieze und meine Mutter das Schiff, sie traten die Reise in Richtung Heimat an. Wir nutzten den Aufenthalt für eine Motorradtour rund um die Insel und fuhren andächtig verträumt durch die Lande, saugten gierig die Düfte der Gewürzinsel auf, machten Picknick und ließen uns von den tropischen Blumen und der Pflanzenwelt verzaubern. Wer sich in der Karibik rasch von Insel zu Insel bewegt, dem geht das ewige Ein- und Ausklarieren bald ziemlich auf den Keks. Fast jede Insel ist ein souveräner Staat und die *Herren Beamten* lassen sich ihren Titel sehr oft heraushängen. Unter ihnen begegnet man nicht selten einem ausgemachten Halunken.

Auf Höhe der Pitons auf St. Lucia ging uns ein kleiner Grauhai an den Haken, den wir später in der berühmten Marigot Bay auf dem Lagerfeuer grillten. Dort trafen wir auch den Aussteiger Harald wieder, der mit seinem Freund die Welt umsegeln wollte. Sein Freund hatte aber auf den Kanarischen Inseln nach dem großen Sturm die Flitze gemacht, also wollte Harald auch nicht mehr weiter. Kurze Zeit später aber löste sich sein Problem praktisch von selbst: Seine gut versicherte Yacht wurde seltsamerweise auf Union Island geklaut.

Auf St. Lucia kamen Maria und Monika an Bord, Freunde aus unserem Landkreis, die mit uns nach Martinique segeln wollten. Dort angekommen leisteten wir uns einen Führer und durchwanderten die Gegend um Mount Pelee, einem berühmten Vulkan, der Geschichte geschrieben hatte: 1902 war er ausgebrochen und hatte die damals größte Stadt der Karibik total vernichtet. Auch 22 im Hafen vor Anker liegende Großsegler wurden verbrannt und waren untergegangen. Nur *zwei* Personen hatten dieses Inferno überlebt, einer von ihnen in Einzelhaft in einem tiefen Verlies des Gefängnisses. Der glückliche Bestrafte!

Tiefer, *fast* undurchdringlicher Regenwald umgibt den Vulkankegel. Wir wateten schon seit Stunden in einem engen Flussbett. Schlagartig verengte sich die Schlucht zu einer Felsspalte mit über 100 Meter hohen, senkrechten Felswänden. Es war düster und die Seitenwände, die mit Flechten und Moosen bewachsen waren, konnte man mit den Händen berühren. Eine mystisch *beängstigende* Gegend!

Auf einmal war der Pfad zu Ende, unser Guide legte Rucksack und Kleidung ab. Wir folgten seinem Beispiel. Er sprang einfach ins Wasser, schwamm *auf* die Felswand zu, tauchte unter Wasser und *verschwand* wie von Geisterhand unter einer Felsbarriere. Nach ein paar Minuten kam er zurück und gab uns Instruktionen. Wir folgten ihm in froher Erwartung, was nun kommen würde und welch beeindruckende Höhle er uns zeigen möchte. Wir tauchten unter, dabei bugsierte ich Renate vor mir her und nach etwa 10 Metern tauchten wir, vom Licht angezogen, an der anderen Seite wieder auf.

Vor *Staunen* stockte uns der Atem! *So etwas Schönes hatten wir noch nie gesehen!* In einem etwa 50 Meter breiten Felskessel stürzte aus einer Höhe von 100 Metern ein Wasserfall *auf uns* herab. Das Farbenspiel des einfallenden Lichtes und die Abermillionen glitzernden Wassertropfen erzeugten eine Märchenwelt. An den Felswänden wuchsen Schleierkraut, Moose, Farne und Orchideen. Das Zeremoniell der Natur kennt dort *keine Grenzen.* Wir genossen den einzigartigen Moment und kosteten ihn vollends aus! Wir badeten in dieser herrlichen, riesigen Badewanne, plantschten wie Kinder und sahen uns einfach nur satt. Einmalig!

Unser nächstes Ziel war Dominica. Columbus hatte diese Insel an einem Sonntag entdeckt. Ich war sehr gespannt wie sie sich in den vergangenen zehn Jahren entwickelt hatte. Denn zehn Jahre zuvor, als wir dort mit einem Charterschiff gewesen waren, hatte der Hurrikan *Bebe* verheerend auf der Insel gewütet. Der Sturm hatte die Insel damals nur einige Wochen vor unserer Ankunft heimgesucht. Wir haben damals eine Dschungeltour gemacht und mit angesehen, welche Verwüstungen diese Naturgewalten hinterlassen können. Fünf Meter dicke, fünfzig Meter hohe Baumriesen waren einfach abgeknickt. Teilweise lagen sie bei unserer Rückkehr auch noch da, von anderen Pflanzen überwuchert. Aber die Natur hatte bereits ganze Arbeit geleistet und das damalige Chaos ins Abseits gedrängt.

Der anschließende Besuch im *Kariben Indianer Reservat* war dann nicht so ganz nach meinem Geschmack. Dort kann der Besucher erleben, was die Segnungen der *modernen* Zivilisation und *gierige* Eroberer alles zerstören können. Wir verteilten mitgebrachte Bonbons, Kekse, Luftballons und Kugelschreiber. Wir zeigten ihnen natürlich unsere absolute Wertschätzung, deswegen hatten die Leute *die hellste Freude* mit uns.

»Nur wer den Menschen liebt, wird ihn verstehn, wer ihn verachtet, ihn nicht einmal sehn.« Ein passendes Zitat von Christian Morgenstern.

Bald darauf segelten wir mit zwei Windstärken gemütlich rüber nach Guadeloupe, wo wir uns zwei Wochen auf den Iles des Saintes, den Inseln der Heiligen, aufhielten. *Etliche* Yachten lagen vor Anker, unter anderem zwei unter deutscher Flagge. Wir grüßten hinüber, doch wir ernteten nur *Missachtung*. Wir waren schon ziemlich überrascht!

»Na dann halt nicht, ihr Ärsche!«, dachte ich mir im Geheimen. Warum hat der Liebe Gott nur Vorurteile und Neid im Menschen installiert, der muss doch an diesem Tag betrunken gewesen sein!

Auf dem Rückweg ließ es mir *keine Ruhe* und wir machten noch einmal auf Dominica Halt. Ich hatte nämlich von einem gewissen *Boiling Lake* gelesen, einer Thermalquelle auf einem Vulkan, die unwahrscheinlich aufregend sein soll. Da *musste* ich einfach hin!

Am Vorabend heuerte ich einen Führer an, der uns rauf zum Krater bringen sollte. Gegen 4 Uhr morgens brachen wir auf, ein Jeep brachte uns in ein Bergdorf an den Fuß des Vulkans. Dort erwartete uns der Guide. Ausgerüstet mit gutem Schuhwerk, Proviant, *zwei rohen Eiern*, Machete und Regensachen begannen wir den Aufstieg. Unser Führer kletterte wie ein Affe, weswegen wir alle Mühe hatten, ihm zu folgen. Er erlaubte uns auch kaum Pausen, weil der Ausflug zwölf bis vierzehn Stunden dauern sollte.

Nach etwa drei Stunden strammen Kletterns und Marschierens erreichten wir eine Stelle auf einem schmalen Felsgrat. An einem Gestrüpp war ein weißes Fähnchen befestigt. Der Guide drückte das Strauchwerk auseinander. Unsere Blicke verloren sich im Nichts! Er schilderte uns, dass zwei Wochen zuvor eine deutsche Touristin *vor* seinen Augen abgestürzt war. Sie hatte noch seinen Namen gerufen bevor sie 500 Meter weiter unten aufschlug. Uns stockte der Atem! Wir zweifelten *ernsthaft* daran, ob wir weitergehen sollten. Vor meinen Augen spielte sich das Drama wie in einem Film ab. Mit einer *Gänsehaut* auf dem Rücken kletterte ich an dem tückischen Loch vorbei, während unser Führer Renate um die hinterhältige Todesfalle herumführte.

Nach weiteren zwei Stunden betraten wir den Eingang zur Hölle, so erschien es uns jedenfalls. Aus hunderten Löchern *fauchte und zischte* es. Überall trat ätzender, gelber Schwefeldampf aus, an einer Stelle sogar Öl. Geysire spuckten fauchend ihre dampfenden Fontänen in die Luft, das Atmen wurde zur *Qual.* Weitere zwanzig Minuten später standen wir dann endlich am Kraterrand. Unter uns lag der *Boiling Lake.* Er war nur nicht zu sehen vor lauter Nebel. Wir waren richtig enttäuscht! Unser Führer tröstete uns, froh sein zu müssen, dass es wenigstens nicht regnet. An diesem Vulkan soll es die zweitgrößte Niederschlagsmenge der Welt geben und es käme einem Glücksspiel gleich, wenn es mal nicht regnet.

Wir wollten uns gerade an den Abstieg machen, als mir eine plötzlich einfallende Böe den Hut vom Kopf riss. Unser Guide schrie auf einmal

»Look! Look!«

Unsere Körper *schnellten* herum und wir blickten in den kreisrunden, etwa 60 Meter durchmessenden, kochenden, gelben Kratersee tief unter uns. Gebannt starrten wir auf dieses gigantische Naturereignis hinab! Unser Guide verriet uns, dass er selbst nur dreimal zuvor den See hat sehen können, obwohl er mindestens schon fünfzigmal am Kraterrand gestanden war. Wir konnten *unser Glück* kaum fassen, die Lebensgeister kehrten zurück.

Vor dem beschwerlichen Abstieg wollten wir erst noch kräftig Brotzeit machen. Wir kochten uns dafür in einer brodelnden Pfütze zwei Eier, die wegen des großen Schwefelgehalts sofort dunkel anliefen. Als ich in mein Ei biss, zog es mir sämtliche Geschmacksnerven zusammen und ich spuckte es sofort wieder aus. Bäh! Es schmeckte einfach *ungenießbar.*

Von der immensen Luftfeuchtigkeit vollkommen durchnässt wandten wir uns ab von dieser höllenähnlichen Gegend und begannen mit dem Abstieg. Unterwegs musste ich Renate immer wieder stützend unter die

Arme greifen, da sie von Wadenkrämpfen nur so gebeutelt wurde und vor Schmerzen weinte. Aber unser Führer trieb uns wohlwissend erbarmungslos an, denn er kannte seinen Vulkan. Als es dunkel wurde legten wir die letzten zwei Kilometer mit Taschenlampen zurück. Die Rückfahrt mit dem Jeep bekamen wir gar nicht mehr mit, weil wir vor Erschöpfung schon tief und fest schliefen.

Wieder in St. Lucia waren die Schmerzen vergessen und die Blasen verheilt. Als wir an den Pitons ankerten, stürmten wieder viele Einheimische in Kanus auf uns zu, die die Heckleine an die Palmen binden wollten. Sehr freundlich! Doch die Helfer kehrten zurück und verlangten 20 US-Dollar für ihre nicht mal zehnminütige Arbeit. Da *platzte* mir aber der Kragen! Wutentbrannt brüllte ich heraus:

»Ihr schwarze Saubande, glaubt's ihr vielleicht nur wegen dem Schiff bin i a Millionär?«

Voller Zorn warf ich Einem 5 Karibik-Dollar ins Kanu und winkte ab.

»Es gibt nicht mehr!« Verärgert stahlen sie sich davon. Die Amis hatten diesen paradiesischen Flecken Erde in den letzten zehn Jahren total versaut, denn zuvor gab es diese Abzocke in keiner Weise.

Am nächsten Morgen stellte ich fest, dass meine Heckleine durchschnitten war. Gott sei Dank gab es in der Nacht keinen Wind und der Anker hielt das Schiff sicher an dem steil abfallenden Meeresgrund. Ich war total *enttäuscht* von der Karibik. In Castries und anderen Städten lungerten nichts tuende Banden herum. Das Gefühl, sicher und frei zu sein, kam *nirgends* mehr so richtig auf. Viele Menschen warten auf ein Wunder, doch die Wenigsten nehmen wahr, dass sie selbst Wunder sind, sie machen nichts und leben doch.

Sogleich ging ich Anker auf, bevor ich noch zum Mörder würde. Nächster Ankerplatz war beim Vulkan, den wir am selben Tag noch erstürmten. Dieser erwies sich aber bei Weitem als nicht so anstrengend wie der *Boiling Lake*, ja er war geradezu ein Kinderspiel! Dafür durften wir dort ein »Kneipp'sches Wechselbad« an zwei Wasserfällen erleben. Der eine heiß, der andere kalt.

Die nächsten Gäste an Bord der *King of Bavaria* waren meine Freunde Sigi und Gratz. Beide sind leidenschaftliche Fischer und erhofften sich, in der Karibik den Fang ihres Lebens zu machen. Sehr belustigend fand ich, als mir Gratz eine Episode aus einer Rodinger Kneipe erzählte.

An einem vollbesetzten Tisch unterhielt man sich über den Weltumsegler Wolfgang Clemens. Einer der Superschlauen warf in die Runde:

»Der wird sich noch wundern, wenn er mal ans große Wasser kommt.«

»Jetzt musst mir aber schon mal erklären, wie er in die Karibik gekommen ist?«, hat Gratz ihn gefragt.

»Ja am Ufer entlang.«, war des Schlaumeiers Antwort.

Der Kluge will wissen, der Dumme will reden.

Um diese Zeit, gegen Ende Juli, tickt in der Karibik in jedem Skipper eine Zeitbombe und die heißt *Hurrikan*! Jeden Tag zog ich zwei Mal am Wetterfax eine Karte, um die Zugbahnen dieser gewaltigen Stürme zu verfolgen. Die Hurrikans *Alan*, *Barry* und *Chantal* waren bereits draußen im Atlantik abgedreht. Aber dann meldete sich *Dean* genau auf unserer Breite an.

Auf allen Yachten wurde es plötzlich sehr lebendig. Jeder versuchte, einen geeigneten Unterschlupf, ein sogenanntes »Hurricane Hole« zu finden. *Dean* vollzog vor Barbados aber den gebräuchlichen Schwenker in Richtung Norden, streifte die USA und tobte sich später als Orkan über Großbritannien aus. Ihm folgten *Ellen*, *Felix* und *Gabriele*.
Langsam wurde mir die Lage zu gefährlich, wir machten die Flitze nach Venezuela. Unterwegs fingen wir zwei Thunfische und eine Königsmakrele. Als wir auf Isla de Margarita ankamen, suchte ich gleich eine Adresse auf, um meine Handgranaten abzuholen. *Handgranaten*? Bestimmt fragen sich nun Einige, was ich mit Handgranaten auf meiner Yacht anstellen wollte. Sicher nicht Dynamitfischen. Die Handgranaten wollte ich besorgen, da ich im Buch eines österreichischen Weltumseglers las, dass die beste Verteidigung bei einem Piratenüberfall das Werfen einer Handgranate sei.

Für teures Geld hatten wir sie auf Gran Canaria einem deutschen Auswanderer, einem angeblich *guten* Freund, vorausbezahlt. Satte 800 US-Dollar für zehn Handgranaten! Auf Margarita sollten wir sie dann später abholen. Mit Depperl-Miene kam ich zurück zum Schiff, woran Renate mir sofort anmerkte, dass etwas nicht stimmte. Meine Bomben-Adresse existierte überhaupt nicht! Mein *Unmut* Deutschen gegenüber stieg von Tag zu Tag. Ich sollte aber noch mit viel Schlimmeren mein *wahres*, blaues Wunder erleben.

Am nächsten Tag kamen aus Abensberg Erich, seine Frau und die Tochter an Bord. Jedesmal, wenn wir mit dem Dingi zum Yachtclub an Land fuhren, empfing uns ein freudig grinsender, einheimischer Sunnyboy mit Herkulesfigur. Er war der Dingi-Wachhund der Segler. Über sein trauriges Ende erfuhren wir später von anderen Seglern. Ein rasendes Motorboot hatte ihm den Schädel rasiert.

In Puerto la Cruz bekamen wir später Probleme, weil eine Choleraepidemie ausgebrochen war und wir erst weiterfahren durften, als wir alle geimpft waren.

Weiter auf Isla la Tortuga fand ich ein *echtes* Paradies. Schneeweiße, traumhafte Sandstrände, die man ohne starke Sonnenbrille gar nicht betreten konnte, so grell leuchtete es dort. Keine Yacht weit und breit, beständig warme Winde zum Surfen und fischreiche, intakte Korallenriffe luden zum längeren Verweilen ein. Am zweiten Tag fuhr ein Motorboot in die Lagune, aber die Besatzung stellte sich als der Marine zugehörig heraus, die die Küstenregion kontrollierten. Als sie an Bord unsere Pässe und Papiere überprüften, lud ich sie dummerweise zu einem Bier ein, was ein *großer* Fehler war. Dieser gravierende Fehler sollte sich so schnell aber nicht wiederholen. *Total* betrunken bis Oberkante Unterlippe verließen sie nach so etlichen Sex-Anmachen gegenüber unseren Frauen endlich die Yacht.

Stundenlang kann ich am Strand spazierengehen und Inseln erkunden

Unsere nächste Station war Los Roques, eine Korallen-Inselgruppe, die jedes Taucherherz höherschlagen lässt.

Wie im Flug waren vier Wochen vergangen, wir brachten unsere Gäste nach Caraballeda und legten die Yacht in die dortige Marina. Nachdem uns unsere Gäste verlassen hatten, wurde das Schiff aus dem Wasser genommen, um es mit einem neuen Antifouling-Anstrich zu versehen.

Plötzlich sah ich auf meiner Wetterkarte, die ich jeden Tag aus dem Fax zog, dass sich mitten auf dem Atlantik Hurrikan *Hugo* aufgebaut hat, der dort schon mit 80 Knoten wütete. Wir beobachteten *Hugo* in den nächsten Tagen, der seine Kräfte auf unglaubliche 160 Knoten steigern konnte. Also *ein Inferno* hoch drei! Nicht auszudenken, was passieren kann, wenn man so ein Ungeheuer erwischt. Auf See wäre es der *sichere* Tod. Mit dieser Geschwindigkeit fegte er über Guadeloupe, Antiqua und Florida hinweg und hinterließ überall unvorstellbare Schäden. Der auslaufende Schwell, den Hugo auslöste, und der sich bis nach Venezuela auswirkte, ließ meterhohe Wellen über unsere Kaimauer krachen, sodass einige Schiffe sogar innerhalb des Hafens beschädigt wurden oder sogar sanken.

Als ich das Anlaufen der hohen Wellen auf der Kaimauer betrachtete, überkam mich gerade die Notdurft und ich entleerte meine druckvolle Blase. Dies aber hatte verheerende Folgen! Obwohl etwa 150 Meter entfernt vom Yachtclub, fühlte sich eine Dame im Büro belästigt und rief die Polizei an. *Prompt* wurde ich verhaftet. Ich kann es noch heute nicht begreifen und ich glaube an ein schlechtes Spiel. Schlussendlich konnte ich das Problem mit 200 US-Dollar Geldstrafe bereinigen, denn *nur* darum geht es den Beamten in den korrupten Ländern der Dritten Welt. Nach meiner Rückkehr wurde mein Schiff sofort ins Wasser gehoben. Wir mussten wegen Erregung öffentlichen Ärgernisses sofort die Marina verlassen.

Nachdem wir aus der Marina heraus waren, sind wir gleich in den nächsten Fischerhafen eingebogen. Dort erledigte ich die restlichen Arbeiten, die ich eigentlich noch in der Marina machen wollte.

Als ich mit meiner Arbeit fertig war, quälte mich ein fürchterlicher Hunger. Deswegen beschlossen wir essen zu gehen. Da es sich so eingebürgert hatte, dass unsere Hundedame Sherry uns so gut wie überall hin begleitet, gab es natürlich einen großen Aufstand, als wir sie wegen dem vorherrschenden Hundeverbot in Restaurants an Bord lassen wollten.

Gestärkt und pappsatt von einer überaus leckeren Rießenportion Paella mit Meeresfrüchten kamen wir zurück an Bord und erwarteten eigentlich ein großes »Hallo« von unserem Hund. Wenn wir sie manchmal nur für kurze Zeit alleine gelassen hatten, quietschte und bellte sie schon wie verrückt, wenn sie uns in der Entfernung hat kommen hören. Doch diesmal mussten wir uns wundern: *Kein* Ton war zur Begrüßung zu hören. Als ich dann den Niedergang öffnete und die Stufen hinunter ging, *platsch!* Ich war voll in einen Hundehaufen getreten! Den hat Sherry aus Boshaftigkeit und Enttäuschung im Unterdeck direkt vor die erste Stufe hingekackt. Und weil sie etwas ausgefressen hatte, hat sie sich auch noch versteckt. Sherry konnte sonst *nie* unter Deck ein Geschäft verrichten, aber komischerweise zu diesem Anlass schon.

Von dieser Erfahrung bekehrt nahmen wir den Hund am nächsten Abend trotz des Verbots mit zum essen. Ich hatte mir eine weit geschnittene Jacke angezogen und Sherry darin versteckt. Als wir im Restaurant saßen machte sie keinen Mucks und saß ganz brav an Ort und Stelle, weswegen auch niemand den blinden Passagier bemerkt hat. Während wir aßen, führte ich immer wieder versteckt einen Löffel voll in meine leicht geöffnete Jacke. Sherry war höchst dankbar ob der guten Speisen und Renate amüsierte sich *köstlich* bei diesem Anblick! Doch auch eine Bedienung bemerkte nach einiger Zeit, welches Spiel ich da trieb und brach in schallendem Gelächter aus. Von da an war unser Hund die große Attraktion im Speisesaal, die anderen Gäste fanden die Situation urkomisch. Sherry durfte sich sodann frei im Lokal bewegen, sogar der Koch brachte einige Häppchen aus der Küche.

Frisch geschniegelt und gestriegelt dirigierten wir unsere *Bavaria* anschließend zurück zu den Los Roques. *Fette* Langusten, Haie, Rochen, Mantas und große Fische jeder Art haben uns dort erwartet. Bei meinem täglichen Muschelsuchen hatte ich nur Freude im Herzen und Sonnenschein im Gemüt, wir fühlten uns wie die Könige in unserem Paradies.

Damit ich nicht durchdrehen sollte vor Glückseligkeit und nicht vor Übermut abhob, folgte auch schon der nächste Dämpfer. Keine Ahnung, ob ich vorher etwas getrunken hatte oder nicht. Jedenfalls war ich in der Nähe des Ofens, auf dem gerade Wasser für die Langusten *kochte*. Eine vorbeifahrende, große Motoryacht warf eine höhere Welle auf, ich geriet ins Straucheln und stütze mich am Ofen ab. Statt der Langusten, die gebrüht werden sollten, war nun *ich* das Opfer und der Topf kochenden Wassers ergoss sich über meine Beine. Wie von einer Tarantel gestochen stürzte ich an Deck und sprang über die Reling in das kühlende Meer. Die Diagnose meiner Bordärztin lautete: *Verbrennungen zweiten bis dritten Grades!* Seit dieser Zeit sind Motorbootfahrer ein Dorn in meinen Augen.

Wegen meiner schwarz verbrannten Haut und den riesigen Wasserblasen, unter denen sich später das blanke Fleisch zeigte, hatte Renate die nächsten drei Wochen als Krankenschwester ihre hellste *Freude*. Man muss ja schließlich seinen Mitseglern etwas gegen die aufkommende Langeweile bieten.

Der schlechten Erlebnisse nicht genug, fuhr mir sieben Tage darauf auch noch jemand in mein ankerndes Schiff. Im Morgengrauen gab es einen gewaltigen *Rumms* und als ich an Deck sprang, versuchten zwei Schwarze, die auf einer anderen Yacht standen, sich vom Bug meines Schiffes abzudrücken. Achtlos über den am Bug rotierenden Windgenerator, half ich dazu. Plötzlich verspürte ich einen stechenden Schmerz in meinem rechten Daumen und ein *Schrei* durchbrach die morgendliche Stille. Der Windflügel hatte mich am Daumen erwischt! Als der Havarist wieder freikam, kroch ein alter Mann an Deck des Schiffes, den ich aber im Moment nicht beachtete.

Nicht ein Laut kam über meine Lippen, als ich Renate, die gerade an Deck gekommen war, meinen Daumen unter die Nase hielt. Die Kuppe baumelte nur noch wie an einem seidenen Faden am Rest des Daumens. Schon hatte mein Mädchen wieder etwas zum Nähen. An Action an Bord der *King of Bavaria* fehlte es wirklich in keiner Weise. »Action« kann manchmal auch durch »Unachtsamkeit« ersetzt werden.

Noch beim Verarzten brachten die beiden Schwarzen ihren Boss zu mir an Bord, der sich in astreinem, preußischen Deutsch tausend Mal für die Unschicklichkeit seines Kapitäns entschuldigte. Er überreichte mir Schmerztropfen in Form einer guten Flasche Rum. Als ich ihn fragte warum er so gut Deutsch spricht, antwortete er mir, er hätte in Caracas eine große Bekleidungsfirma und wohne schon seit Kriegsende in Venezuela.

»Aha, wahrscheinlich a Nazi«, dachte ich mir.

Schon zwei Wochen später ereignete sich die nächste Katastrophe. Diesmal war ich allerdings nicht beteiligt, sondern ein Schweizer, sein Name ist Erich. Eines Morgens wurde ich von der *Teneree*, einem deutschen Segelschiff, angefunkt, mit der Bitte, schnell zu kommen. Erwin, sein Freund, wäre mit seinem *Wharram*-Katamaran auf Riff gelaufen und ein Schwimmer sollte abgesoffen sein. Da ich einige Inseln entfernt vor Anker lag, dauerte es eine Stunde bis ich den Ort des Geschehens erreichte.

Als ich zur Unglücksstelle kam, war der Mast schon abgebaut, der aufgrund der Schräglage ein kolossales Gewicht war und weiter nach unten drückte. Vom Katamaran war nur noch *ein* Rumpf zu sehen, der andere war unter Wasser. Ich legte mich mit meiner Yacht längsseits neben den noch intakten Schwimmer und befestigte alle fünf Fallen, die von meiner Mastspitze herabführten, am gesunkenen Rumpf. Anschließend wurde an den Winschkurbeln mit aller Kraft gedreht, doch obwohl mein Schiff schon 30 Grad Schräglage hatte, bewegte sich das Ding nur bis zur Wasserkante.

Aber mir schoss *ein glorreicher Gedanke* durch den Kopf. Ich legte mir ein Tauchgerät an und schraubte unter Wasser Sperrholzplatten mit einer Sikaflexdichtung auf das klaffende Leck. Wieder an Deck ließ ich die Luft aus meinen beiden Gummibooten, legte das Tauchgerät wieder an und befestigte die Schläuche der beiden Dingis unter dem abgesunkenen Rumpf. Mit Hilfe meines großen Tauchkompressors konnten wir nun unter Wasser Luft in die Gummikammern blasen.

Langsam hob sich der Rumpf nach oben. Meine beiden Tauchpumpen besorgten den Rest und pumpten das Wasser aus dem Schwimmer. Nach zwei Tagen hatten wir den Kat soweit wieder notdürftig klargemacht, dass er bis zu den ABC-Inseln zu gebrauchen war. Ich hatte zwar ein Loch im Dingi aber das kümmerte danach *keine Sau* mehr. Dank *meiner* Hilfsbereitschaft blieb mir ein Schaden, den mir *keiner* ersetzt hat. Erwin konnte zwar weitersegeln, aber den Plan der Weltumsegelung hat er nach diesem Drama aufgegeben.

»Stell dir mal, vor wir verlieren wegen so einer Dummheit unser Schiff, ich glaube, ich würde mir die Kugel geben.«, sagte ich noch zu Renate. Dass man sich nicht so leicht erschießt, sollte sich fast zwanzig Jahre später herausstellen, als ich meine Yacht in den Seychellen verlor und ich danach trotzdem noch weiterlebe. *Es sind Geschichten, die das Leben schreibt, nur der Schwache zerbricht.*
Die Los Roques waren nun schon seit einigen Monaten unsere Heimat. Mein Sohn Helge mitsamt Freundin kam für einige Wochen an Bord. Weihnachten 1989 feierten wir mit der deutschen Yacht *Kewish* und der *Sitting Bull* aus Hamburg. Die besinnliche, stille, Heilige Nacht endete allerdings in einem Open Air-Konzert lauteren Ausmaßes, welches man sicherlich noch bis zum 60 Seemeilen entfernten Festland vernehmen konnte.

Jeden Tag stand Tauchen auf dem Programm, denn die Unterwasserwelt war einfach phantastisch! Sind schon die Korallengärten innerhalb der Los Roques hervorragend, aber die Außenriffe sind der *absolute* Hammer! Der Reichtum an großen Tieren war das Außergewöhnlichste, was ich bis dahin gesehen hatte. Ich erinnere mich an das Erlebnis mit Erich, dem Abensberger: Ein zwei Meter langer Barakuda begleitete uns ständig. Ich musste ihn so einige Male verscheuchen, doch er wollte nicht von uns lassen. Plötzlich bekam ich einen *Schlag* von Erich ins Kreuz und er deutete entsetzt auf seine rechte Flosse, an der ein Stück fehlte! Das Mistvieh hatte ihn doch tatsächlich in die gelben Flossen gebissen. Später erfuhr ich, dass dies auch anderen Schnorchlern und Tauchern passiert war, die ebenso gelbe Flossen anhatten. Das Flippern so leuchtender Flossen erregt die Biester wohl zum Angriff.

Eines Nachmittags war ich mit Renate und Sherry zum Spaziergang an Land. Wir filmten gerade eine traumhaft schöne Bucht, in der man schier endlos ins seichte Wasser hineingehen konnte, als Sherry auf einmal wie verrückt keifte und bellte. Irgendetwas hat der Hund wieder im Wasser entdeckt! Schon seit einiger Zeit hatte ich bemerkt, wie sich das Schoßhündchen langsam zum Mini-Raubtier entwickelt. Allerlei Getier ist das Vieh hinterher gerannt und hat regelrecht Kämpfe ausgetragen. Am häufigsten hatten wir Kämpfe mit Krebsen beobachtet, bei denen Sherry meist als Sieger hervorgegangen war und den Gegner anschließend in tausend Teile zerlegt hat. Auch wenn sie manchmal mit blutiger Nase zu uns zurückkam, hat sie uns dennoch stolz ihren »Fang« präsentiert. Doch an diesem Tag hat sie eine circa einen Meter lange Muräne unter einem Korallenstock im seichten Wasser entdeckt. Immer wieder steckte sie kurz ihren Kopf unter Wasser, um dann wieder keifend und jaulend hin und her zu hüpfen. Wir haben uns halb totgelacht! Mit Muränen sollte man sich jedoch nicht unbedingt anlegen, sie sind für ihr starkes Gebiss bekannt. Und sie ließ sich die Attacke des Schoßhündchens nicht lange bieten. In erbittertem Kampf bissen sich die beiden immer wieder bis die Muräne schließlich aufgab und das Weite suchte. Sherry blieb allerdings schwer verwundet zurück und musste sich in Renates Hundekrankenhaus beide Vorderläufe verbinden lassen.

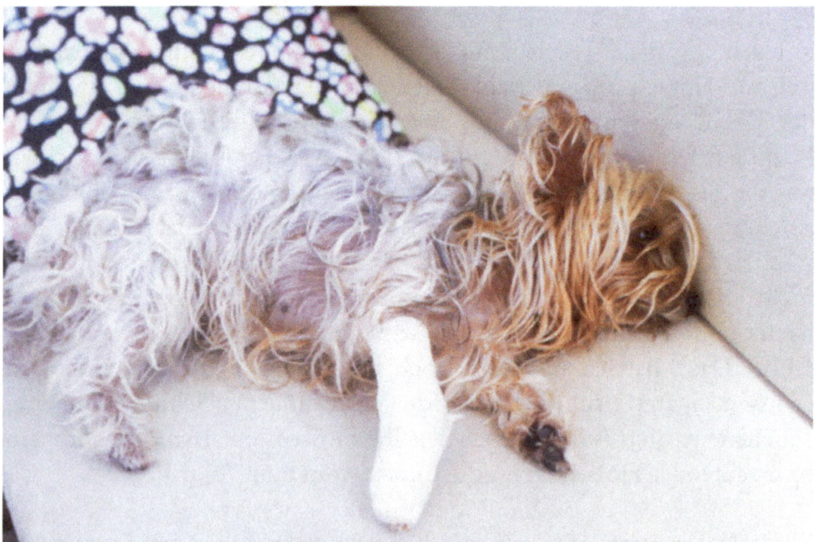

Siegerin Sherry nach einem schweren Kampf mit eingebundener Vorderläufe

Als wir in La Guaira weilten, kam ich erneut in die korrupten Mühlräder der Beamten. Eine Verlängerung meines Visums war *nur* mit Zuhilfenahme eines Agenten möglich, der in Zusammenarbeit mit dem Immigrationsbüro schöne Summen verlangte. Am selben Tag wurde ich von einem Polizisten aufgehalten, der meinen Pass und Führerschein sowie die Dokumente des Leihwagens sehen wollte. Ich hatte keinerlei

Befürchtung, da alles bei mir in Ordnung war. Autopapiere und Führerschein erhielt ich zurück, doch nicht meinen Pass. Als ich kurz vor einer Explosion stand, meinte dieser *freundliche* Herr, er müsste den Pass überprüfen lassen und ich könnte ihn mir um 18 Uhr an dem Kiosk dort an der Straßenecke abholen. Als ich dort am Abend eintraf und meinen Pass verlangte, sagte mir der Typ, ich hätte 20 US-Dollar zu bezahlen, sonst könnte er ihn mir nicht aushändigen.

»Verdammte, korrupte Saubande!« schimpfte ich, doch deswegen bekam ich den Pass auch nicht zurück. Da ich am nächsten Morgen einen Charter zu den Los Roques hatte, gab ich klein bei und zahlte den verlangten Preis.

Doch dem nicht genug. Über einen deutschen Kontaktmann segelte ich für ein österreichisches Reiseunternehmen mit vier Gästen am nächsten Morgen zu den Los Roques. Mit ihnen hatten wir so einigen Ärger und erhielten von dem Reisebüro dann auch noch keine Bezahlung, da unser *deutscher Freund* mit dem Chartergeld verduftet war. Nun war das Maß aber voll! Richtig voll! Ich wollte nur noch weg! Was ich am meisten im Leben hasse, ist Ungerechtigkeit und Lügen. Oft stelle ich an mir fest:

»Gang, du bist zu ehrlich für diese Welt.«

Am nächsten Tag war ich verdammt froh, Venezuela hinter mir gelassen zu haben. Mit einem kräftigen Rückenwind steuerten wir Bonaire an, eine der ABC-Inseln (Aruba, Bonaire, Curacao), wo wir in Kralendijk einklarierten. Harpunen und Gewehr wurden für die Zeit des Aufenthaltes beschlagnahmt, aber sonst war alles paletti. Saubere Straßen, gesäumt von farbenprächtigen, holländischen Häusern sowie äußerst nette Menschen vermittelten uns ein angenehmes und zivilisiertes Leben. Am meisten aber faszinierte mich in dieser Region wieder das Tauchen. Das Wasser war so klar wie kaum irgendwo sonst auf der Welt. Selbst in 35 Metern Tiefe konnte ich die *King of Bavaria* oben an der Muring hängend ganz deutlich und klein wie ein Spielzeugschiff über mir schwimmen sehen. Fischen und Harpunieren war in diesen Gefilden verboten, deshalb waren die Fische so zutraulich, dass ich sie fast berühren konnte.

Unser nächstes Ziel lautete Curacao, wo wir uns auf den Sprung nach Panama vorbereiten wollten. Vor uns lag eine windige, 650 Seemeilen lange Strecke. Seit Tagen verfolgten wir die chaotischen Geschehnisse im Panamakrieg und machten uns Sorgen über *unsere* Zukunft dort. Unsere Stimmung wurde nicht besser, als wir im Radio Meldungen mithörten, die von Mast- und Ruderbrüchen sowie von rigorosen amerikanischen Patrouillenbooten berichteten. Sie durchsuchten alle Schiffe auf hoher See nach Rauschgift, die von Cartagena herauskamen, obwohl sehr starker, hoher Seegang herrschte. Renate erfuhr bei einem Funkgespräch von einem deutschen Containerschiff, das bei Windstärke 10 zwei Container verloren hatte.

Trotzdem wagten wir mit ausgebaumten Passatsegeln bei Windstärke 5 unseren Törn in Richtung San Blas. Am Kap Gallinas kämpften wir bereits mit Windstärke 7 und am Kap Barranquilla sogar mit Windstärke 9. Hinzu kam eine querlaufende Strömung aus der Richtung Cartagena, die eine schreckliche See entfachte. Unsere Windsteueranlage wurde zum ersten Mal nicht mit den herrschenden Verhältnissen fertig, weil meine Badeplattformen den Weg des Flettnerruders beim totalen Ausschlag begrenzten. Also schaltete ich den Autopilot *5000* von *Autohelm* ein, denn Rudergehen bei diesem Sturm macht keinen Spaß. Die *Bavaria* lief inzwischen nur noch unter der Sturmfock, der Autopilot kämpfte wie besessen, um das Schiff auf Kurs zu halten.

Nach zwei Stunden erschreckte uns plötzlich ein Krachen, ich landete auf dem Cockpitboden und meine Yacht hatte starke Schlagseite. Das Cockpit stand *halb unter Wasser* und die Sturmfock schlug wie verrückt! Der Autopilot hatte seinen Geist aufgegeben und das Schiff war quer geschlagen. Mit der Unterstützung beider Motoren brachte ich meinen Dampfer auf Vorwindkurs zurück.

Die folgenden 24 Stunden wurden zum blanken *Horror* in dieser tobenden See, da ich auch noch von Hand steuern musste. Stundenlang, wie hypnotisiert, blieb mein Blick auf den Kompass geheftet, denn ein weiteres Querschlagen hätte verheerende Folgen haben können. Es war stockdunkle Nacht und die mit lautem Getöse brechenden Wellen, die von Achtern anrollten, machten mir Angst und Bange. Müde und mit rotgeränderten Augen saß ich am Steuerstand und verrichtete die Arbeit meiner eigentlichen Knechte. Wofür hat man denn Wind- und Autopilot, wenn keiner funktioniert?

Aber alles hat einmal ein Ende und nach neun Tagen erreichten wir endlich die herrlichen Inseln von San Blas. Uns erschien es, als hätten wir gerade aus der Hölle den Himmel betreten. Viele kleine Palmeninseln im türkisblauen Wasser hießen uns willkommen. Wieder traf einer meiner Wahlsprüche zu:

»Paradiese sind nicht für alle da, nur der Tüchtige darf darin wohnen.«

Nicht weit von unseren Schweizer Freunden der Segelyacht *Mara* warfen wir den Anker auf Grund und schon kam das erste Kanu herangerudert.

»How are you, my name is Robinson« tönte es uns entgegen und schon *flogen* Früchte an Bord. Nach kurzer Konversation mit der Frage, was die Früchte kosteten, verabschiedete sich Mister Robinson lachend.

»A so a Netter!« sagte Renate.

Nach kurzem Aufklaren an Bord kam auch schon die Einladung von Turi, dem Skipper der *Mara*, zum Abendessen. Dieses Dinner sollte mich allerdings teuer zu stehen kommen. Als wir mit schwindeligen Köpfen vom Umtrunk auf unsere Yacht zurückkehrten, mussten wir feststellen, dass uns in der Zwischenzeit jemand die teure Hochseeangel gestohlen hatte. *Nur noch* ihr Stumpf steckte in der Halterung. Bei lauter Entrüstung wurde uns aber klar, dass ein Dieb doch nicht den Angelschaft abbricht. Dann ging mir ein Licht auf! Ich hatte einen Haifischköder ausgeworfen und die Angel ganz vergessen, als wir die Yacht verlassen hatten.

Am nächsten Tag ging ich mit der Harpune auf die Jagd und erblickte in zehn Metern Tiefe einen Grauhai. Ich näherte mich dem Tier und sah zu meinem Erstaunen, dass in seinem Maul ein Angelhaken steckt, an dem noch die Schnur hängt. Ich nahm die Leine auf und folgte ihr. Sie hatte sich mehrmals um Korallenstöcke gewunden, bis ich etwa 200 Meter vom Fisch entfernt meine Rute erspähte. Sie war in einem Korallenstock verklemmt. In respektvoller Entfernung zum Hai durchschnitt ich die Leine und wickelte sie wieder auf die Spule. Nun waren wir *beide* glücklich. Ich, weil ich meine Angel wieder in meinem Besitz hatte und der Hai, weil er wieder frei war.

Die kommenden Tage erlebten wir *wie* in einem Märchen! Baden, Nichtstun, Muscheln sammeln, Tauchen, Surfen und Wasserskifahren wechselten sich in schöner Regelmäßigkeit ab. Zwischendurch pflegten wir unsere Kontakte mit den Kuna-Indianern. Jeden Tag besuchten sie uns mit ihren Booten und boten uns Molas, Lobster und Hummerkrabben an. Robinson war ein ständiger Gast, der uns aber nicht auf den Wecker fiel.

Nach ein paar Tagen brachte er mir einen uralten 2 PS-Außenbordmotor, ob ich ihm behilflich sein und ihn vielleicht reparieren könnte. Weil er so nett zu uns war, oft Fisch und Krebse brachte, half ich ihm in aufwendiger Arbeit. Aus Dankbarkeit flogen wieder drei Hummerkrabben an Bord, die Robinson gefangen hatte. Diese Krabben sind aber auch wirklich eine *Delikatesse* und wir konnten nicht genug davon bekommen. Um allerdings an das fein schmeckende Fleisch zu gelangen, musste ich *rohe Gewalt* anwenden. Nach dem Mahl sah der Tisch aus, als hätten Vandalen darauf gefressen. Weil der Panzer dieser bis zu 30 Zentimeter großen Biester so hart ist, kann man ihm nur mit dem Hammer zu Leibe rücken.

Jeden Tag wuchs auch unsere Molakollektion bestehend aus kunstvoll genähten Tiermotiven, welche auf der Brust der Kuna-Frauen prangten und die sie uns in ihren Kanus brachten. Die armen Leute ohne Geld oder ohne irgendwelche Tauschgüter wieder wegzuschicken, das brachte ich nicht übers Herz. Schließlich besaß ich 28 Molas, welche in späteren Jahren schöne Geschenke für Freunde und Bekannte werden sollten.

Renate mit zwei fast drei Kilo schweren, frisch gefangenen Lobster

Eines schönen Tages wurden wir von Robinson in seine Hütte eingeladen und lernten dort auch seine hochschwangere Tochter kennen. Diese Einladung gab es *bestimmt* mit Hintergedanken. Zwei Tage später kam Robinson mit fliegendem Paddel zum Schiff gerudert und bat uns um sofortige Hilfe. Weil er mit seiner Familie allein auf dieser Insel wohnte und seine Tochter im neunten Monat schwanger war, befürchtete er, mit dem hochschwangeren Mädchen dort in der Einsamkeit auf Komplikationen zu stoßen. Ich sollte doch bitte seine Tochter mit unserem Schiff ins Hauptdorf auf einer anderen Insel bringen, da dort die Entbindung sicherer wäre. Ich war nicht scharf darauf, dass meine *Bavaria* womöglich eine Entbindungsstation werden könnte, willigte aber ein.

Schon am nächsten Tag segelten wir mit der Mutter und ihren zwei Töchtern zu der 12 Seemeilen entfernten Hauptinsel. Unterwegs fing unsere Patientin des Öfteren zu stöhnen an. Renate sagte zu mir:

»Die hat schon Wehen!«

Während der Fahrt musterten mich ständig die hilfesuchenden Blicke von Renate und ich wusste, was sie dachte.

»Lieber Gott, lass sie *nicht* an Bord gebären!«

Über Funk gab ich Turi Bescheid, der hinter uns fuhr und wir kamen überein, einen Zahn zuzulegen. Mit 120 PS flog die *Bavaria* über die relativ ruhige See der Hauptinsel entgegen. Als ich einen fragenden Blick von Renate auffing, hielt ich mir demonstrativ grinsend die Nase zu, denn ein Stinktier verströmt einen besseren Geruch als diese drei Personen. Wieder wurde ich bleich als sich das Mädchen vor Schmerzen krümmte.

Als wir *endlich* den Anker warfen, erwarteten uns Hunderte von Neugierigen vor ihren Hütten. Robinson, der schon in der Nacht zuvor losgepaddelt war, empfing uns und hob mit mir das Mädchen in sein Kanu. Da erst sahen wir, dass die Polster, auf denen sie gesessen hatte, patschnass waren. Entweder hatte sie in die Hosen gemacht oder die Fruchtblase war schon geplatzt. Wir verfolgten die Bergung bis das Notarztkommando im Dorf verschwand, wo sich Hütte an Hütte drängte. Wir ließen das Dingi runter und fuhren ebenfalls zur Insel. Kaum hatten wir angelegt, waren die Bewohner auch schon *verschwunden.* Nur eine Schar Kinder folgte uns durch die sauberen Gassen, denn dort gab es keinen Zivilisationsmüll. Ab und zu reichte uns eine Hand eine Mola aus der Hütte, aber ansonsten zeigte sich kaum ein Erwachsener. Robinson, der als einziger Englisch sprach, erklärte uns, dass *noch nie* eine Yacht dort gewesen sei.

Wir blieben über Nacht und fuhren am nächsten Tag mit Robinsons Kanu und seinem reparierten Außenborder zum Festland. Bewaffnet mit Gewehr, Machete und Kameras stiegen wir in einen Einbaum um und fuhren einen Fluss hinauf. Zu beiden Seiten säumte dichter Regenwald das Ufer. Schließlich kamen wir mit dem primitiven Boot nicht mehr weiter, also wateten wir flussaufwärts. An manchen Stellen reichte uns das Wasser bis zur Brust und mir kam der Gedanke an Krokodile. Nach zwei Stunden anstrengenden Marsches verließen wir das Bachbett und erreichten ein riesiges Pfahlhaus. Wir waren am Friedhof der Kuna-Indianer angekommen. Neben vielen Grabhügeln standen Stühle, auf den Gräbern lagen Teller und Löffel. Wenn die Hinterbliebenen sich mit ihren Verblichenen unterhalten wollten, brachten sie Essen mit und verweilten einige Zeit am Grab. Auf manchen Gräbern lagen auch Matten, auf welchen die Besucher mitunter auch schliefen. Beim Verlassen der Grabstätte deckten sie das Grab mit den Matten zum Schutz gegen die wilden Tiere zu.

Unser weiteres Dschungeltrip-Ziel war ein Wasserfall. Teilweise war ein Vorankommen im Bachbett *nur* möglich, indem wir uns bis zum Hals im Wasser vorwärts kämpften. Unsere Ausrüstung mit nach oben gestreckten Armen schützend, arbeiteten wir uns im Bach aufwärts. Mein Freund Turi hatte bei einer dieser Stellen Pech, er kam ins Straucheln und ging mit seiner Videokamera baden, was den Tod für sie bedeutete. Diese Mühen wurden aber reichlich belohnt:

Schon seit Langem hörten wir das Rauschen eines Wasserfalles. Plötzlich standen wir *direkt* vor einem atemberaubenden Naturwunder. Umrandet von dichtem, tropischem Unterholz rauschte das Wasser über drei Kaskaden 40 Meter in die Tiefe. Ohne uns der Kleider zu entledigen nahmen wir unter dem Wasserfall ein erfrischendes Bad. Wie ein übermütiges Kind ließ ich die Wassermassen auf mein Haupt prasseln und kletterte unter Zuhilfenahme von Lianen und Wurzeln am Rande des Falles im durchweichten Dreck hinauf zur oberen Kaskade. Im oberen Becken wusch ich mir zuerst den Dreck vom Leib und schwamm dann zur zweiten Wasserfallkante. Dort richtete ich mich auf, um den *König des Wasserfalles* zu demonstrieren. Urplötzlich rutschte ich aus, ließ mich nach hinten fallen, krallte mich am Felsen der Wasserfallkante fest und zog mich wieder in das Becken zurück. Die Wassermassen hatten mir die Beine weggezogen. Beim Abstieg nahm ich die Stelle genauer in Augenschein, von der ich fast abgestürzt wäre. Eine Gänsehaut lief mir über den Rücken, denn es hätte meinen Tod bedeutet! An der Stelle, an der das Wasser der zweiten Kaskade aufschlug, reichte eine Felsnase unter dem Wasserfall hervor. Bei einem Aufprall aus 12 Meter Höhe, noch dazu *mitten* im Busch weit entfernt jeglicher Zivilisation, diese Aussichten lassen mich nachträglich frösteln.

Als ich mich wieder beruhigt hatte, machten wir uns auf den Heimweg, so glaubten wir zumindest. Robinsons Begleiter war auf einmal wie vom Erdboden verschluckt. Wir warteten eine Weile und plötzlich war *auch* Robinson verschwunden. Eine Stunde verging. Wir saßen hilflos da und wussten nicht, was wir tun sollten. Renate geriet schon fast in Panik, was ich auch verstehen konnte. Immerhin waren es keine ermutigenden Aussichten, mitten im Dschungel allein gelassen und ohne Führer zu sein. Ich dagegen machte mir weniger Sorgen. Schließlich war dort der Fluss, der zum Meer führt. Als wir uns gerade auf den Weg machen wollten kehrte Robinson mit seinem Begleiter zurück. Er war zum nächsten Wasserfall voraus gerannt, um die Verhältnisse dorthin zu prüfen, denn er nahm an, dass wir den auch noch besuchen wollten.

Auf dem Rückweg trafen wir zwar zweimal auf Tapirspuren und erspähten ein Wildschwein, zum Schuss aber kamen wir nicht. Todmüde erreichten wir schließlich kurz vor Einbruch der Dunkelheit die *King of Bavaria.*

Wir nahmen uns einen Tag Pause mit Nichtstun, aber schon kam das nächste Abenteuer auf mich zu. Turis Frau Ester war schon seit längerer Zeit krank. Sie litt wahrscheinlich am Denguefieber, denn Malariatabletten hatten keine Wirkung gezeigt. Da sie schon einige Tage hohes Fieber hatte, vereinbarte Turi über Funk mit dem kleinen Flugplatz auf der Insel Porvenir, dass ein Schnellboot geschickt würde, um Ester zum Flugzeug zu bringen.

Am nächsten Morgen verstrich der Termin, kein Schnellboot war zu sehen. Turis Frau ging es inzwischen *noch* schlechter. An diesem Tag herrschte ausgerechnet noch starker Wind, doch es half alles nichts, Ester musste zum Flugzeug. Aber ob wir das noch schaffen würden bezweifelte ich stark. Ich montierte trotzdem meinen 40 PS-Außenbordmotor an das Dingi, baute die Lenkung ein und ab ging die Post.

Die See war so rau, dass ich befürchtete, die Frau könnte in diesem Boot sterben, wenn es nicht wegen ihrer Krankheit passieren würde. Wir sprangen von einer Welle zur anderen – für einen gesunden Menschen ist diese Tortur schon *unzumutbar.* Als wir endlich den Anlegesteg von Porvenir in Sicht hatten, bemerkte ich, wie das Flugzeug gerade in dem Moment zum Startplatz rollte. Ich legte mit riskantem Speed am Steg an und rannte, was das Zeug hielt, winkend auf die Startbahn. Gott sei Dank bemerkte mich der Pilot und stoppte sein bereits startendes Flugzeug. Schnell sprangen noch ein paar Helfer hinzu und so konnten wir die kranke Frau aus dem Dingi in das Flugzeug schaffen. Erleichtert saß ich an der Startbahn und schaute kopfschüttelnd der davonfliegenden *Cessna* nach. Eine Woche später kehrte Ester mit Turi zur Yacht zurück, sie hatte sich tatsächlich das Denguefieber eingefangen und wäre ohne ärztliche Hilfe wohl gestorben.

Inzwischen hatten auch wir an Bord ein mittelschweres Problem. Eine sehr giftige Qualle namens *Portugiesische Galeere* hatte Renate unter dem rechten Auge gestreift und die Haut begann bereits sich abzulösen. Doch Renate kam nochmal mit einem blauen Auge davon.

Schweren Herzens machten wir uns aber wieder auf den Weg, wir verließen unser Paradies und nahmen Kurs auf Portobelo. Die Stadt mit der *riesigen* Festung ist bekannt durch die spanischen Eroberer, in der die Konquistadoren das geraubte Gold aus Peru, Ecuador und Costa Rica verschifften. Portobelo besitzt drei alte Forts der Spanier, die dort ihre Beute gegen den draufgängerischen Captain Drake verteidigt hatten.

Kapitel 8

Nach dem Krieg durch Panama

Am 25. Februar 1990 liefen wir um das Cap in Richtung Colon. Während der Einfahrt zum Hafen kreuzte uns ein riesiges, deutsches Containerschiff und wir wurden durch heftiges Winken der Besatzung begrüßt. Beim Einfahren in den Yachthafen wies uns der Platzwart den einzigen noch freien Liegeplatz zu. Dort trafen wir auch wieder auf Turi und Ester von der *Mara*, sowie Franz und Gisela von der *Kewish*. Nach abendlicher »Rum-Sitzung« erforschten wir am Morgen die 50.000 Einwohner zählende Stadt Colon. *Obwohl* ich von Franz schon vorgewarnt war, kamen wir aus dem Staunen nicht mehr heraus. Viele der Häuser hatten Granatlöcher in ihren Wänden und die meisten gar keine Fensterscheiben mehr. Überall standen schwerbewaffnete Soldaten herum, die Stimmung war bedrückend. Wir waren inmitten eines Krieges gelandet. Seit Wochen nahmen wir beängstigt die Geschehnisse im Panamakrieg wahr. Am 20. Dezember 1989 schlug die erste Rakete der Amerikaner im Hauptquartier von Manuel Noriega in El Chorrillo ein. Heftige Kämpfe erstreckten sich daraufhin über das Land auf der Suche nach dem Rebellen. Nun schien sich die Lage zu entspannen, doch räuberische Gangs plünderten in Colon. Wir waren jedoch auf der Hut.

Als wir vollbeladen mit Einkaufswaren Richtung Yachtclub unterwegs waren, wurden wir plötzlich von mit Messern bewaffneten Jugendlichen attackiert. *Augenblicklich* lief ein Krimi um uns herum ab! Ich hatte schlagartig ein Messer an meiner Gurgel und man riss mir meinen schweren Rucksack von den Schultern. Es herrschte *das pure Chaos!* Ein Schuss knallte. Ich sah wie Franz den Banditen nachrannte. Spontan flitzte ich auch hinter den Flüchtenden her und als Franz *nochmals* in die Luft schoss, blieben die Diebe plötzlich stehen. Bereitwillig übergaben sie uns ihr Diebesgut. Sie wurden daraufhin von drei herbeieilenden amerikanischen Soldaten abgeführt. Erleichtert erreichten wir danach unbeschadet den Yachtclub.

Als ich am nächsten Tag wieder mit Turi in die Stadt ging, steckte in meinem Hosenbund, zugedeckt von meiner Windjacke meine riesige Leuchtpistole. In einer Straße sprach uns ein seriös aussehender Mann an, ob wir vielleicht Bier bräuchten, er kenne jemanden, der Bier zum halben Preis verkauft. Turi und ich beratschlagten, ob wir uns am wahrscheinlichen Diebesgut beteiligen wollen.

»Ok, wo ist das Zeug?«

Er stieg in unseren Wagen ein, den wir wegen dem Einkauf und der Sicherheit gemietet haben. Der Mann dirigierte uns in eine enge Seitenstraße und stoppte vor einem verfallenen Gebäude. Jeder von uns wollte fünf Kästen kaufen. Ohne Übergabe der Ware forderte er 50 US-Dollar von jedem.

»Erst die Ware, dann das Geld!«

Er meinte, er benötige erst das Geld, denn sonst würde der Verkäufer nicht mitspielen.

»Das stinkt gewaltig, da spiele ich nicht mit.«, sagte ich zu Turi.

Nach längerem hin und her, gab ihm Turi aber dann doch das Geld. Der Mann verschwand hinter einer Blechtüre und wir haben ihn nie mehr gesehen.

Als ich an einem der folgenden Tage im Transitbüro des Panamakanals war, um meine Yacht anzumelden, lief im Fernsehen gerade *Raumschiff Enterprise* – eine Folge, die meines Wissens nach im Deutschen Fernsehen noch nie gelaufen war: Captain Kirk, Mr. Spock und die treuen Begleiter beamten sich von der Enterprise zurück in die Vergangenheit ins deutsche Naziregime. Ich sah Adolf Hitler, die Judenverfolgung, rauschende SS-Feste und Hinrichtungen im Überfluss und wie Captain Kirk einige Crewmitglieder aus dem Konzentrationslager befreite. Wie ich bei meinen Recherchen erfahren habe, wurde diese Folge erst im Jahr 2011 in Deutschland vollständig ausgestrahlt.

Bei uns in Deutschland wurde die Vergangenheit lange totgeschwiegen, aber die ganze Welt entrüstete sich über die vergangenen Gräueltaten der Deutschen mit übertriebenen Berichten. Ich dachte so bei mir:

»Arme Welt, armes Deutschland!« Dieses Drama der Vergangenheit, dessen Initiatoren längst dahingeschieden sind und für das die heutigen Deutschen nichts können, würde eine dauerhafte Geisel der deutschen Bevölkerung bleiben und wir würden noch lange an alten Schuldlasten zu schleppen haben und weiterhin hohe Wiedergutmachung bezahlen.

Am 5. März 1990 bezahlten wir die Kanalgebühren für die *King of Bavaria*. Danach mussten wir noch zum Hafenkapitän, der mich nach den vier benötigten, dreißig Meter langen Festmacherleinen fragte und ob Lotse und Helfer bereitstünden. Wieder ging mein Blick fragend zu Renate, denn ich hatte nur *Bahnhof* verstanden. Am verständnislosen Blick stellte ich fest, der werte Herr kam nicht klar damit, dass nicht der Mann der Verhandlungspartner war.

Am nächsten Morgen um 8 Uhr standen vier Helfer, sogenannte Line Hander und ein Lotse an Bord und ab ging es in Richtung Gatún-Schleuse. Unterwegs trafen wir auf *Mimi*, einen schwedischen 6 Meter-Minisegler, der sich mit seinem 5 PS-Außenborder abmühte. Kurzerhand warf ich ihm eine Schleppleine zu, denn er würde sicherlich zu spät zur Schleuse kommen. Mit sechs Knoten fuhren wir in Richtung Kanal. Mein Blick wanderte oft zu der winzigen *Mimi*, denn ich fürchtete um die Stabilität des Winzlings.

Nach einer Stunde erreichten wir das Schleusentor. Gerade liefen drei Yachten in die Schleuse ein und als nächstes waren ein Amerikaner und wir an der Reihe. Als wir zu den anderen Yachten aufschlossen, flogen vier Wurfleinen von der Schleusenmauer, an denen unsere Festmacherleinen befestigt wurden. Nach wenigen Minuten waren unsere drei Yachten zu einem Paket zusammengebunden und je Paket gingen vier Leinen hinauf an die Poller. Aber ich frage mich noch heute, wozu dann zwölf Line Hander für die drei Schiffe notwendig waren, wenn man nur vier für das Päckchen benötigte? *Alles* nur Geldschneiderei, denn acht von ihnen saßen nur herum und bohrten in der Nase. Bei Bergfahrten muss man allerdings höllisch auf die Leinen aufpassen, weil in der Schleuse ein unheimlicher Strudel herrscht sobald die Wassermassen eingelassen werden. In der 305 Meter langen Kammer befanden sich dreimal drei Yachten. In insgesamt drei Kammern wurden wir jeweils 25 Meter *hoch* auf das Niveau des Gatúnsees gehoben.

Unter Motor durchquerten wir den vierzig Kilometer langen, tierreichen Stausee mit seinen vielen Inseln. Renate teilte das bereits vorgekochte Mittagsessen an die kurzzeitige Besatzung aus. Gleich darauf durchliefen wir den spektakulären Gaillard Cut, heute Culebra Cut genannt. Es ist ein künstliches Tal, welches in sieben Kilometern Länge einen Bergrücken durchschneidet. Tausende verzweifelter Menschen, Außenseiter der Gesellschaft, schufteten dort in mörderischer Hitze, geplagt von Moskitos und Krankheiten, um diese gigantischen Erdarbeiten zu bewältigen.

Bei Sonnenuntergang wurde geankert und bereits früh am Morgen setzten wir die Fahrt zur Miraflores Schleuse fort, wo es von dort aus dann wieder auf das Meeresniveau abwärts ging. Wir schwammen also zum ersten Mal im Pazifik. Die Tore nach Europa schlossen sich hinter uns und mit Motoren fuhren wir unter der riesigen Bogenbrücke hindurch, die Nord- mit Südamerika verbindet.

Bald machten wir im Balboa Yachtclub fest. Balboa hat seinen Namen vom Konquistador Vasco Núñez de Balboa erhalten, der am 29. September 1513 die riesige Bucht von Panama entdeckt hatte. Er nannte sie *Mar del Sur,* was der Südsee ihren heutigen Namen gegeben hat. Er hatte damals keine blasse Ahnung, dass er den größten Ozean der Erde vor sich hatte.

Nach zwei Tagen reichte es uns, wir warfen die Leinen los, da wir alles schon in Colon gebunkert hatten und der Yachtclub zu teuer war. Vor uns lag nun die *größte* Wasserwüste der Welt, aber der Pazifik lockte uns in die zauberhafte Südsee. Zwischen auf Reede liegenden Ozeanriesen segelten wir zu den Las Perlas Inseln. Dort wurden wir von unserem Funkerfreund Günter erwartet, der auf Contadora eine riesige Villa besaß.

Abends stieg dort eine große Feier, bei der auch andere Weltumsegler zu Gast waren. Bald stand ich gut unter Strom und ließ auf dem Parkett die Sau raus. Wie ein Geisteskranker tanzte ich mit Günters Sekretärin, die sich gern dafür angeboten hatte. Meine Animation ließ auch die anderen Segler nicht mehr auf ihren Plätzen verweilen. Maria nahm mich fortan in Beschlag und *entführte* mich immer wieder auf die Tanzfläche. Kaum stand ich wieder bei Renate, musterte Maria mich und sendete eindeutige Signale aus. Der Alkohol machte mich auf einmal mutig und so verdrückte ich mich später kurz mit Maria zum Schmusen hinter die Büsche. Als wir uns wieder unter die Gäste mischten, stellte ich fest, dass unser Verschwinden nicht aufgefallen war, da Günter und Renate an der Bar arbeiteten. Ich verliebte mich prompt in diesen *tanzenden Vulkan*, aber mit Wehmut ließ ich mich zum Schluss natürlich von meiner Holden nach Hause schleppen.

Am nächsten Tag kehrten wir nochmal zurück, um von Günters drei zahmen Ozelots Fotos zu machen. Als ganz so zahm entpuppten sie sich dann aber doch nicht. Eine ganze Weile kraulte ich *Prince* am Hals, während er am Finger meiner linken Hand nuckelte. Ich bat Renate, mir die Kamera zu reichen, weil ich die Zutraulichkeit der Raubkatze festhalten wollte. Zum Fotografieren brauchte ich aber beide Hände. Ich unterbrach die Liebkosungen und nahm meinen Finger, an dem er ständig gelutscht hat, aus seinem Maul. Das aber missfiel *Prince* und er biss mich in dem Moment ins Knie, als ich auf den Auslöser drückte. Mein *Schrei*, der mehr aus Erschrecken als durch Schmerz über meine Lippen kam, brachte Günter auf den Plan. Mit großem Geschrei und Trara wurden die drei wieder in ihre Käfige gesperrt. Die Wunde war glücklicherweise nicht allzu schlimm. *Prince* hatte sich wohl bei meinem Aufschrei sehr erschreckt.

Ozelot Prince hat mich nur leicht gezwickt

Unser nächstes Ziel war Cocos Island, die Schatzinsel. Ich hatte mir in Panama City sogar einen *Spaten* gekauft, weil ich auf Schatzsuche gehen wollte. Unter Spinnaker, bei ablandigem Wind, das Meer war also fast so flach wie ein Bügelbrett, fegte unsere *Bavaria* in der Dunkelheit mit acht Knoten nach Osten. Am Kap Punta Chame herrschte reger Schiffsverkehr. Die Ozeanriesen *schossen* nur so rechts und links an uns vorbei. Einer schien uns gar nicht erst zu sehen, er lief schon eine ganze Weile auf Kollisionskurs, wir aber hatten Wegerecht. Als er sich uns bedenklich näherte, schaltete ich das Decklicht ein. Zusätzlich holte ich den starken Handscheinwerfer und strahlte das weiße Großsegel an. Doch der *Arsch* änderte seinen Kurs noch immer nicht. Renate schrie mich an:

»Dreh ab!«

»Der Depp muss doch sehen, dass ich Wegerecht habe!«

Als er auf einige hundert Meter herankam, startete ich die Maschinen. Just in dem Moment änderte er seinen Kurs. Hörbar stieß ich nach der Anspannung die Luft aus und zeigte ihm den Stinkefinger. Mein Spatzl stritt noch eine Weile mit mir, aber bald war alles wieder gut.

Schlagartig war sodann der Wind weg und mit dem schönen Dahingleiten unter Spinnaker war es vorbei.

»Wird scho wieder kommen« dachte ich mir. Aber ich lag leider falsch. Der Wind hatte sich für die nächsten *fünf Tage* verabschiedet. Also tuckerten wir den ganzen Weg zur Kokosinsel unter Motor. Unterwegs fingen wir einen riesigen Sailfish, der zu Trockenfisch verarbeitet wurde. Flaute ist zwar nicht das Gelbe vom Ei für einen Segler, aber die Götter der Meere haben das Sagen. Was nicht behoben werden kann, muss ertragen werden.

Die Tage verstrichen mit der Erledigung nützlicher Dinge, aber auch der Nichtsnutz hat seine Berechtigung. Und so schaute ich oft stundenlang auf das Meer hinaus, sah manchen Fisch springen und ließ die Vergangenheit Revue passieren. Die Reise hatte bisher viel Schönes und auch Lehrreiches für mich. Unannehmlichkeiten in den Keller zu stecken, darin war ich schon immer weltmeisterlich. Warum sollte *ich* auch an negative Dinge denken, wenn das Positive gerade real und so atemberaubend schön ist.

Am 21. März schälte sich die Schatzinsel langsam aus dem Dunst des Meeres heraus. Die tropische Insel mit ihren hohen, dicht bewachsenen Bergen sollte uns die nächsten acht Tage in ihren Bann ziehen. Als wir in die Wafer Bay einliefen, sah ich durch das glasklare Wasser traumhafte Korallen. Einige Zeit fuhr ich auf und ab, um einen sandigen Untergrund für den Anker zu finden. Doch den gab es an diesem Ort nicht und ich musste ihn schweren Herzens in den wunderbaren Naturgarten werfen. Da aber kein Wind blies und auch keiner kam, war der Schaden minimal, den unser Anker verursachte.

Zuerst genossen wir einen herrlichen Rundblick. Ein schroffes Felsmassiv erstreckt sich über diese Insel, in dessen Zinnen etliche Wasserfälle ins Tal stürzen. Dunkle Regenwolken hingen bedrohlich über der dichten Dschungelwand. Haargenau so stellte ich mir ein Piratennest vor und es kam mir der Film »Die Schatzinsel« in Erinnerung. Unter einer Palme stand am Strand eine Hütte, in der zwei zerlumpte Zöllner hausten. Politisch gesehen gehört die Kokosinsel zu Costa Rica. Die Formalitäten waren aber rasch erledigt, wir brauchten uns nur in ihr Gästebuch einzutragen ohne Visagebühren entrichten zu müssen. Wir gaben den armen Kerlen etliche Büchsen Fressalien und hatten dadurch friedliche Freunde gewonnen.

Einen Tag lang nahm ich mir mit Turi, der ebenso Cocos Island angesteuert hat, die Zeit, um mit Spaten und Gewehr die nähere Umgebung zu erkunden. Wir suchten nach dem Sagen umwobenen *Schatz*. Diesen Traum vom großen Schatzfund hatten sicherlich schon unzählige Andere vor mir versucht zu verwirklichen. Auch das Jagdglück auf Wildschweine war uns nicht hold, deshalb stürzten wir uns lieber in die Unterwasserwelt. Ein derartiges Paradies hatte ich noch *nirgendwo* zuvor gesehen. Großfische schwammen total zutraulich vor unseren Nasen herum und zeigten keinerlei Scheu. Unter vielen Korallenköpfen entdeckte ich Langusten, einige von ihnen wanderten schließlich in unseren Kochtopf.

Bei einem anderen Tauchgang überraschten Renate und ich in einer Höhle ein Rudel schlafender Haie. Ich schoss ein Foto mit Blitzlicht und schon war der Teufel los! Die Biester schwammen *panisch* aufgeschreckt um uns herum und einer streifte mich auch noch am Unterarm. Nach und nach fanden sie den Ausgang der Höhle und so konnten wir aufatmen. Ein Brennen an meinem Arm zeigte mir aber, dass ich verletzt war. Da sah ich, wie sich Renate die Hand auf den Oberschenkel presste. Sofort gab ich das Zeichen zum Auftauchen. In erster Panik dachte ich schon, sie sei gebissen worden. Oben im Dingi stellte ich aber erleichtert fest, dass auch sie nur einen »Streifschuss« erhalten hatte. Ein Hai hatte in seiner Aufregung Renate und mich im Vorbeischwimmen berührt. Die raue Haut der Haie ist wie Sandpapier und hatte Schürfwunden hinterlassen, die im Salzwasser verdammt brannten. Dadurch verlor ich für die nächste Zeit meine Tauchpartnerin. Zum einen musste die Schürfwunde erst wieder heilen, zum anderen kam in Renate große Haiangst auf.

Das Wasser ist mein Element, das Tauchen meine Leidenschaft

Deshalb unternahm ich die nächsten Tauchgänge bei zwei Felsklippen, die vor der Bucht aus dem Wasser ragten, mit einem Amerikaner namens Peter. Dort war der *große* Treffpunkt der Hammerhaie.

Beim ersten Mal zählten wir sechs Stück. Doch beim zweiten Tauchgang wollten wir unseren Augen nicht trauen: *Wo* wir auch hinschauten tummelten sich Hammerhaie. Wir hielten uns eng am Felsen und beobachteten das Wirrwarr an Fischleibern. Zwei dieser furchteinflößenden Geschöpfe, die bis zu sechs Meter lang werden, schwammen dicht an uns vorbei, als wollten sie uns kontrollieren. Uns war nicht gerade wohl in unserer Haut, denn einer der Raubfische maß über vier Meter. Durch meine Adern schoss das Adrenalin und ließ meine Herzfrequenz bedeutend höher schlagen. Aber ihr Interesse an uns wollte nicht nachlassen. Beim Patrouillieren beobachteten wir deutlich, wie das rechte Auge eines Hais zwischen Peter und mir hin und her wanderte, als überlegte der Hai »welchen knöpfe ich mir jetzt zuerst vor?« Zum Glück stand an diesem Tag kein Menschenfleisch auf dem Speiseplan. Erleichtert, aber total begeistert, machten wir uns an den Aufstieg. So eine riesige Schule von Haien hatte ich später nie wieder erlebt.

Da uns der Diesel ausgegangen war, fragte ich auf dem Tauchschiff, mit dem Peter kam, ob sie uns nicht ein paar Liter verkaufen würden. Total überrascht war ich, als ich zu hören bekam

»you get as much as you like!«

Ohne nach dem Preis zu fragen bunkerte ich die Tanks voll und setzte mich beim Bezahlen richtig auf den Arsch. 1,50 US-Dollar pro Liter, das war glatter *Wucher!* Auf meine Proteste hin meinte der Ami:

»You can give it back to me, no problem.«

Ohne Sprit durch die Kalmen in die Südsee zu segeln, das wagte ich dann aber auch nicht. Mit saurer Miene bezahlte ich den Preis, der Kerl hatte gut und gern 300 Prozent verdient. Aber auch in späteren Jahren wurde mir immer mehr zur Gewissheit, humane und ehrliche Leute sind eine Seltenheit auf den Weltmeeren.

Nach elf Tagen auf der Kokosinsel machten wir uns auf den Weg zu den Galapagos Inseln. Fehlender Wind zwang uns einen Tag lang unter Motor zu fahren. Unterwegs hörten wir über Funk von unserem Freund Toni, dass Yachten auf den Inseln ziemlich unerwünscht wären. Anlaufen dürfte man nur Isabela und dort wären die Liegegebühren sehr hoch. Wollte man andere Inseln besuchen, sollte man ein teures Trip Ticket kaufen und einen Guide an Bord nehmen, der exakt die Ankerplätze bestimmen sollte. Grimmig nahm ich die Infos zur Kenntnis und sagte zu Renate:

»Wie bei uns daheim in Deutschland, deine Wege werden von fremder Hand gelenkt.«

Ich *pfiff* auf diesen ungastlichen Fleck, denn es betraf ja nur die Segler. Normaltouristen wurden mit *riesigen* Schiffen herübergebracht, die schon einiges an dem Ökosystem zerstört hatten. Also steuerten wir illegal die abgelegenen Inseln Wenman und Culpepper, auch Darwin Island genannt, an, aber an ein Anlanden war nicht zu denken wegen der starken Brandung an den messerscharfen Klippen. Diese Inseln werden von großen Schwärmen von Albatrossen und Fregattvögeln bewohnt. Auf den schwarzen Steinen sahen wir die etwa einen Meter großen Wasserechsen in der Sonne liegen. Da die Ankerplätze sehr ungemütlich rollig waren, machten wir uns bald auf den Weg in die Südsee.

Am 3. April passierten wir um 0.30 Uhr auf 90 Grad West schließlich den Äquator. Ich bastelte mir eine Krone aus Bananen, die wir auf der Kokosinsel gekauft hatten, und weckte mitten in der Nacht Renate. In der Linken mit Bootshaken und der Rechten mit einer Flasche Champagner bewaffnet, stand ich nackt vor ihr und vollzog mit ihr die Äquatortaufe, die unser Inneres erfrischte. Ob ich ihr nach dem Leeren der Flasche beim anschließenden »Äquator-Hupferl« eine Freude bereitet habe, da war ich mir nicht so ganz sicher. Aber sie war zumindest keine Spielverderberin.

Der Weg durch die Kalmen ist immer eine Qual, der Leidensweg der Seefahrer ist mir aus Büchern bekannt. Flaute, Gewitterstürme mit starkem, sintflutartigem Regen und großem Schwell sind an der Tagesordnung. Segel rauf, Segel runter, Segel reffen und wieder ausreffen, lassen die Tage nicht langweilig werden. Unsere erste Reise über den Äquator war zwar nicht gerade das Nonplusultra, aber wir verkrafteten es ganz gut, weil wir uns auf *weit* Schlimmeres eingestellt hatten. Dort stellte ich das erste Mal an mir selbst fest, dass alles eigentlich nur eine *Kopfsache* ist. Körper, Mentalität, Ausdauer, alles hängt vom Kopf ab. Ich hatte mir im Geiste immer alles schlimmer vorgestellt, als es dann tatsächlich eingetreten war. Wenn es wirklich schlimm geworden war, habe ich mir sagen können:

»Das hast du ja vorher schon geahnt, also maule nicht!«

Immer wieder hatte ich bei den Besatzungen anderer Yachten feststellen können, wie unzufrieden und deprimiert die Leute nach einem langen oder schlimmen Trip gewesen sind. Setzt man sich zwölf Tage zum Ziel und es werden sechzehn daraus, dann bekommen Viele in den restlichen Tagen Probleme. Mich hatte es auch nicht weiter gestört, als wir einmal zwei Tage lang auf derselben Stelle rumgedümpelt sind.

Am fünften Tag nach Galapagos kam langsam Wind auf, deswegen habe ich das große Spinnakersegel gesetzt. *Sofort* kam wieder Leben ins Schiff, die *Bavaria* flitzte mit sieben Knoten über die Wellen. Tagelang hing meine Lieblingsblase vor dem Schiff und zog es Richtung Marquesas-Inseln. Nachtwachen wurden dort ohnehin nicht gebraucht, weil ich in der endlosen Weite des Pazifiks, in dieser *leeren* Region, keinen Sinn darin sah. Dass mich dort ein Dampfer über den Haufen fahren würde erschien mir so unwahrscheinlich wie in einem Heuhaufen eine Stecknadel zu finden.

Eines Nachts, ich lag in der Achterkabine und lauschte, hatt mich irgendetwas geweckt.

»Was war da draußen los?«

Ich ging ins Mittelcockpit und sah nach oben, aber alles schien in Ordnung zu sein. Allerdings fiel mir auf, dass die Fahrt für den herrschenden Wind zu langsam war. Ein Blick zum Bug ließ mich *erstarren*: Der Spinnaker war weg! *Nichts* mehr zu sehen! Ich rannte nach vorne zum Spi, schaute zur Spibaum-Nok und konnte erleichtert feststellen, dass mein Segel doch noch da war, aber im Wasser *unter* dem Schiff hing. Ich holte das Großsegel runter und versuchte die 200 Quadratmeter große Blase unter dem Schiff hervor zu fischen. Ein paar Meter brachte ich an Deck doch dann war Schluss. Da ich in der Nacht die Bergung für sinnlos hielt, legte ich mich wieder ins Bett. An Schlaf war aber nicht zu denken, da meine *Bordhexe*, auch aufgewacht, ständig auf mich einschimpfte:

»Warum lässt du auch in der Nacht das blöde Segel oben, du weißt, dass ich den Spi nicht mag!«

»Verfluchte Scheiße, warum muss sie jetzt auch noch auf mir herumhacken, hab ich denn nicht schon genug Sorgen?«

Mir war nicht wohl, denn ich rechnete mit einem zerrissenen Vorwindsegel. Wenn ich es auch nicht bezahlen musste, da es von meinem Freund Rolf Obler gesponsert wurde, war es sicherlich mal schweineteuer. Um mich mit Renate nicht noch anzulegen, verzog ich mich für den Rest der Nacht ins Vorschiff. In Gedanken gab ich ihr zwar Recht, denn kein Weltumsegler fährt in der Nacht unter Spinnaker und geht auch noch dazu ins Bett.

Beim ersten Morgengrauen war ich auch schon unter Wasser und klarte den Spi auf. Er hatte sich unter dem Kiel hindurch über beide Propeller gewickelt, zeigte aber keine Risse. Als ich das Tuch endlich an Bord hatte, sah ich der Sonne zu, wie sie sich abmühte um ihre Wiedergeburt und bald mit ihrem goldenen Glanz den neuen Tag küsste.

»Gang, Kaffee ist fertig« riss mich Renates Stimme aus meiner Andacht.

Als ich mich ins Cockpit setzte, empfing ich auch schon einen Kuss zur Wiedergutmachung. Ohne ein Wort über die letzte Nacht zu verlieren, herrschte wieder Sonntagsstimmung an Bord. Nach dem Frühstück untersuchten wir gemeinsam den Spi und konnten ungläubig feststellen, dass im ganzen Tuch *kein einziges* Loch zu finden war. Auf der Suche nach der Ursache des nächtlichen Missgeschicks bemerkte ich, dass das Spi-Fall gerissen war, weil die Umlenkrolle im Top keinen Wirbel besaß und sich deswegen das Fall am Vorstag durchgescheuert hatte. Nachdem ich einen neuen Block mit Wirbel montiert und ein neues Fall eingeschert hatte, kramte ich meinen breiten Spachtel hervor. Beim Tauchgang hatte ich festgestellt, dass das Unterwasserschiff voll mit Entenmuscheln besiedelt war, die ja kolossal die Fahrt verringern. Sie mussten vor dem Weitersegeln entfernt werden, denn auf diese Bremse konnte ich wirklich verzichten.

Nackt, wie Gott mich schuf, bewaffnet mit Maske, Schnorchel und Flossen, tauchte ich in das glasklare Blau ein und kratzte die bis zu fünf Zentimeter langen Entenmuscheln ab, die sich erst in der Strömung unter Fahrt so richtig bilden. Ich war mit der Schiffspediküre fast fertig, als ich etwa zwanzig Meter entfernt einen riesigen Zuschauer vernahm, der mich interessiert musterte.

»Jösaß, a Hai!«, schoss es mir durch den Kopf und schon saß ich auf der Badeplattform.

»Was hast du Nascher denn, hast einen Geist gesehen?«

»Ich glaub, da unten is a weißer Hai. Scheiße, die anderen Entenmuscheln soll der Hai abfressen«, gab ich ihr zur Antwort und beendete somit meine Arbeit.

Ich setzte den Blister, um auch meinen Friedenswillen zu beweisen, denn im Gegensatz zu mir hasste Renate den Spinnaker regelrecht seit ihrem negativen Erlebnis im Mittelmeer.

Stundenlang sah ich aufs Wasser und beobachtete Wale und Delphine. Einmal rammten wir sogar eine extrem große Schildkröte, die es nicht einmal für nötig gehalten hat, abzutauchen. Eine ganze Weile lang schwamm ein Weißspitzenhai neben uns, dann eine riesige Dorade. Ein einziges Mal machten wir in der Ferne ein anderes Schiff aus. Renate funkte es über UKW an und erhielt auch prompt Antwort. Es handelte sich um einen schwedischen Frachter mit einem deutschen Koch an Bord, der sofort an das Mikrofon geholt wurde. Eine Zeit lang quatschten wir belangloses Zeug bis wir uns gegenseitig mit den besten Wünschen verabschiedeten.

Noch etwa zehn Tage bis nach Nuku Hiva lagen vor uns, zwei Drittel der Strecke zu unserem Südseetraum waren schon geschafft. Die meiste Zeit verbrachten wir mit Lesen. Meine Lektüren handelten natürlich von begangenen Taten bekannter Weltumsegler, man muss ja was lernen. Sie alle sind oder waren in meinen Augen *hervorragende* Segler und sicherlich auch Autoren. Ihre Bücher sind vollgestopft von akademischer Wortwahl, dass ich Renate manchmal fragte, was dies oder jenes Wort wohl bedeuten würde. Ein Buch brachte mich schier zur Verzweiflung, deswegen schickte ich es durch die Luke zum Baden.

»Soll'n die Fische lesen, vielleicht ist deren Intellekt größer als meiner.«

Kapitel 9

Die Marquesas – Tor zur Südsee

»Laaand in Sicht!« hallte mein Schrei über das Deck. Renate sauste wie der *fliegende Holländer* zu mir hoch, schlang ihre Arme um mich und grinste vielversprechend. Ua Huka lag vor uns. Obwohl das nach 29 Tagen die erste Erhebung war, schenkten wir der felsigen Insel wenig Beachtung. Tags darauf erreichten wir endlich unser Ziel Nuku Hiva. Unter Radar rundeten wir gegen vier Uhr morgens die Südostspitze der Insel und liefen mit der aufgehenden Sonne in die Taioha'e Bay ein.

Mit Fanfaren holten wir unsere Schweizer Freunde von der Segelyacht *Mara* und die Crew von der *Kewish* aus ihren Betten, die bereits vor uns dort eingetroffen waren. Bald saßen wir bei einer Flasche Champagner zusammen und feierten unser glückliches Wiedersehen. Unser Hund Sherry, Renate und ich waren überglücklich, diese lange Reise so problemlos überstanden zu haben. Schnell brachten wir die lästige Prozedur der Einklarierung hinter uns, die dieses Mal nicht mit so breitbeinigem Seemannsgang ablief wie nach der Atlantiküberquerung, und sahen uns noch den dortigen Notre Dame an.

Weil wir über die hohen Preise in Französisch-Polynesien vorgewarnt waren, hatten wir schon in Venezuela genügend Proviant gebunkert und so konnten uns die 8 Mark für ein Bier nicht umhauen. Wir tranken unser eigenes an Bord. Als wir unter anderem damit beschäftigt waren, das Schiff aufzuklaren, entdeckten wir, dass unser Mehl- und Nudelvorrat von zahlreichen Rüsselkäfern befallen war. Somit machten wir daraus Fischfutter. Nach ein paar Ruhetagen zog es uns auch schon wieder weg von der Zivilisation und den anderen Yachten. Franz und Gisela von der *Kewish* waren mit von der Partie, wir wollten Nuku Hiva umrunden.

Zuerst steuerten wir die Daniel's Bay an, heute Hakatea Bay. Der Eingang in dieses zyklonsichere Loch, einer vom Land rundherum geschützten Bucht, ist kaum auszumachen und so entdeckten wir sie erst im letzten Moment. Es ist ein *typisches* Piratennest und wie wir später erfuhren, hat es ihnen in früheren Zeiten auch dazu gedient. Es ist so unbeschreiblich schön dort, weswegen wir auch ein wenig brauchten, bis wir die Eindrücke verarbeitet hatten. Wir befanden uns in einem gigantischen Felsenkessel mit mehreren hundert Meter hohen, senkrechten Felsformationen, die total mit Efeu, Flechten, Moosen und Büschen überwuchert waren. Vor uns ein kleiner, schneeweißer Sandstrand mit dahinter gelagertem Palmenwald, aus dem ein paar Palmdächer hervorschauten.

Im dortigen Hakaui-Tal machten wir uns auf Entdeckungsreise zum berühmten Ahuii-Wasserfall, der seine Wassermassen über eine 350 Meter hohe Felskante stürzen lässt. Bewaffnet mit Picknickkorb, Handspeer, Angel und Harpune ging es bachaufwärts. Auch meine *Pump Gun* sollte dort zum Einsatz kommen, da wir wilde Ziegen entdeckt hatten. Leider kamen wir später aber nicht zum Schuss. Nach etwa einer Stunde standen wir am Fuß des *dritthöchsten* Wasserfalls der Erde, der unter sich zwei weitere, kleine Wasserfälle entstehen lässt. An den Ufern wuchsen wilde Bananen, Mangos, Papayas, die Brotfrucht Guanábana und Pistazienkirschen. Eine *echte* Filmkulisse! Sofort begriffen wir, wieder eines der letzten Paradiese gefunden zu haben. Als sich dann die paar Einheimischen als äußerst nett erwiesen, wollten wir diesen Ort niemals mehr verlassen.

Der seitlich vordere Wasserfall ist ein wahrer Fotografietraum, der im Sonnenlicht scheinbar Millionen an glitzernden Diamanten erzeugt. Seine Wasserkaskaden stürzen in einen großen Swimmingpool, der uns sofort zum Baden einlud. Übermütig sprangen Franz und ich in das Naturbecken, dort blieb uns vor Kälte aber fast das Herz stehen. Schnell drehte ich mich zu Franz um und legte hämisch den Finger auf den Mund. Franz kapierte sofort und so lockten wir gemeinsam unsere Holden ins angeblich badewannenwarme Wasser. Als sie schwungvoll ins Wasser sprangen, waren wir natürlich schon bereit, um erste Hilfe zu leisten. Nach dem entsetzten Aufschrei unserer Nymphen mussten wir aber schnell das Weite suchen vor lauter Angst, ertränkt zu werden.

Als wieder Friede herrschte, ließen wir die wunderschöne Kulisse weiterhin auf uns wirken. Der regelmäßige Regen und die hohe Luftfeuchtigkeit haben dort einen botanischen Garten entstehen lassen. Es war *traumhaft* schön, deshalb konnten wir uns auch einfach nicht satt sehen. Plötzlich der Ruf unserer Frauen:

»Männer, an die Arbeit, wir haben Hunger!«

In der Zeit, in der die Frauen Holz gesammelt haben, widmeten wir uns dem Fischen. Franz schnappte sich die Angel und ich den Speer. Als Franz schon die vierte Forelle erlegt hatte, war ich noch erfolglos und hatte keinen einzigen Flusskrebs aufgespießt, obwohl es davon nur so wimmelte. Wir tauschten die Waffen. Und nach kurzer Zeit hatte auch ich drei Forellen gefangen. Als ich mich erfolgreich schmunzelnd Franz näherte, zog ich ein langes Gesicht, der hatte doch tatsächlich schon *acht* Krebse im Korb. Dass das keine Glückssache ist, war mir irgendwie klar. Er erklärte mir den Vorhaltewinkel, der durch die Brechung der Wasseroberfläche entsteht, und so kam auch ich danach noch zum Erfolg.

Bald saßen wir am Lagerfeuer, Fische und Krebse steckten aufgespießt an Gerten schräg über der Flamme. Der leckere Rum versüßte uns einstweilen das Warten auf unser maritimes Mahl. Vollgemampft und mit einem Schwips in der Birne zogen wir vor Sonnenuntergang ins Tal zurück. Ich hatte Angst, dass mir mein Herz vor lauter Glückseligkeit zum Mund rausspringen könnte. Auf der *Bavaria* ging es dann mit dem Umtrunk bis Oberkante Unterlippe weiter.

Idyllisch: Meine Yacht vor einem Gebirge der Marquesas Inseln

Drei Tage verweilten wir im Garten Eden und verfielen wieder mal in einen kurzen Streit, weil Renate von den schönen Plätzen einfach nicht loslassen wollte. Irgendwie verständlich. Mein Entdeckerwahn ist in der Regel aber nun mal davon überzeugt, dass es um die Ecke *noch* schönere Plätze zu finden gibt. Da Franz schon Anker aufging, folgte ich seinem Beispiel und jagte meine *Bavaria* mit beiden Motoren durch das Felsentor. Wir verlegten unseren Ankerplatz kurzzeitig in die im Norden liegende Hatiheu-Bucht. Auf einem dreißig Meter hohen Basaltkegel steht dort schon von weitem sichtbar eine Statue der Jungfrau Maria.

Anschließend ging es in den Süden der Insel zur restaurierten Kultstätte im Taipivai-Tal, um später die Insel 'Ua Pou anzulaufen. Fasziniert von den bizarren, zerklüfteten Felstürmen des von Wolkenfetzen umspielten Bergmassivs, die bizarr bis zu 1.232 Meter in den Himmel ragen, näherten wir uns der urwüchsigen Insel und ließen in der Bucht von Hakahau den Anker fallen. Beim Übersetzen mit dem Dingi an den Strand verschlug es uns mal wieder den Atem.

»Südsee pur!«

Beim Bummeln durch das Dorf wurden wir überraschenderweise von zwei Frauen, die vor ihrer Hütte hockten, zum Essen eingeladen. Wir saßen mit gekreuzten Beinen auf ausgelegten Kokosmatten, das Essen war vor uns in einer Reihe ausgebreitet. Wir warteten nur noch auf Teller und Besteck. Die Gastgeber deuteten uns mit Gesten an, einfach nur zuzugreifen. Schnell begriffen wir, dass dort mit den Fingern gegessen wird. Gebratener Fisch, Poisson Cru, also roher Fisch eingelegt in Kokosmilch, mit Knoblauch und Zitronensaft, und Poi Poi, ein sauer gärender Brei, den ich beim besten Willen nicht essen konnte, wurde uns von den freundlichen Gastgebern vorgesetzt. Beim anschließenden, gestenreichen Geplauder stellte sich noch heraus, dass wir ins Haus des Bürgermeisters eingeladen waren. Die *überaus* herzliche Gastfreundschaft genossen wir zwei Tage lang, dann mussten wir uns auch wieder mit dankbaren Gesten verabschieden in Richtung Hiva Oa.

Als wir dort nach Kreuzen gegen den Passatwind angekommen an die Nordwestecke segelten, öffnete sich vor unseren Augen eine kleine Bucht, in der wir kurzerhand vor Anker gingen. An diesem Strand gab es keinen weißen, sondern schwarzen, vulkanischen Basaltsand. Mit der Gier des *Captain Cook*, neue Welten zu entdecken, landeten wir am Ufer und wurden von einer Handvoll äußerst lieber Menschen sowie Millionen Nonos begrüßt. Nonos sind kleine Stechfliegen, die ihre Eier unter die Haut von Menschen legen und damit große Eiterbeulen hervorrufen. Lässt man den Fliegen nicht die Zeit zum Eierlegen, so hinterlässt der Stich trotzdem einen ekelhaften, penetrant juckenden Pickel. Die Eingeborenen gaben uns deshalb gleich Kokosnussöl, das mit gemahlenem Sandelholz abgemischt war. Wir schmierten es uns auf alle sichtbaren Körperteile und konnten dadurch *verblüffenden* Erfolg verbuchen. Anlandende Nonos suchten sofort ihr Heil in der Flucht und wir hatten augenblicklich Ruhe vor diesen kleinen Monstern.

Die Familie, die dort damals lebte, Kopra aufbereitete und Schweine züchtete, gehört zu den direkten Nachfahren eines der letzten Stammesfürsten von Hiva Oa. Mit den Söhnen der Familie unternahmen wir am nächsten Tag einen Trip ins Landesinnere und ließen uns die Ruinen der Residenz ihres Großvaters zeigen.

Zwei Tage lang betrachtete ich die steilen Felsen des U-förmigen, schwarzen Bergmassivs, das die Bucht einrahmt, bis ich endlich den Entschluss fasste: »Hier *fliegst* du!«

Ich ließ mich zusammen mit meiner Ausrüstung von einem Esel und Führern auf den vom Meer aus gesehen rechten Bergrücken bringen, weshalb sich der Aufstieg angenehm gestaltete. Drachen und Zubehör hatte ich ja an Bord und so baute ich meinen Vogel auf dem Bergkamm direkt zusammen. Den erstaunten Gesichtern meiner eingeborenen Freunde entnahm ich, dass sie nicht die geringste Ahnung hatten, *was* ich da tat. Ich war schnell fertig und machte zuerst noch eine Liegeprobe. Ein drittes Mal wollte ich schließlich nicht auf meine Birne fallen. Bestens vorbereitet nahm ich also mein Gerät auf und schon nach einem kurzen Anlauf von wenigen Schritten hob mich der starke Aufwind *in die Lüfte*. Trotz meines Helms hörte ich die begeisterten Ausrufe der Einheimischen hinter mir, sie hatten schließlich *noch nie* einen Menschen fliegen sehen.

Als langjährig erfahrener *Cross Country*-Pilot sind Start und das Einschwenken zum Berg ein Kinderspiel für mich. Kaum flog ich aber am

Bergkamm entlang, fuhr eine Thermikblase wie die *geballte* Faust eines Riesen unter die linke Tragfläche und presste mich in Richtung Felswand. Instinktiv riss ich den Steuerbügel bis zu den Knien an mich heran und raste somit *noch* schneller auf die Felswand zu, denn nur überhöhte Geschwindigkeit kann einen Crash verhindern. Zehn Meter vor dem Aufprall an der Steilwand presste ich die linke Trapezstange an mich und drückte den Steuerbügel nach vorne. Mit einem akrobatischen Überschlag über den linken Flügel - die Füße berührten dabei sogar das Gestein - entzog ich mich dem sicheren Tod.

»Glück gehabt, Alter!«

Das Drachenfliegen war früher eines meiner liebsten Hobbies

Kaum hatte ich mich von diesem Schrecken erholt, passierte mir das gleiche Malheur auf der *rechten* Seite, doch dieses Mal hatte ich freien Luftraum. Als ich meinen dritten ungewollten Wingover machte, hatte ich die Schnauze voll und steuerte ins freie Tal hinaus. Weitere, plötzlich aufsteigende Thermikblasen mit ungeheuerer Gewalt, wie ich sie vorher noch nie erlebt hatte, brachten mich wiederum in große Schwierigkeiten. Ich schrie zu Gott:

»Bitte, bitte, lasse diesen Unsinn und bringe mich heil hier runter!«

Erst als ich auf unter 200 Meter Flughöhe absank, wurde das Fluggerät ruhiger und ich konnte mich auf die Landung konzentrieren. Weil ich mich aber nur aufs Runterkommen konzentriert hatte, war der Weg zum Strand auf einmal zu weit. Der Gleitwinkel reichte nicht mehr aus, um einen sicheren Landeplatz zu erreichen. Unter mir breiteten sich nur Palmen und hohe Büsche entlang eines Baches aus. *Den* wählte ich als Landeplatz aus und als ich zum Bach einschwenkte, merkte ich, dass die Gasse im Urwald für meinen Drachen nicht ausreicht. Es kam, was kommen musste: Der linke Flügel streifte einen Busch und mit brutaler Gewalt wurde ich ins dichte, dornenbewaffnete Unterholz geschleudert. An den Ästen rutschte ich ins Flussbett und wurde dort von den Resten meines Drachens begraben. So saß ich dann bis zur Brust im Wasser und wurde von dem kühlenden Nass schnell auf Normaltemperatur zurückgebracht.

Noch immer kann ich nicht begreifen, was da oben los war. Alle bösen Geister dieser Erde hatten versucht mich zu killen. Ich war zuvor schon oft in starker Thermik geflogen, aber *das* war die Hölle! Mit einem leicht verstauchten Arm packte ich den Trümmerhaufen meines Drachens zusammen und schleppte mich durch das unwegsame Gelände in Richtung Meer. Total fertig und zerschunden erreichte ich drei Stunden später den Strand und sank in den himmlisch warmen, schwarzen Sand. Die Suchmannschaft, die meine Notlandung und ungewollten Kunstflüge beobachtete, kehrte erst eine halbe Stunde nach mir zurück, weil sie mich an einer anderen Stelle vermutet hatten. Noch während ich im Cockpit von Renates geschulten Händen verarztet wurde, besuchte mich Franz und erzählte uns, dass wir am Abend zum feierlichen Erdofenschweinessen eingeladen wären. Kein Wunder, die dachten bestimmt, ich bin ein Kunstflieger mit meinen *unfreiwillig* gezeigten Kapriolen.

Am Abend wollte sich mein geschundener Körper gar nicht so recht aus der Horizontalen begeben, aber Franz, Gisela und meine bessere Hälfte hatten so lange an mir gezogen und gezerrt, bis ich mich schließlich doch aufrappelte, um dem Schwein meine Offerte zu geben. Als dann das zarte Erdofenfleisch wie Butter auf meiner Zunge zerging, der Schmerzenssaft in Form von Rum seine erste Wirkung zeigte, war mein Albtraum in der Luft schon bald wieder vergessen. Mitgebrachter Schnaps und der einheimische Palmwein *Toddy* ließen den Abend in einem rauschigen Fest ausarten. Schon seit Jahren Nichtraucher, griff ich dort zu meiner ersten selbstgedrehten Zigarette. »Wauuu!«, was für ein *edler* Tabak. Er mundete mir so gut, dass ich mir bei der nächstbesten Gelegenheit vornahm, mir ein Paket *Drum* zu kaufen und meine Sonnenuntergänge demnächst in Rauch zu hüllen. Lange nach Mitternacht fuhren wir mit unseren Dingis zu unseren Yachten zurück. Bevor wir uns in unsere Kojen zurückzogen, hörten wir noch etliche Schüsse und ich dachte mir nur:

»So nette Leute, geben uns einen Gutenachtsalut.«

Trotz etlicher Blessuren steckte ich am nächsten Tag meinen Kopf unter Wasser und fand einige schöne Muscheln zwischen vereinzelten Korallenköpfen. Als wir abends unsere müden Häupter in die Kissen kuschelten, hörten wir wieder kanonenartige *Schüsse* über das Wasser hallen.

»Mensch«, sag ich zu Renate, »horch, die schießen schon wieder, doch hoffentlich nicht auf uns!«

Wie von der Sehne geschnellt rannten wir in diesem Moment an Deck und starrten neugierig zum Strand. Plötzlich *wirbelten* wir herum, denn lautes Krachen war rund um die Yacht zu hören. Nervös sahen wir uns um und lauschten den Geräuschen. *Ach du meine Güte*, eine Schule großer Mantas hatte sich in diese Bucht verirrt und sie als Paarungsplatz ausgesucht. Mit übermütigen Luftsprüngen flogen sie aus dem Wasser und durch ihre Flügel, die mit gewaltigen Spannweiten von bis zu sechs Metern auf das Wasser peitschten, wurde dieser kriegsähnliche Lärm erzeugt. Beruhigt legten wir uns wieder in die Koje.

Ich ließ das Gesehene in meinem Kopf Revue passieren und war *so glücklich*, dass ich es keinem Menschen hätte erklären können. Wer in der Welt sieht schon meine täglichen Eindrücke? Diese Insel mit ihren geheimnisumwobenen Dörfern und Kultstätten, mit ihren unzähligen Steinfiguren, den so genannten *Tikis*, die von einer spannenden Geschichte der Marquesas zeugen, der wilde Charakter der Landschaften mit gewaltigen Bergen, tief geschnittenen Tälern, schroffen Klippen und Wasserfällen hatte es uns angetan und hielt uns wie ein Magnet fest.

Als wir in der Inselhauptstadt Atuona ankamen, kauften wir von einem begnadeten Künstler ein *Tiki*, eine Südseegottheit geschnitzt aus Rosenholz. Diese *Tikis* kann man überall auf den Marquesas als riesige Steinskulpturen im tiefsten Dschungel entdecken. Nachdem wir noch die berühmte Grabstätte des Malers Paul Gauguin besucht hatten, der dort im Jahre 1903 gestorben war, besuchten wir das Grab von Jacques Brel und kehrten Hiva Oa dann den Rücken zu, um in Richtung Tuamotu-Archipel überzusetzen.

Unter relativ starkem Wind, so um die sechs Beaufort, flitzte unsere Gazelle in Richtung Fakarava, dem zweitgrößten Atoll des Tuamotu-Archipels von Französisch-Polynesien. Nachts schreckte uns ein starker Ruck aus den Kojen. Ich schleppte mich müde ins Cockpit, um nach dem Rechten zu sehen und musste feststellen, dass wir auf Steuerbordbug lagen. Die *Bavaria* hatte während meiner Schlafpause eine Halse vollzogen, wodurch *beide* Segel nun back standen! Wäre das Großsegel nicht mit einem Bullenstander gesichert gewesen, hätten wir vielleicht mit einem gebrochenen Baum rechnen müssen. Ich brachte die Yacht wieder auf Kurs und erledigte die Morgentoilette.

Beim Zähneputzen hätte ich dann fast meine Zahnbürste verschluckt. Das Schiff machte *schon wieder* eine Halse und legte sich auf die Backbordseite.

»Das kann doch nicht wahr sein!«

Mein Windpilot hatte uns bis dahin sicher durch die Stürme auf den Weltmeeren gebracht und konnte doch nicht plötzlich bei dem bisschen Wind verrücktspielen? Er konnte es wohl *doch*. Als ich nach Achtern spurte sah ich, dass das Hauptruder der Steueranlage verschwunden war. Ein großes Tier oder Treibgut musste es in der Nacht weggerissen haben. Möglicherweise war es auch ein Wal, der an der Oberfläche schlief.

Nachdem wir uns das Frühstück einverleibt hatten, steuerte Renate das Schiff, wodurch ich Zeit bekam, um ein Provisorium zu basteln, das bis Tahiti halten sollte. Nach neun Stunden, in denen ich Halterungen für die Umlenkrollen geschweißt sowie eine Holztrommel aus Holzplatten gesägt und zusammengeklebt hatte, montierte ich mein Werk auf das Steuerrad und war gleich bereit für den großen Test. Meine Anspannung ließ sich nicht verheimlichen:

»Renate, lass das Steuer los!«

Nach etwa fünf Minuten folgte dann das »Hurra! Es funktioniert!« Das Flettnerruder übertrug seine Steuerimpulse direkt auf das Hauptruder. Weil dieses Behelfssystem aber nur beschränkt steuerte, musste ich mit den Segeln einen exakten Trimm vornehmen. Dadurch verringert sich zwar die Segelfläche etwas, aber wen juckt das, wenn man sich nicht mehr der Sklavenarbeit, dem *Steuern*, hingeben muss. Langsam lernte ich also, dass Zeit *überhaupt* keine Rolle spielt.

Nach vier Tagen schoben sich die ersten Palmengipfel des Fakarava Atolls über die Kim und so holte ich mir schon mal einen Ankunftsdrink ins Cockpit. Mit Freude im Bauch schmecken die Dinger am besten.

Kapitel 10

Tuamotu – Abtauchen in den Himmel

Die Luvseite von Fakarava, also die Ostseite, ist fast gänzlich mit Palmeninseln bestückt. Auf dem ganzen Atoll lebten 1990 nur etwa 250 Menschen, die sich hauptsächlich in einem Dorf an der Nordostseite vereint hatten. Es gab dort keinen Tourismus, kein Geschäft, keinen Flugplatz und die nächste medizinische Versorgung war circa 300 Kilometer entfernt in Tahiti. Diese Insel war also *genau* das Richtige für Robinson Gangerl! Im Vergleich zu damals hat sich dort heute aber viel verändert. Die Bevölkerung betrug im Jahr 2016 angeblich bereits 840 Bewohner, ein Flughafen wurde errichtet und rund um den florierenden Tourismus dort haben sich viele Geschäftstüchtige niedergelassen.

Fakarava: Ein wahres Paradies

An der Nordseite des Atolls fanden wir eine relativ breite Einfahrt. Als wir vor dem kleinen Dorf ankamen, lag dort nur ein Schweizer vor Anker. Wie es halt so üblich ist, stellten wir uns vor und beschnupperten uns. Entweder man mag sich oder auch nicht. Aber wir verstanden uns auf Anhieb. Regula und Moritz waren nette Leute in bescheidenen Verhältnissen. Regula war schwanger und fand in Renate eine gute Freundin, denn auch Renate träumte von Kindern. Moritz, ein junger, abenteuerlicher und unternehmungslustiger Kerl, fand in mir den richtigen Partner. Schon bald zeigte es sich, dass wir die meiste Zeit zusammen verbringen.

Wir schmiedeten Pläne, zusammen in den Süden von Fakarava zu segeln, denn dort vermuteten wir, das pure Paradies entdecken zu können. Doch unsere idyllische Einsamkeit wurde bald von einem Pulk amerikanischer Yachten getrübt. Die Amerikaner reisen meistens im Konvoi, da man sich ja an den Tagen vor Anker so viel zu erzählen hat. Moritz kannte einen von ihnen und wurde eines Abends zum Essen eingeladen. Ich dagegen war wegen der Störenfriede verstimmt und liftete meinen Anker. Ich verlegte die *Bavaria* fünf Kilometer weiter vor einen herrlich weißen Sandstrand.

Beim Essen auf der amerikanischen Yacht, so erzählte mir Moritz später, war dauernd davon die Rede, mir in den Süden zu folgen. Eigene Pionierarbeit kennen die meisten Segler ja nicht. Sie verlassen sich lieber auf die Weisheiten ihres Guidebuches, dessen Autor in kurzer Zeit durch die Region gehetzt war. Darin steht zum Beispiel über Fakarava, dass es nur zwei Ankerplätze gäbe, einer rechts am Eingang des Atolls, der andere vor dem Dorf. Ansonsten wäre das Atoll nicht passierbar, da es voller Korallenköpfe sein sollte, die einem Irrgarten gleichkämen. Moritz machte das den Amis auch klar, dass es wegen der Korallenköpfe *viel* zu gefährlich sei, in den Süden zu fahren, was sie ja tatsächlich in ihrem Guidebuch nachlesen konnten. Als er ihnen noch erzählte, dass ich ein *mürrischer* Einsiedler wäre, der Yachtis nicht leiden kann und sogar schon Mal mein angebliches Revier mit dem Gewehr verteidigt hätte, wurden wir von den überaus ängstlichen Amis zu unserem Glück nicht verfolgt. Wir aber machten uns in zwei Tagesetappen auf den Weg zur Südseite des Atolls.

Ich stand mit dem Funkgerät in der unteren Saling, also sieben Meter über dem Deck, und gab Renate Anweisungen über die Richtung, die sie steuern musste. Von oben kann man die Spiegelung des Wassers je nach Sonneneinstrahlung vermindern und an den Farben der Riffe gut die dunklen Wasserstraßen erkennen.

Nach drei Tagen zog die amerikanische Armada weiter und so folgten uns Moritz und Regula in den Süden von Fakarava. Der Norden der Insel konnte mir ohnehin gestohlen bleiben. Dort ist man von Fischleibern geradezu umgeben und doch kann man keinen davon verspeisen. Die eigentlich essbaren Meeresbewohner tragen allesamt das *Ciguatera*-Gift in sich. Die daraus entstehenden Krankheitssymptome rühren von einer Alge her, die meist nach der Zerstörung eines Riffes auftaucht und von den Algenfischen gefressen wird. Diese wiederum werden zur Beute der Raubfische. Die Tiere sind zwar gegen die Krankheit immun, der Mensch aber nicht, da der Giftstoff hitzebeständig ist. Ciguatera ist ein Nervengift, verursacht Fieber, Bauch- und starke Gelenkschmerzen, Durchfall und Erbrechen. In fortgeschrittenem Stadium zeigen sich Verwirrungserscheinungen, sodass man Kälte als Hitze empfindet und umgekehrt. Wer einmal einen nur leicht vergifteten Fisch gegessen hat, wird wohl keine Symptome von Ciguatera bemerken. Ich lebte überwiegend von harpunierten Fischen und hatte erst nach fünf Jahren meinen ersten Anfall erlitten. Wie wir von den Einheimischen erfuhren, gab es im Süden keine Ciguatera, denn Rifffische sind Reviertreu und verlassen ihr angestammtes Gebiet nicht.

Unten angekommen fühlten wir uns wieder einmal *wie im Paradies*. Moritz war mit mir ständig auf der Jagd, ganz gleich ob über oder unter Wasser, sei es mit Harpune oder Gewehr. Wie in urigen Vorzeiten musste der Mann für die Substanz des leiblichen Wohles sorgen. Renate und Regula beschäftigten sich den ganzen Tag mit Nähen und Stricken für das erwartete Neugeborene. Ihre Einfallskunst, um die Männer der Schöpfung mit der Zubereitung der kulinarischen Schmankerl zu verwöhnen, kannte zu unserem Genuss keine Grenzen.

Moritz erzählte mir, dass seine Frau *viel* verträglicher sei, seit sie Renate kennengelernt hat. Bei mir an Bord war es das Gegenteil, Renates Wunsch nach einem baldigen Kind führte zu einigen heftigen Diskussionen.

»Was Regula und Moritz mit einem Kind an Bord können, kann noch lange nicht *ich*, ich will die Welt sehen, den Duft der großen weiten Welt riechen und *nicht* Kinderscheiße«, fauchte ich sie zornig an.

Über unsere Yorkshire-Terrier-Dame Sherry waren wir buchstäblich verwundert! Es war direkt interessant, wie die Urinstinkte durchbrachen, denn diese Rasse war ursprünglich zum Rattenfangen gezüchtet worden. Die Hündin kämpfte mit den größten Krabben und *hechtete* jedem Fisch hinterher. Immer wieder mussten wir sie verbinden, weil sie aus Pfote und Schnauze geblutet hat. Sie bewegte sich im Wasser, als sei es *das* natürliche Element. Sogar schwarz angemalte Muscheln, die ich auf weißen Sandgrund gelegt hatte, holte sie aus einem Meter Tiefe herauf. Anfangs war ich ja absolut dagegen gewesen, den Hund mitzunehmen, aber dann fokussierte sich das Tier auf mich und schlief auch nur noch an meiner Seite in der Koje.

Links: Sherry schleppt einen Seestern *Rechts: Kampf mit kleinem Krebs*

Doch auf Fakarava wurde Sherry fast zu einem »Problem«. Bei unseren täglichen Spaziergängen stürzte sie sich nämlich auf *alles*, was sich bewegte. Jeden Stock, und war er noch so groß, jede Kokosnuss, die wir ins Wasser warfen brachte unsere Hündin zurück. Einige Male sah ich, wie sich kleine Haie Sherry näherten, deswegen sprang ich schnell ins Wasser und schlug mit der Hand klatschend auf die Oberfläche, damit sich die Biester wieder verziehen. Eines Abends, wir saßen bei uns im Cockpit, stand Sherry plötzlich keuchend neben mir in einem gotteserbärmlichen Zustand. Hechelnd, von Wasser triefend, mit *blau* gefärbtem Fell vom Antifouling des Schiffes, machte sie einen recht traurigen Eindruck. Niemand wusste, wie lange sie im Wasser schon um ihr Leben gekämpft hatte, wir hörten schließlich ja auch keinen Ton. Sie kann nur über die Badeleiter zurück an Bord gekommen sein, was für so ein Hündchen ein akrobatisches Kunststück ist. Wir glaubten, sie hätte in irgendeiner Ecke geschlafen. Wahrscheinlich hatte Sherry wieder etwas treiben sehen, da gerade Vollmond war, und sprang vom Heck aus ins Wasser.

Da mit Renate an Nachttauchgänge nicht zu denken war, hatte ich in Moritz nun den richtigen Partner. Wir schleppten unser Tauchzeug bei Ebbe übers Riff, was eine ordentliche Schufterei war und sprangen in den Spalt, den wir mit einem Stock markiert und schon oft als Einstieg benutzt hatten. Im Schein meiner starken 100 Watt-Lampe sprangen uns die Farben der Korallen regelrecht ins Gesicht. Innerhalb von nur zehn Minuten erlebte ich mit Moritz gleich drei Haiattacken. Sie kamen *blitzschnell* aus der schwarzen Tiefe direkt auf die große Leuchte zu. Reflexartig schlug ich mit der Lampe genau auf das Maul. Mit Salto rückwärts verabschiedete sich einer unserer aufdringlichen Begleiter. Nach der dritten Attacke hatten wir die Nase voll und brachen den Tauchgang ab.

Am nächsten Morgen nach dem Frühstück, bei dem es leckeres, selbstgebackenes Brot gab, waren wir schon wieder unterwegs zum Außenriff. Bei Springniedrigwasser lag das Riff sechzig Zentimeter im Trockenen. Wir standen wieder an unserem Spalt und warteten auf die wuchtige Welle, die uns beim Rücklauf ins tiefere Wasser weg vom gefährlichen Riff zog. Bei Nipptide benutzten wir einen Kanal im Riff und tauchten unter den Brechern hindurch.

Die Südspitze von Fakarava zähle ich zu einem der *besten* Tauchgebiete dieser Welt. Haie, Mantas, Schildkröten und riesige Schwärme von zutraulichen Fischen bewundern zu können ist garantiert. Dort zu harpunieren wäre ein echter Frevel, die Fische spießen sich ja fast von selbst auf. Einmal wurden wir von zwei großen Grauhaien in Augenschein genommen. Sie schwammen in engen Kreisen um uns herum. Ich war mit Video- und Fotokamera bewaffnet, während Moritz mir mit der Harpune Rückendeckung gab. Rücken an Rücken drehten wir uns eine Zeit lang mit den Besuchern im Kreis, denn sie zeigten nachhaltiges Interesse an uns. Den Grund dafür erfuhr ich erst ein paar Tage später.

Beim nächsten Tauchgang war nach langer Zeit wieder mal Renate dabei. Als wir abtauchten kamen sofort mehrere Rudel von Zahnbrassen, Drückerfischen und Blauflossenmakrelen auf uns zu, als wollten sie uns begrüßen. In der Ferne konnten wir zwei Grauhaie erkennen, aber alles blieb sehr friedlich. Renate hatte in ihrer Tauchweste einige Beutel mit Brot, Eiern, Nudeln und Kartoffeln verstaut. Ich war an diesem Tag der Kameramann und Renate die Stuntfrau, denn *sie* sollte die Fische füttern. Als sich die erste Zahnbrasse etwas schnappte, schossen sofort andere auf sie zu und entfachten ein wahres *Fressinferno.* Renate geriet in Panik, denn sie konnte sich der vielen Fische nicht mehr erwehren. Sie ließ den Beutel fallen und schwamm nach oben. Ich folgte ihr und konnte sie wieder beruhigen, um einen zweiten Versuch zu starten.

Dann sahen wir, was wir angerichtet hatten: Riesige Schwärme von Fischen tummelten sich an der Stelle, an der vorher Renates Fütterung stattgefunden hatte. Unter anderem zählten wir *zwölf* Haie. Früher hatte ich geglaubt, dass nur ein gespeerter Fisch Haie anlocken würde, aber heute weiß ich, dass sie jede Erregung anzieht. Sei es ein gespeerter Fisch, der am Pfeil zappelt oder solche, die im Netz gefangen sind, aber auch durch Fütterungen wird die Fressgier entfacht. Alles erregt die großen Meeresbewohner und lockt sie an. Ebenfalls ist mir klar, dass der Hai auch auf die Anspannung eines Menschen reagiert. Mein Erlebnis mit Moritz, als uns die zwei Grauhaie umkreist hatten, hat gezeigt, das Herz von Moritz hatte bis zum Hals geklopft.

Die Abende verbrachten wir meistens am Strand beim Grillen. Dazu ließen wir uns Schlangenbrot schmecken, eine sehr knusprige Angelegenheit. Ein normaler Mischbrotteig mit Kümmel und Gewürzen wird zu langen Würsten gerollt und um einen kleinen Ast gewickelt. Zusammen mit Fischen und Langusten wurde das Brot über der Glut des Lagerfeuers gegrillt. Die Füße im weißen Sand vergraben, ein Glas Cuba Libre in der

Hand, das köstliche Mahl auf dem Feuer und das prächtige Farbenspiel der untergehenden Sonne - wer *das* erlebt, will in diesem Augenblick *nie wieder* nach Hause. Ich fühlte mich wie neu geboren, getauft in den heiligen Wassern des Potomac, aufgenommen in die Reihen der himmlischen Heerscharen, die alle meine Freunde waren. Mir fällt ein Spruch von Heinrich Heine ein:

»In uns selbst liegen die Sterne unseres Glücks.«

Jeden Morgen hörten wir am Strand Hähne krähen, ein paar Mal ließen sie sich sogar blicken. Weil es dort einige Jahre zuvor eine Koprafarm gegeben hatte, stammten sie wohl noch aus dieser Zeit. Moritz und ich waren uns darin einig, dass unserem Speiseplan eine Abwechslung ganz gut täte. Bewaffnet mit Gewehr und Revolver stöberten wir mit Radau durch das Unterholz, um die Schreihälse aufzustöbern. Erschreckt riss ich die Gun hoch, als ein Federvieh lärmend vor mir aufflog. Nach drei Fehlschüssen wegen des dichten Unterholzes landete ich den ersten Volltreffer. Dieses Huhn war anscheinend ein wenig doof, weil es aufflog, einen Bogen machte und somit für uns ein perfektes Ziel abgab. Vom Jagdfieber gepackt stöberten wir stundenlang durch die Büsche. Aber erst gegen Abend konnten wir den zweiten Erfolg für uns verbuchen.

Mit zufriedenem, überheblichem Grinsen ließen wir uns von unseren Frauen loben. Gegessen wurde wie jeden Tag am Strand. Beim Anblick unserer Jagdbeute, lief uns das Wasser im Munde zusammen, aber wir hatten uns zu früh gefreut. Wir hatten wohl doch keine Hühner, sondern eher Schuhsohlen erlegt.

»So zähe Viecher, hab i in meinem ganzen Leben noch ned g'essen!«

Schließlich mussten wir uns doch nur mit den Beilagen zufriedengeben, gaben Sherry ein halbes Huhn und packten den Rest an Bord in den Schnellkochtopf.

Eines Tages landeten wir auf einer von den winzigen Inseln, die haufenweise im Atoll stehen. Als wir unser Dingi verankerten, wurden wir von einem jämmerlichen Miauen empfangen. Eine zahme, wunderschöne, aber abgemagerte und zerzauste Katze schnurrte um unsere Füße. Für Renate stand *sofort* fest, dass wir sie mitnehmen müssen.

»Aber nur heute zum Füttern«, antwortete ich erschrocken.

An Bord stellten wir eine Sandkiste für die Bedürfnisse des Tieres bereit, die unser neues Crewmitglied auch direkt eingeweiht hat. Mir war sofort klar, das Vieh hatte schon Mal auf einer Yacht gelebt.

»Die hat hier so ein Seglerschwein ausgesetzt. Die ehemaligen Besitzer wollten bestimmt die hohen Einfuhrgebühren für Tiere nicht bezahlen, die in Neuseeland verlangt werden.«, sagte ich zu Renate.

Die Katze sollte ja auch wieder von Bord, nur wohin mit ihr?

Am nächsten Morgen war ich einem *Nervenzusammenbruch* ganz nahe, ich hätte das Vieh am liebsten *erwürgt!* Durch ihre zentimeterlangen Krallen, die sie an Bäumen zum Fangen von Krebsen und anderem Getier geschärft hatte, wurde in der Nacht ein Cockpitpolster aufgeschlitzt. Zwischen Renate und mir entfachte sich ein Krieg! Ich wollte die Katze von Bord haben, und zwar *sofort!* Aber Renate wollte Samariter spielen und sie aufpäppeln. Wie so oft setzte sich schließlich die holde Weiblichkeit durch, denn gegen das maschinengewehrartige Gezeter mancher Frau ist ein Mann machtlos.

»Aber nicht mit *diesen* Krallen, die durchsägt mir ja damit die Bordwände und versenkt mein Schiff!«

Meine drei Bordfrauen: Renate, Sherry und Chuchu

Zu zweit fesselten wir ihre Hinterläufe mit einem Schal, mit Lederhandschuhen hielt ich ihre Vorderbeine fest. Als Renate begann, ihr die Krallen abzuzwicken, biss das Mistvieh wie wild um sich. Aber mit dem Leder meiner Handschuhe hatte sie ihre Probleme. Als die Arbeit erledigt war, war auch wieder alles in Butter. Wir behielten sie also doch noch länger an Bord und sie hat die *Bavaria* als ihr neues Zuhause akzeptiert. Chuchu, wie wir die Katze tauften, Sherry, Renate und ich wurden schließlich dicke Freunde und hatten gut ein halbes Jahr viel Freude miteinander.

Langsam wurde es Zeit zum Aufbruch, denn es sollten uns drei Wochen später Freunde aus Deutschland auf Rangiroa besuchen. Wir verabschiedeten uns von unseren netten Schweizern, weswegen Renate einen Strom von Tränen vergoss. Wir verließen Fakarava durch den Südpass mit Kurs Nord.

Auf dem Weg nach Rangiroa passierten wir das Atoll Toau, das wir im Norden anliefen. Dietmar und Christiane von der *Kohinoor* hatten uns über Kurzwelle viel Schönes davon vorgeschwärmt. Gerade noch vor Einbruch der Dunkelheit näherten wir uns der nächsten Südseeperle. Ein entgegenkommendes Kanu lotste uns durch den Pass in das Atoll. Nur achtzehn Menschen lebten dort, was sich auch bis zur letzten Zählung im Jahr 2012 nicht geändert hat. Ihren Lebensunterhalt bestritten sie schon damals mit Fischfang und belieferten damit auch die Märkte von Tahiti.

Bereits am nächsten Morgen klopfte es gegen sieben Uhr an das Schiff. Die Menschen dort gingen mit den Hühnern ins Bett und standen mit ihnen auch auf. Ich sollte die Einheimischen zum Fischfang begleiten. Diese Art von Einladung lies ich mir natürlich nicht entgehen und so zog ich ohne zu frühstücken mit Topiri, einem Einheimischen, los.

Was mich stark verwunderte ist das nicht zu erklärende Verhalten der Haie dort. Ein großer Barsch, den ich harpuniert hatte, flüchtete gerade in einen Korallenstock. Ich tauchte ab und folgte dem Opfer, um es zu bergen. Es dauerte einige Zeit bis ich den Fisch mit dem Pfeil aus seinem Versteck gezogen hatte. Als ich mich zum Auftauchen umdrehte traf mich *fast* der Schlag, ich sah einem Grauhai *direkt* ins Gesicht. Erschrocken lies ich den Pfeil mit dem Fisch los und sauste wie von der

Tarantel gebissen nach oben. An der Oberfläche angekommen spähte ich vorsichtig nach unten, doch der Hai war verschwunden, während meine Harpune und der Pfeil mit dem Fisch noch am Meeresgrund lagen. Topiri hatte mich bei meiner Aktion beobachtet und gab mir das Zeichen, dass *alles ok* wäre. Anscheinend sind die Haie dort an das Speeren von Fischen gewöhnt und werden wohl von dem außerordentlichen Fischreichtum friedlich gestimmt. An einem anderen Platz hätten mir die Haie den Fisch sofort weggefressen und wären im Fressrausch außer Kontrolle geraten.

Den lieben langen Tag schossen wir wie Westernhelden um die Wette. Fisch um Fisch häufte sich im Kanu. Gegen 15 Uhr kehrten wir dann ins Atoll zurück, *Gott sei Dank*, denn ich hatte inzwischen solchen Hunger, dass ich ernsthaft daran dachte, einen dieser Fische *roh* zu essen. Aber ich hatte falsch gedacht: Wir düsten an meinem Schiff vorbei in die Innenlagune. Dort leerten wir bis spät in den Abend hinein eine Fischfalle nach der anderen, die dort aufgestellt waren. Bis an den Rand mit Fischen gefüllt kehrten wir erst spät am Abend ins Dorf zurück. Ein anderes Boot war ebenso unterwegs und kam mit vielen Langusten zurück. Am Strand wurde anschließend ein großes Fischschlachten abgehalten, an dem ich mich aber nicht mehr beteiligte. Die Fische wurden in Kästen verfrachtet und in eine große Kühltruhe gesteckt. Die ganze Nacht lief ein Stromgenerator, um den Fang frischzuhalten.

Auch Renate war mittlerweile an Land gekommen und so gab es endlich etwas zu futtern für mich. Mit einem barbarischen Hunger stürzte ich mich auf die reichlich ausgestattete Festtafel.

Danach erfuhren wir auch den Grund für dieses Fischgemetzel: Auf Toau wird nur an einem Tag in der Woche gearbeitet, *dann* aber richtig! Am frühen Morgen des nächsten Tages sollte ein Boot aus Tahiti kommen und den gesamten Fang abholen.

Dass es den Menschen nicht schlecht erging, konnten wir an dem vielen westlichen Zivilisations-Schnickschnack in jeder ihrer Hütten sehen. Obwohl die Eingeborenen gut lebten, gab es auch dort Schattenseiten. Durch den großen Sinn für Zusammengehörigkeit gibt es kaum Tabus und folglich auch keine Privatsphäre. So schön wie Frieden und Gastfreundschaft auch sind, irgendwann will man doch auch mal alleine sein und seine Ruhe haben.

Nach zwei Wochen standen wir dann mit Girlanden um den Hals und dem Fa auf dem Kopf, einem Blumenkranz aus der Blüte der Tiaré, auf Deck und winkten den lieben Dorfbewohnern zum Abschied zu. Wir nahmen Kurs auf Rangiroa, dem größten Atoll des Tuamotu-Archipels.

Nachts passierten wir im Abstand von fünf Seemeilen das Atoll Arutua. Zwar hatte ich am Sattelitennavigator vier Stunden lang kein Fix mehr bekommen, machte mir aber keine Sorgen, weil nach Seehandbuch die Strömung westwärts setzt und Arutua im Osten liegt. Wahrscheinlich war es wieder mal mein siebter Sinn, der mich das Radar in stockdunkler Nacht einschalten lies. Ungläubig starrte ich auf den Bildschirm, wir befanden uns bereits *nahe* am Riff, dessen Brecher sich auf dem Radarschirm deutlich abzeichneten. Die Strömung setzte dort nicht nach West, sondern nach Ost, wahrscheinlich erzeugt durch den Leewirbel im Süden des Atolls. Kein Wunder also, dass einige Weltumsegler, darunter auch Bernard Moittesier, der berühmte französische Einhandsegler, bei den Tuamotu-Inseln ihre Schiffe verloren haben.

Gegen 7 Uhr morgens liefen wir in den Pass von Rangiroa ein. Dieser Pass ist *nur* bei Ruhigwasser zu überwinden, weil er sich zu anderen Zeiten äußerst wild gibt. Obwohl der Tidenhub nur einen Meter beträgt, herrscht dort bei Mittelwasser das reinste *Chaos*. Schließlich werden einige Millionen Kubikmeter Wasser in sechs Stunden durch den einzigen Pass gepresst.

Rangiroa ist gar kein Vergleich zu Fakarava. Es gab ein Hotel, einen Flugplatz, Post und Einkaufsläden. Trotzdem freuten wir uns riesig, als Günter und Evi, unsere Bäckersfreunde aus meiner Heimat Roding, vollgepackt vor uns standen. Zehn Tage hielten wir uns im Atoll auf, welches sechzig Kilometer lang ist und *endlos* weiße Palmenstrände bie-

Grauhai: Nahrung für einige Wochen

tet. Nachdem sich unsere Gäste im Hotel um den Rückflug nach Tahiti gekümmert hatten, kamen sie mit langen Gesichtern zur Yacht zurück, *kein Rückflug* in Aussicht.

»Ha, ha, jetzt seid ihr im Paradies gefangen!«, witzelte ich schelmisch.

Evi, die recht leicht seekrank wurde, war am Verzweifeln und weigerte sich strikt, die Zweitagesreise mit der Yacht anzutreten. Als ich ihr aber versprach, sie ohne Probleme nach Papeete zu bringen, willigte sie schließlich ein. Zwei Stunden vor Sonnenuntergang lichteten wir den Anker und fuhren mit auslaufender Tide aus dem Atoll. Evi hatten wir *Valium* verpasst und so schlief sie tief und fest in der Achterkabine. Als wir von einem wild gebärenden Strom durch den Pass gerissen wurden und die Wellen über das Schiff schlugen, dachte ich noch an die Vorschiffsluke, aber es war schon zu spät, die Laken und Kissen waren bereits pitschnass.

Verdammt! Wer hätte es auch ahnen können, dass es bei auslaufendem Wasser so *wild* zugehen würde.

Am folgenden Tag brachte Günter seiner Frau das Frühstück ans Bett und reichte ihr als Nachspeise wieder eine Valiumtablette, sie hatte noch absolute Bettruhe.

Kapitel 11

Tahiti und die Gesellschaftsinseln

Am zweiten Tag unserer Überfahrt gegen 8 Uhr morgens nahm ich die Berggipfel von Tahiti wahr. Laut rief ich:

»Laaand in Sicht!«

Wie die Ratten krochen alle *sofort* aus ihren Löchern. Plötzlich stand auch Evi neben mir und fragte mich:

»Gang, is scho Tahiti in Sicht?«

»Na freilich, mei Hasi, da schräg voraus der Steinhaufen, des is Tahiti.«

Nach vier Stunden, als wir uns der Trauminsel schon sehr genähert hatten, fragte ich Evi:

»Was ist jetzt eigentlich mit deiner Seekrankheit?«

»Oh mein Gott! Die hab ich jetzt ganz vergessen!« und hielt sich dabei den Mund zu.

»Siehst Schneckerl, alles Kopfsache!«

So bezaubernd der erste Eindruck vom Bergmassiv mit dem weißen Sandstrand und dem umgebenden Ringriff auch war, versetzte uns Papeete im ersten Moment doch einen *Schock*. Unzählige Yachten vor einer Großstadtkulisse mit lautem Verkehr. Wir beschlossen deshalb fünfzehn Kilometer abseits der Stadt zu ankern.

Nachdem wir am nächsten Tag ein Auto gemietet hatten und auf dem höchsten Punkt der Insel standen, war ich wieder besänftigt. Am türkisfarbigen Wasser entlang dehnen sich die herrlichsten Palmenstrände aus, die man sich *nicht besser* in der Fantasie ausmalen kann. Etwas weiter draußen umspielt die weiße Brandung das Riff, welches sich um die gesamte Insel legt. Das dunkle Blau des endlosen Pazifik schließt diese Postkartenidylle ein. Aus der Ferne winkt das Atoll Moorea mit seinem bizarren Felsenmassiv herüber und schon zwei Tage später befanden wir uns auf dem Weg dorthin.

Schon beim Einlaufen in die Cooks Bay erlagen wir, wie schon viele andere vor uns auch, dieser *Naturschönheit.* Hinter einer tief eingeschnittenen Bucht, in der das tiefblaue Wasser übergangslos ins unnatürliche Türkis wandert, umrahmt von schneeweißen Stränden, mit dem dunklen Grün der Palmenhaine, erhebt sich ein wildes, bizarres Bergmassiv in den strahlend blauen Himmel. Ein *Wirklichkeitstraum*, der sich tief in unser Bewusstsein eingrub. Wir standen nur da und staunten, was sich dort der größte Künstler unseres Universums einfallen hat lassen.

Kaum eine Stunde später, als sich unser Anker in den weißen Grund gegraben hatte, lief eine Yacht unter deutscher Flagge ein. Ich grüßte beim Vorbeifahren hinüber, obwohl ich das ja von ihm erwarten durfte, da ich ja schon länger vor Ort war. Doch Kapitän Sindbad, der am Bug stand, hielt es *nicht* für nötig mich eines Blickes zu würdigen.

»Na ja,« dachte ich, »halt wieder ein deutscher Depp!«

Wie sich später herausgestellt hat, war es der berühmte Weltumsegler Peter Kammler, dem seine Bucherfolge wahrscheinlich in den Kopf gestiegen waren. Aber verliert man dadurch die *Grundprinzipien* des Anstands?

Als ich mit dem Dingi ans Außenriff fuhr, um ein paar Fische fürs Abendessen zu schießen, war ich sehr enttäuscht von der leergefegten Unterwasserwelt. Großfische sind auf den Gesellschaftsinseln ohnehin sehr selten. Die Außenriffe erwiesen sich zwar noch als relativ intakt, was die Korallen betrifft, aber ein verwöhnter Taucher will eben *mehr* als ein gutes Riff sehen.

Wieder zurück auf Tahiti war der vierwöchige Urlaub unserer Gäste vorüber und sollte noch ein *böses* Ende finden. Bei wolkenbruchartigem Regen brachten wir Evi und Günter früh morgens um 6 Uhr an Land und riefen ein Taxi. Unter einer Unterführung stand das Wasser so hoch, dass der Motor zu stottern anfing und schließlich stehen blieb. Das Wasser stand schon *zehn Zentimeter* hoch im Innenraum! Mit

Muskelkraft schoben wir die Karre aus der Gefahrenzone und nach einigen Startversuchen sprang der Hobel auch wieder an. Wir befürchteten, dass der Flieger schon kurz vor dem Start war und hegten keine große Hoffnung mehr ihn noch zu erwischen. Da aber das Flugzeug aus Neuseeland aus unbekannten Gründen nicht kam, wurden unsere Freunde mit den nassen Koffern in ein Hotel verfrachtet. Erst in der kommenden Nacht ging es für sie weiter nach Hawaii. Dort mussten sie wieder übernachten, da der Flieger erst am darauffolgenden Morgen nach Vancouver ging. Da angekommen wurden sie dann auch noch nach Los Angeles umgeleitet und konnten erst am nächsten Tag nach Frankfurt fliegen. In Frankfurt war auch noch das Gepäck unauffindbar und in der Tiefgarage stand der neue Mercedes aufgebockt ohne die vier Reifen und die teuren Alufelgen. Ihr Gepäck erhielten sie per Spedition erst vier Tage später. Durch die Nässe vor Beginn der Abreise war wegen des folgenden Moders fast alles zum Wegwerfen. Ein herrlicher Südseeurlaub hatte ein ernüchterndes, böses Ende gefunden.

Wir blieben noch einige Wochen auf Tahiti und lernten ein paar einflussreiche Menschen, aber auch ein paar *Deppen* kennen. Wieder lief eine deutsche Yacht ein und es spielte sich dasselbe ab wie schon einige Male zuvor. Ich grüßte, doch es kam kein Echo zurück. Noch zwei Mal grüßte ich zum deutschen Hochseekapitän, aber er behandelte mich wie einen Aussätzigen. Mit Renate sprach ich oft über das unhöfliche Verhalten unserer Landsleute, wir kamen immer zum selben Schluss:

Allzu großen Patriotismus können die »Preußen« wohl nicht vertragen.

Oder war es vielleicht sogar Neid, weil die *King of Bavaria* zu dieser Zeit meistens die größte aller Yachten war? Unser Schiff in bayerischem Gewand schien ein rotes Tuch für die Norddeutschen zu sein. Das Negative betrifft nur die Segler und davon auch nur wenige, dennoch erlebten wir auch viel Positives mit unserem Patriotenschiff.

Unser neues Crewmitglied Chuchu hatte sich mittlerweile schon total in das Bordleben integriert. Sie war ja schließlich eine erfahrene Seekatze und kannte die Gepflogenheiten auf einem Schiff. Jedoch musste sie sich erstmal behaupten, da meine Yacht ja Sherrys Revier war und Sherry war zunächst *nicht* besonders angetan vom Zuwachs der Crew.

Die Mietze stand anfangs im Mittelpunkt der Aufmerksamkeit unserer Hundeprinzessin. Ständig startete sie kleine Attacken in Richtung Chuchu, kläffte, jaulte, sah uns fragend an und kläffte wieder, um dann im letzten Moment doch einen Rückzieher zu machen. Und so ging das einige Zeit von statten, bis die Katze Sherry eine ordentliche Watsch'n verpasst hat. Recht beleidigt saß unsere Hündin abends abseits der Fütterung. Renate löffelte das Futter direkt aus einer Dose und reichte es Chuchu vor die Nase. Die fraß natürlich mit *herzhaftem* Genuss! Als Renate Sherry einen Löffel hinhielt, sah die Prinzessin nur desinteressiert zur Seite und ließ sich ihre Abneigung sichtbar anmerken. Doch Fressneid und Hunger hatten Sherry irgendwann auch zur Einsicht gebracht. Und siehe da: Beide konnten auf einmal *gleichzeitig* das Futter vom Löffel lecken.

Einige Zeit später, die beiden waren schon richtige Freunde und Spielgefährten geworden, startete Sherry wieder eine kleine Attacke, aber eine der *anderen* Art. Unsere Hündin besaß natürlich etliche Spielzeuge, darunter so einen nervigen, quietschenden Plastiksaurier und ein rosafarbenes Stofftier. Das Stofftier war aber schon richtig durchgenudelt, da sie ihren Trieben daran häufig freien Lauf gelassen hat. Sherry schlich sich also mit amourösen Absichten an die Katze heran, die ihr mit leichtem Spieltrieb aber zu verstehen gab, dass es da nichts zu erobern gibt. Voller Frust wegen der Abfuhr machte sich Sherry also wieder daran, ihr Stofftier zu beglücken. Hüpfend wie ein Gummiball und voller Elan hat sie es direkt neben Chuchu durchgeschnackselt. Es war zum Brüllen! Die Mietze aber wollte ihr Heil lieber in der Ferne suchen, um nicht doch noch die Liebesabsichten unserer steilen Prinzessin abzubekommen.

Wir haben uns in der ganzen Zeit mit den Tieren an Bord wirklich köstlich amüsiert! Es macht viel Spaß, den Tieren zuzuschauen und ihre Angewohnheiten zu beobachten. Sie *bereichern* das Leben mit viel Freude, wie es eben auch an Land der Fall ist. Ich kann jedem, der mehrere Jahre auf einer Segelyacht verbringen möchte, nur empfehlen, ein Tier mitzunehmen. Das Tier wird sich entwickeln und den Umständen anpassen, man wächst zusammen und passt aufeinander auf. Man spürt die Dankbarkeit, die einem das Tier zukommen lässt. Als Vorteil kann ich auch nur nennen, dass ein Tier niemals *meckert.* Nachteilig sind allerdings die Einfuhrbestimmungen in manchen Ländern wie z.B. in

Neuseeland. Es ist dort sehr teuer und umständlich, ein Tier an Bord mitzuführen, da ständig Veterinärärzte per Gesetz den Gesundheitszustand überprüfen müssen. Aber das ist nicht in vielen Ländern so. Würde ich heute nicht immer wieder längere Expeditionen an Land unternehmen, hätte ich schon längst wieder einen kleinen Yorkshire-Terrier an Bord. Oder vielleicht einen Affen, einen Lemur, weil die so putzig und zutraulich sind.

Eines Tages sprach uns ein Mann an und lud uns zum Dinner in seine Villa ein. Er besaß die einzige Reifenfabrik Polynesiens, ist deutscher Abstammung und auch schon um die Welt gesegelt. Als das Ehepaar bei einer Gegeneinladung auf unserem Schiff verweilte, bewunderten sie das Fotoalbum mit meinen Kunstschmiedearbeiten aus früheren Zeiten. Plötzlich machte er mir ein *verlockendes* Angebot, ich sollte mich mit meinem Beruf auf Tahiti sesshaft machen und *er* wollte für die nötigen Aufträge sorgen. Renate war sofort einverstanden, denn ich merkte, wie die Begeisterung fürs Meer bei ihr nachließ. Bei mir aber war es das genaue Gegenteil. Immer mehr reizten mich das Hochseesegeln, die Langfahrten und die unbekannte Ferne.

Einfach paradiesisch: Naturstrand auf Tahiti

Zu unserem neuen Bekanntenkreis gehörten auch die deutsche Botschafterin und ihr Gatte, der als einflussreicher Architekt auf Tahiti galt. Auch sie waren der Meinung, dass ich mit meinem Beruf auf der Insel viel Geld verdienen könnte. *Keinem* der Herrschaften kam es aber in den Sinn, *dass ich nicht ausgestiegen war, um woanders wieder einzusteigen!*

Bald kam das Thema auch wieder vom Tisch und als endlich das Hauptruder für meinen Windpilot *Pazifik Plus* eingetroffen war, machten wir uns auf den Weg in eine Werft nach Raiatea.

Unsere voll beladene *Bavaria* mit ihren 18 Tonnen Gewicht zuzüglich Beladung stellte dann jedoch ein Problem dar. Die Werft besaß nur einen Kran für maximal 16 Tonnen. Also, *alles* ausladen was zum Ausladen war. Nach zwei Tagen gab uns der Manager das »Ok«, wir wollten es riskieren.

Mit der *Bavaria* fuhren wir ins Kranbecken und verließen dann das Schiff. Denn sollten die Gurte reißen, wollten wir doch lieber an Land sein. Langsam hoben sich die Gurte und die Spannung wuchs ganz gewaltig! Bei diesem *waghalsigen* Manöver bog sich sogar die Querverstrebung des Krans durch. Misstrauisch verfolgten viele Augen dieses nervenkitzelnde Unternehmen. Als der Kiel schließlich über Wasser hing, gab der Vorarbeiter das Zeichen zum Anlandsetzen.

Nachdem die Yacht auf dem Kiel stand und sie seitlich verbolzt war, rückte ich dem Unterwasserschiff mit einem Dampfstrahler zu Leibe. Die Farbfetzen flogen mir nur so um die Ohren, als ich die Düse auf die vergammelten Stellen richtete. Das bedeutete, dass ich den Anstrich des Unterwasserschiffes wieder *vollkommen neu* aufbauen musste. Eine immense Arbeit!

Zusammen mit Zink- und Teer-Epoxid rollten wir das *International Antifouling* aus Venezuela auf das Unterwasserschiff. Am nächsten Tag durften wir aber *alles* wieder abwaschen, weil die Farbe nicht halten wollte. Die ganze Arbeit umsonst! Als nächstes probierten wir eine aus Neuseeland aus, die wir quasi mit Gold aufwiegen mussten, so *teuer* war die Farbe dort. Nun traf auch das Paket mit dem Autopilot ein, den wir von Panama aus nach Deutschland zur Reparatur geschickt hatten.

»Das schlägt doch dem Fass den Boden raus!« schimpfte ich zornig, als wir festgestellt hatten, dass die Anschlussbox fehlt. Da konnte ich nichts machen, er war nicht mehr zu benutzen, da wir nicht die Zeit hatten, auf eine weitere Sendung zu warten.

Nach dem Wassern der Yacht segelten wir unverzüglich nach Bora Bora, gleichermaßen erleichtert vom Unterwasserbewuchs und um einen Batzen Geld.

Schon beim Annähern an die Insel mussten wir allen Schwärmern gerecht werden, die Bora Bora zur *schönsten* Insel der Welt gekürt hatten. Nachdem wir den Pass durchlaufen hatten, lagen wir ruhig wie in Abrahams Wurstkessel vor Anker. Mit dem Glas in der Hand ließen wir die Schönheit dieser Südseeperle auf uns wirken. Die Innenlagune ist so ruhig wie ein Ententeich und ermöglicht es, fast um die gesamte Insel herumzusegeln. Es ist bildlich das echte Paradies, doch die Preise auf der Insel genau das Gegenteil.

Mit unserem Kleinmotorrad umrundeten wir die Insel am nächsten Tag auf dem Landweg. Da mein Auge nur Schönheiten entdeckte, waren wir *ständigen* Fotopausen unterworfen und kamen erst spät am Abend zurück zur Yacht. Leider hatte ein kurzfristiger Sturm die Genua ausgerollt, worum sich aber Gott sei Dank die Besatzung einer Nachbaryacht gekümmert hat. Erst am nächsten Morgen stellte ich die Misere unserer Abwesenheit fest, das Segel hatte einen Riss abbekommen. Also *runter* damit! Wir brachten es zu einem Segelmacher, der sich danach eine Woche lang nicht mehr um Aufträge kümmern musste, da wir wieder teuer bezahlen mussten. *Immer* das gleiche auf der Welt! Da unsere Zeit nun doch wegen des Passatwindes, bevor er einschlafen sollte, beschränkt war und wir eine der letzten Yachten in Französisch-Polynesien waren, mussten wir dieser Perle schon bald wieder »Adieu« sagen.

Der Passat trieb uns weiter in Richtung West. Schon nach zwei Nächten sichteten wir die ersten Palmengipfel von Mopelia über der Kim. Dort hatte der deutsche Graf Luckner aus meinem Heimatlandkreis Cham sein Panzerschiff aufs Riff gesetzt und musste es schließlich aufgeben.

Um 17 Uhr am Pass angekommen strömte das Wasser gerade mit einer unheimlichen *Wucht* nach draußen. Unseren ersten Anlauf brachen wir gerade noch rechtzeitig ab und ließen uns wieder auf das Meer hinausspülen. Was für eine Gewalt! Die Nacht beizudrehen und den kommenden Tag abzuwarten, stieß bei Renate auf saure Miene. Weil uns aber bis zum Eintreten des Stillwassers die Nacht in die Quere kommen sollte, gab ich mächtig Gas und düste nochmal auf den Pass zu. Im Pass merkte ich dann, dass es *doch* ein Fehler war, dieser Gewalt zu trotzen. Das ausströmende Wasser hatte eine so unvorstellbare Power, dass ich mit *beiden* Maschinen nur zentimeterweise vorankam. Im nur dreißig Meter breiten und fünfzig Meter tiefen Pass, ist an ein Umdrehen nicht mehr zu denken. Die Motoren dröhnten unter Vollgas, die Logge zeigte zehn Knoten an, aber wir bewegten uns nur wenig von der Stelle. Ich musste ständig am Steuerrad kurbeln. Die Situation ist vergleichbar mit einem Auto, das ins Schleudern geraten ist. Wenn die Strömung die Yacht nur auf einer Seite etwas mehr erfasst hätte, wäre sie unverzüglich in Richtung Kanalkante gepresst worden. Nach einer halben Stunde *harten* Kampfes schafften wir es dann aber *doch* durch den Durchbruch.

Robinson Gangerl auf Paradiesjagd

Das Hauptdorf ließen wir zur Linken liegen und bewegten uns gleich gen Süden, um dort allein zu sein. Traumhafte, *winzige* Inseln, ähnlich wie bei Fakarava, waren dort zu finden. Mit einer Ausnahme sollten damals laut Handbuch auf keiner Insel Menschen wohnen. Als wir ganz im Süden anlandeten, stellten wir aber doch fest, dass sich einige Leute dort niedergelassen hatten. Wir wurden sofort mit offenen Armen empfangen und waren für die nächsten vierzehn Tage voll in das Leben der eingeborenen *Hippies* integriert. Sie galten als Revolutionäre, weil sie sich vom Hauptdorf getrennt hatten und ihr eigenes Leben gestalten wollten. Die starke antifranzösische Einstellung hatte mich etwas gewundert, aber ich konnte sie verstehen, denn das ist *ihr* Land und nicht das der Franzosen.

Wir erlebten eine tolle Zeit mit den Einheimischen. Die Zeit vertrieben wir uns mit Speeren von Fischen, Tauchen und Muschelsuchen am Außenriff. Man zeigte uns auch die Vogelinsel, auf der hunderttausende Seevögel brüteten. *Jeden* Tag und oft auch bei Nacht ging ich meiner Sucht nach, dem Muschelsuchen. Oft stand ich mit der Dame des Hauses im Klinsch, weil sie sich um meine Wiederkehr sorgte.

»Was soll ich denn hier ohne dich anfangen, wenn dich da draußen ein Hai frisst?«

Grinsend nahm ich sie dann in meine Arme, beschnupperte sie mit Küsschen und warf ihr mein Herz zu Füßen.

Ich war *völlig* eins mit mir! Jeder ist seines Glückes Schmied! Paradiese muss man entdecken, aber man muss sie irgendwann auch wieder loslassen können. Damit der erste positive Eindruck in Erinnerung bleibt, sollte man *rechtzeitig* wieder gehen, bevor negative Stimmungen dazukommen. Also verabschiedeten wir uns von Apo, Miri, Matira, Lulu, Petiot und Seba, mit denen wir die meiste Zeit verbracht hatten. Ein paar Jahre später erfuhren wir von dem Besitzer einer anderen Yacht, dass das Militär die Leute verhaftet hat und bei einem Schusswechsel sogar zwei unserer Freunde ums Leben gekommen sind.

Am 17. Oktober 1990 liefen wir mit auslaufendem Wasser durch den Pass von Mopelia zurück ins offene Meer. Noch im Pass fingen wir einen großen Barakuda und hatten somit für die nächsten Tage genügend Fisch an Bord. Unser angestrebtes Ziel war Tonga, das Reich des dicken Königs. Auf unserem Weg dorthin bekamen wir wieder den Beweis geliefert, dass wir schlechtes Wetter anzogen wie Kuhmist die Fliegen. Flaute, Starkwind, Regen und sogar Wind von vorne, also aus West, wechselten sich ständig ab. Es ist nicht weiter verwunderlich, dass wir für die schlappen eintausend Seemeilen ganze *zwölf* Tage brauchten.

Kapitel 12

Zum König von Tonga

Am 29. Oktober 1990 hatten wir es endlich nach Tonga geschafft! Abends saßen wir mit den Crews der *Sitting Bull*, der *Kewish*, der *Teneree* und der *Kohinoor* im *Fred*, einem deutschen Lokal, und schlugen uns die Bäuche voll.

Gleich am nächsten Morgen stürzten Franz und ich uns in die lauwarmen Fluten, um zu tauchen. Nuku'alofa bietet seinen Besuchern herrliche, intakte Riffe mit großem Fischreichtum. Wir beobachteten Feuerfische und zwei Steinfische, Zackenbarsche und Baracudas.

Zurück an Bord kamen auch schon unsere Mädels vom Einkaufen. Sie hatten *Berge* an Post dabei. Einer der Briefe stammte von meinem Freund Dr. Max Fischer, damals Staatssekretär in der Bayerischen Landesregierung. Max, der bei den Staatsbesuchen des Königs von Tonga in Deutschland schon einige Male mit ihm zu tun hatte, schickte mir ein Empfehlungsschreiben, um eine Audienz gewährt zu bekommen. Also nichts wie hin!

Als wir dort ankamen, teilte uns dessen Sekretär bedauerlicherweise mit, dass sich seine Majestät zu dieser Zeit in Deutschland aufhielt.

»Na dann halt *nicht*, dann lernst halt den König von Bayern auch nicht kennen!«

Sofort wandte ich mich wieder dem Königreich Neptuns zu und wurde dort auch nicht enttäuscht. Bei meinen Tauchgängen in den zauberhaften Tiefen der Südsee entdeckte ich immer wieder aufregend schöne

Muscheln. Langsam wurde es zum *Wahn* und die Leidenschaft für die schönen Schalentiere artete richtig aus. Natürlich bekam ich deshalb wieder Ärger mit meinem General. Renate kommentierte meine Ausflüge mit der Bemerkung, ob mir allmählich nicht schon *Schwimmhäute* wachsen würden. An diesem Tag übertrieb ich meine Leidenschaft aber wirklich! Um 9 Uhr morgens stürzte ich mich in die Fluten. Zurück kehrte ich erst nachmittags gegen 16 Uhr. Das wiederum hatte ein gewaltiges Donnerwetter meiner Liebsten zur Folge, meine Freunde von den anderen Yachten hatten nämlich stundenlang mit ihren Dingis nach mir gesucht.

Das Donnerwetter tat meiner Freude aber keinen Abbruch, denn ich hatte bei meinen Tauchgängen eine sehr seltene Muschel gefunden. Die *Perisserosa guttata* gehört zur Familie der *Kaurimuscheln* und war schon damals mindestens 500 Mark wert. Zu meiner Ausbeute zählte auch noch eine circa 13 Zentimeter lange *Conus geographus,* eine *Landkarten-Kegelschnecke.* Zwei Tage später erfuhren wir von einem Einheimischen, dass sein Bruder wegen einer Conus-Muschel gestorben war. Ich zeigte ihm mein Exemplar und augenblicklich verfinsterte sich seine Miene. Er forderte mich angewidert auf, sie *sofort* wegzuwerfen, weil sie mit dem Satan behaftet sei. Manche Spezies der Conus-Muscheltiere schießen giftige Pfeile ab, die sogar Menschen töten können. Ausgerechnet die, die ich gefunden und mit bloßer Hand eingesammelt hatte, gehört zu den giftigsten. Renates Standpauke konnte ich daraufhin nicht entkommen. Wieder einmal war ich zu leichtsinnig für ihr Verständnis.

Zwei Tage vor unserer Abreise feierten wir in Freds Kneipe den Geburtstag von Chris. Mittlerweile weiß ich, dass in dieser Nacht ein abgekartetes Spiel abgelaufen ist. Franz, Theo und Dietmar setzten mich zusammen mit ihren Frauen und Renate so unter Strom, dass ich nicht mal mehr »papp« sagen konnte. Dann ließen sie mich ein Blatt Papier unterschreiben, mit dem ich mich verpflichtete, mit ihnen nach Neuseeland zu segeln. *Meine* Zukunftspläne sahen aber anders aus, als die meiner Freunde. Ich wollte nicht mit den Anderen nach Neuseeland segeln, sondern von Tonga aus nach Japan und über die Aleuten nach Alaska. Da mir Renate seit Wochen in den Ohren lag, nicht nach Alaska zu segeln und sie mehr und mehr die Lust am Segeln verlor, war ich auch

nicht allzu enttäuscht über die plötzliche Kursänderung. Neuseeland hat ja auch seine Reize. Renate plante mit Gisela von Neuseeland aus nach Deutschland zu fliegen, Franz und ich wollten dann Richtung Antarktis segeln.
Am nächsten Tag konnte ich mich mit schwerstem Kopf kaum auf meine Arbeit am Schiff konzentrieren, denn meine Gedanken wanderten von Neuseeland nach Alaska und wieder zurück.

Zwischenzeitlich hatten wir ein Häuschen entdeckt, dessen Inhaber zwei Katzen und zwei Hunde besaßen. Ich wollte im Gegensatz zu Renate die Katze nicht mit nach Neuseeland nehmen, denn ein Tier dorthin mitzunehmen ist mit großen Problemen und Kosten verbunden. Deshalb redeten wir schweren Herzens mit den Leuten, ob sie Chuchu aufnehmen würden. Doch wir wussten, dass sie es in dieser Familie gut haben würde. Schließlich musste ich nach zähen Verhandlungen 200 D-Mark berappen, damit wir die Katze dortlassen durften. Auf dem Rückweg zum Schiff musste ich Renate trösten, sie heulte wie ein Schlosshund. Chuchu war uns in der gemeinsamen Zeit doch wirklich sehr ans Herz gewachsen.

Als unsere Freunde schon das Weite gesucht hatten, machten auch wir uns ans Ausklarieren. Der Proviant für die Überfahrt war gebunkert, es musste nur noch das Dingi an Bord gelegt werden. Mit Hilfe meiner Tauchflasche füllte ich die Luft der Gummisau noch nach. Plötzlich bemerkte ich am Kai einen Mercedes-Konvoi, in dessen Mitte ein *600er Pullmann* mit Staatsflagge fuhr.

»Hoppla, ich glaub, des is der König!«

Auf einmal gab es einen *fürchterlichen* Knall, mein Dingi hat es richtig laut zerfetzt! Wie auf Kommando stoppte die Wagenkolonne, Sicherheitsleute sprangen aus den anderen Wägen und umstellten das Fahrzeug ihres Königs, der anscheinend gerade von seinem Staatsbesuch aus Deutschland zurückgekehrt war. Es herrschte *Panikstimmung*! Wie die Ameisen rannten sie kopflos am Kai hin und her. Plötzlich löste sich ein Boot und hielt am Nachbarschiff. Deren Skipper deutete wahrheitsgetreu auf meine *Bavaria*.

»Scheiße! Zehn Jahre Sträflingsinsel sind uns jetzt wohl sicher!«

Bewaffnete Bodyguards stürmten sogleich auf mein Schiff. Ich hielt meine Dolmetscherin Renate vor mich als Schutzschild. Schnell aber glätteten sich die Wogen, als die königlichen Wächter sahen, was den lauten Kanonenschlag verursacht hatte. Jeder konnte sehen, dass mein einst stolzes Dingi von der *Deutschen Schlauchbootfabrik* nur noch für den Müll taugte. In der vorderen rechten Kammer klaffte ein Riss von 50 Zentimetern Länge. Langsam wurden die zum *Fight* entschlossenen Gesichter freundlicher, ein General gab über Funk dem königlichen Hauptquartier Entwarnung. Obwohl der König wieder zurück war und mich die Audienz bei ihm schon gereizt hätte, hielt mich dieser Vorfall ab, erneut darum zu bitten. Wir packten das Dingi zusammen und lifteten den Anker.

Unsere Freunde waren bereits einen Tag vorher aufgebrochen und so folgten wir ihnen zügig. Aber schon am nächsten Tag versetzte uns das Wetterfax einen riesigen Schreck! Zyklon *Sina* hatte sich angekündigt und stand bereits vor der Haustür. Wie so oft hatten wir wieder einmal unverschämtes Glück. Der Sturm brauste zwei Tage später mit einer Geschwindigkeit von 100 Knoten über die Vava'u Gruppe von Tonga. Wir bemerkten von diesem Unwetter nur noch eine Winddrehung von Südost auf Nordwest.

Am 22. November überraschte uns ein Kabelbrand im Maschinenraum, der mit dem *Halon*-Löscher schnell behoben werden konnte. Kurze Zeit später platzte ein Seewasserschlauch und setzte auch noch den Maschinenraum halb unter Wasser. Das blöde Außenbordventil war korrodiert und hatte sich nicht mehr schließen lassen. Also, Segel runter, Flossen und Taucherbrille anziehen und von außen einen Holzpfropfen in den Borddurchlass dreschen! Bald war der Schaden wieder behoben, ein neues Ventil eingebaut, der Pfropfen wieder entfernt und es konnte weitergehen.

Weitere zwei Tage später riss uns ein lautes Signalhorn aus unserem Schlummer. Als wir an Deck stürmten, lief ein *gigantisches* Frachtschiff 300 Meter vor unserem Bug vorbei. Drei Seeleute winkten oder drohten uns von der Brücke aus. Keine Ahnung was das sollte. Die restlichen drei Tage bis zu unserer Ankunft in Opua in der Bay of Islands wurde dann getreu alter deutscher Seemannschaft Ruderwache gegangen.

Kapitel 13

Neuseeland und das Tierparadies

Beim Einklarieren in Opua bekamen wir die übertriebene *Willkür* der Einwanderungsbehörden zu spüren. Am Motorrad, welches eingepackt an Deck stand, musste ich fein säuberlich alle Erdreste aus den Reifenstollen kratzen, zusammenkehren und in ihren mitgebrachten Müllbeutel werfen. Das Hufeisen, welches ich beim Ausgraben des Loches zu Baubeginn meiner *Bavaria* im Erdreich gefunden hatte und das mir auf meiner Reise Glück bringen sollte, hatte ich damals an der Wand im Salon befestigt. Sie verlangten, es zu entfernen, da es den anderen Sachen in den Müllbeutel folgen sollte. Dazu aber weigerte ich mich entschieden und nach längerem Gerede durfte ich es schließlich doch hängen lassen, aber *ja nicht* entfernen.

Am nächsten Abend lud uns Franz von der *Kewish* zur abendlichen Geburtstagsparty in eine Bar ein. Da nicht großartig Stimmung aufgekommen und der Abend in einem kleinen Streit mit Chris geendet war, machte ich mich am folgenden Tag sofort auf die Suche nach einem geeigneten Fleckchen in freier Natur für meine *eigene* Geburtstagsparty, die zwei Tage später folgen sollte.

Die Bay of Island präsentiert sich als große Bucht mit vielen Inseln, kleinen Fjorden und reichlich Austernbänken. Also kredenzte ich zu meinem Geburtstag ein leckeres Austernfrühstück mit Champagner. Anschließend zogen wir an Land, um zu wandern. Keiner wusste was ich vorhatte, aber sie folgten mir bereitwillig. Wir sangen deutsche Wanderlieder und marschierten über grüne Wiesen bis wir zu einem idyllischen

Bach kamen, der sogar einen kleinen Wasserfall zu bieten hatte. Wir, das sind die Besatzungen der *Kewish*, der *Kohinoor*, der *Sitting Bull* und der *King of Bavaria*. Dann wurde aber die Sau rausgelassen und es gab eine fetzige und richtig rauschige Party! Dietmar von der *Kohinoor* sowie Theo von der *Sitting Bull* und meine Wenigkeit vergewaltigten die Gitarre, woraufhin unsere Frauen schon bald ihr Röcke fliegen ließen. Nur in Unterwäsche gekleidet forderten sie unsere Männerkleidung ein. Der absolute Star war Gisela in meiner bayerischen Lederhose.

»A echte Preißin in oana echt bayrischen Lederhos'n, des is ja zum Schreia!«, witzelte ich bei dem lustigen Anblick.

Auch Dietmar in Röckchen und Kopftuch wurde optisch jeder bayerischen Marktfrau gerecht.

»Im Frühtau zu Berge wir zieh'n, fallera...«, singend spazierten wir wieder in Richtung Schiff zurück. An einer Kuh, an der wir vorbeizogen, blieb ich stehen, neigte mich zu ihr und stieß ein *kräftiges* »Muuuh!« aus. Überrascht neigte sie den Kopf zur Seite, zweifelte wohl an der momentanen Realität, antwortete mit einem entsetzten Gerülpse und machte auf Stierkampfart auf den Hinterhufen eine Kehrtwende, um mit lautem Muhen davonzutraben. Wir lachten uns krumm und bucklig, so angeheitert wie wir waren.

Geburtstagstruppe (v. li. n. re.): Dietmar, Christine, Heidi und Theo hinten; ich und Renate vorne.

An einem der nächsten Tage stieß in Opua eine kleine deutsche Yacht zu uns. An Bord flossen schon bald die Tränen, denn sie konnten die enormen Kosten der Veterinärskontrolle ihres Wellensittichs nicht bezahlen. Der kleine Vogel samt Käfig wanderte deshalb zum Leidwesen aller in den Müllsack. Tiere, *egal* von welcher Größe, nach Neuseeland mitzubringen, erweist sich grundsätzlich als kostenintensives Problem. Sie dürfen niemals an Land. Zweimal pro Woche kamen Kontrolleure zu uns an Bord und überprüften die Gesundheit unseres Hundes. Für die Aufenthaltsdauer von fünf Monaten musste ich umgerechnet 1.400 Mark bezahlen. Das ist schon heftig! Anlaufen darf man nur entsprechende Häfen mit Kontrollstationen und davon gab es zumindest damals nicht viele. An der Saling am Mast mussten wir einen grünen Wimpel setzen, damit jeder schnell erkennen konnte, dass ein Tier an Bord ist. *Wehe dem*, der sein Tier mit an Land nimmt und dabei erwischt wird!

Da Gisela nach Deutschland fliegen wollte und Renate schon sehr von Heimweh geplagt war, gab es für sie *keinen* Halt mehr.

»Ok« sagte ich, »aber der Hund fliegt mit! Ich lasse mich nicht für drei Wochen hier am selben Platz festnageln. Ich bin doch kein Hafenhocker!«

Als wir uns schließlich über die Transportgebühren unseres winzigen Hundes erkundigten, entglitten uns doch glatt die Gesichtszüge! Alles in allem wäre der Transport von Sherry teurer als das Ticket von Renate gekommen. Dadurch wäre der Rückflug in Frage gestellt gewesen und so blieb Sherry also doch bei mir.

Als unsere Frauen weg waren, feierten wir gleich mal eine Junggesellenparty und bereiteten uns dann auf unseren Männertörn vor. Franz hatte seine *Kewish* in einer Hafenbox geparkt und wir beide bildeten die nächsten Wochen die Crew der *Bavaria*. Unseren Hund gab ich auf eine amerikanische Yacht in Pension, die in Whangarei vor Anker lag. Deren Eigner durfte den Ort wegen seiner mitgebrachten Katze nicht verlassen, da die Gesundheitspolizei auch zu ihm zweimal wöchentlich zur Kontrolle an Bord kam.

Unsere Abenteuerreise sollte zu den Auckland Islands gehen, eine Inselgruppe zwischen Steward Island und Antarktis. Ich hatte gelesen, dass die

Hauptinsel mit gleichem Namen ein wahres *Tierparadies* sei und dort auch die Gelbaugenpinguine in großen Scharen vertreten sein sollten. Wir wollten um das Nordkap herum und dann auf einen Schlag bis auf 52 Grad Süd in die »Kreischenden Fünfziger« segeln.

Schon unterwegs zum Nordkap der oberen Insel Neuseelands flog uns meine neue Rollgenua um die Ohren und wir hatten bei Starkwind große Mühe sie zu bergen. Die Rollreffleine war in falscher Richtung aufgerollt und so hatte sich beim Wegrollen das Gewinde aus der Trommel herausgedreht. Nachdem wir das verbogene Alugestänge wieder ausgerichtet hatten und die Anlage wieder montiert war, setzten wir unsere Reise ums Nordkap fort.

Dort erkletterten wir die 250 Meter hohen Sanddünen und genossen einen *herrlichen* Blick über die gegenüberliegende Tasmansee. Ausgelassen *wie* Kinder rutschten wir auf unserem Hosenboden die steilen Sandhänge hinab. Für diese Ausgelassenheit hatten wir auch *allen Grund!* Schließlich erfordert das Zusammenleben mit einer Partnerin auf so engem Raum über Monate hinweg viel Toleranz und Rücksichtnahme. Doch da waren wir *frei* und konnten tun und lassen, was wir wollten. In langen Gesprächen lernten wir uns gegenseitig sehr gut kennen. Vorher hatten wir uns schon gemocht, doch da wurden wir richtig dicke Freunde.

Nach einigen Tagen in Parengarenga Harbour am Nordkap meldete unser Wetterfax eine durchwachsene Witterung, doch wir wagten den Sprung bis hinauf zu den Three Kings Islands. Nach einer schaukeligen Nacht und einem ausgiebigen Frühstück streiften wir uns die dicken Neoprenanzüge über, denn das Wasser war dort sehr kalt, und sprangen voller Tatendrang hinein ins kühle Nass. Langsam schwebten wir entlang der Ankerkette in die Tiefe und erreichten bei 25 Metern felsigen Grund. Als wir am Anker ankamen, sah ich, dass er sich wahrscheinlich beim Einholen verkeilen würde. Deshalb wuchteten wir den 35 Kilo schweren Brocken an eine geeignete Stelle. Sobald das erledigt war, wurden wir auf unser Publikum aufmerksam. An die zwanzig Robben klatschten uns Beifall, ein schöner Anblick! Ohne jeden Respekt schwammen sie den ganzen Tauchgang neben uns her. Ich bereue es, dass ich keine Kamera mit mir hatte. Auch Großfische zeigten keinerlei Hemmungen, uns aus *nächster* Nähe zu betrachten. Kein Wunder! Dort lagen selten Yachten, da die Ankergründe schlecht sind. Wenn eine Wetterfront durchzieht, herrscht an diesem Ort die Hölle, die wir auch *bald* erleben sollten. Als uns aber dann ein großer Makohai »Grüß Gott« sagen wollte, zogen wir uns doch lieber an Bord zurück. Wir waren uns einig: Die unbewohnten Three Kings Islands sind *ein wahres Paradies für Taucher!*

Um noch Tauchgänge unternehmen zu können, wollten wir eine weitere Schaukelnacht in Kauf nehmen. Doch im Laufe des Tages frischte der Wind auf und blies am Nachmittag schon kräftig aus der falschen Richtung. Wir mussten das Feld räumen und Anker aufgehen. Unser Plan lautete: Direkt das 1.200 Kilometer entfernte Auckland Island ansteuern. Bald legten wir das erste Reff ein und reduzierten die Genua. In der kommenden Nacht war gleich mal überhaupt nicht an Schlaf zu denken, denn der Wind war zu einem ordentlichen Sturm herangewachsen. Gegen Morgen segelte meine *Bavaria* dann nur noch mit dreifach gerefftem Großsegel und Sturmfock.

Die See hatte sich inzwischen zu einem wahren Ungeheuer aufgebaut. Es *krachte* und *fetzte* an allen Ecken und Enden! Die Brecher überrollten das Schiff und so ahnte ich nichts Gutes. Franz schlug vor, beizudrehen, aber ich wollte absolut nicht, denn in Lee lag die Küste und auf Legerwall wollte ich natürlich nicht kommen. Am späten Nachmittag *riss* uns die See auch noch das Verdeck vom Deckshaus weg und flutete das Cockpit. Das war schon wirklich heftig! Die Situation war ernst, doch ich musste trotzdem *lachen:* Franz, der nur die Gummilatzhose anhatte, war plötzlich schwanger. Der Brecher, der über das Schiff gerollt war, hatte sich in der Hose von Franz verkrochen.

Humor, ob als Einhandsegler oder nicht alleine, ist in harten Zeiten an Bord *absolut* überlebensnotwendig! Ein Einknicken von Laune und Mut, was zu depressivem Verhalten und Selbstaufgabe führen kann, ist der Garant für unüberlegtes und lustloses Handeln. Sicherlich war dies nicht einer von diesen Momenten, wir hatten jegliche Zuversicht, dass wir, zumindest was uns selbst betrifft, wieder heil aus der Situation herauskommen. Auf See werden viele Sinne geschärft, der Humor lässt sie nicht einrosten.

Meine Hoffnung war, dass der Wind noch weiterdrehen würde und ich so eine Wende machen könnte, denn wir wurden durch den Westwind schon gefährlich nahe an die Küste gedrückt. Der Sturm drehte weiter auf Süd und nahm noch an Heftigkeit zu. Aber auf dem Wetterfax war überhaupt kein Sturmtief zu sehen, *nur* eine Front. Als schließlich gegen Mitternacht eine mächtige Welle das Schiff quergeschlagen und das Cockpit erneut geflutet hatte, hatte ich die Schnauze endgültig voll und drehte doch um. Das Thema Auckland Island hatte sich somit *erledigt*. Sofort kam Friede über das Schiff, denn ein Sturm von hinten ist nur noch ein halber Sturm.

Am nächsten Tag rundeten wir erneut das Nordkap und leckten in der Rangaunu Bay unsere Wunden. Obwohl ich eine Niederlage nur sehr ungern einstecke, fühlten wir uns dort im friedlichen Wasser pudelwohl und begossen unseren Entschluss, eine Kehrtwende gemacht zu haben. Nun hatten wir Urlaub und verbrachten ein paar ruhige Tage. Muscheln standen jeden Tag auf dem Tisch, denn die Buchten waren übersät davon. Wieder zurück in Whangarei nahmen Franz und ich unsere Schiffe aus dem Wasser, um neues Antifouling aufzutragen. Den rechten Mercedes-Motor brachte ich in eine Werkstatt, weil er nur noch ansprang, wenn er *Lust* hatte. Aus Deutschland war ich mit generalüberholten Motoren losgefahren, allerdings hatte mir mein Segelbootausstatter reinen *Schrott* angedreht! Der Motor, der gerade in Reparatur war, hatte C-Kolben, also war er vorher bereits zwei Mal überholt worden. Das heißt, eine weitere Größe der Kolben gab es nicht zu kaufen. Für neue Kolben musste ich somit auch neue Laufbüchsen einpressen lassen. Schlussendlich war ich wieder 6.500 Mark los! Verfluchte Verbrecherbande!!! Fünf Jahre später in den Philippinen sollte sich noch herausstellen, dass ich auch in Neuseeland *betrogen* wurde. In diesen Motor wurden keine *neuen* Standardlaufbüchsen der Größe A gepresst, sondern Laufbüchsen der Überholgröße C. Wahrscheinlich haben sie sogar die alten Kolben verwendet. Endresultat, den Motor musste ich in den Philippinen *wegwerfen*! Die Welt wird immer schlechter und Verbrecher keimen wie die Krebsgeschwüre!

Nach einer Woche harter Arbeit kam dann Hilfe, unsere Frauen waren zurück. Am selben und dem nächsten Tag ruhte unsere Arbeit, schließlich feierten wir unser Wiedersehen *gebührend*. Wir hatten einander so allerhand zu erzählen und kamen kaum aus den Federn. Renate erinnerte mich an den Geburtstag meiner Mutter, den ich leider vergessen hatte.

Sofort stürzte ich mich ans Telefon, um Muttern mit einer Notlüge nachträglich zu gratulieren. Wieder fällt mir ein Spruch eines weisen Mannes ein:

»Wer zu großen Dingen befähigt ist, beherrscht noch lange nicht die Kleinen.«

Vielen deutschen Seglern, denen wir unterwegs begegnet sind, war unser »Bayernschiff« ein Dorn im Auge. Wir mussten uns deshalb einige Beleidigungen und Frechheiten gefallen lassen. Deshalb entschloss ich mich, das weißblaue Rautendesign abzuschleifen und mit neutralem Anstrich weiterzusegeln. Als ich am nächsten Morgen meinem Kunstwerk zu Leibe rücken wollte, stand plötzlich Friedrich Hundertwasser vor mir, der in Bay of Islands lebte und den wir dort kurze Zeit vorher kennengelernt hatten. Als ich ihn über mein Vorhaben unterrichtete, das Schiff neutral zu gestalten, war er *entrüstet.* Er meinte, wir sollten das Design doch so lassen wie es ist, ihm gefällt es. Wenn sich Leute darüber aufregen, würden wir dadurch nur schnell Idioten und Spießer erkennen.

»Und die wollt's ja eh net kennenlernen!« Wir gaben dem berühmten Künstler Recht und so segelte die *Bavaria* mit dem König-Ludwig-Design noch ein paar Jahre weiter über die Weltmeere. Nur der Name *King of Bavaria* wurde in schlichtes *Bavaria* getauscht.

Renate und ich: Die Gitarre fehlte auf keiner Party

Langsam lichtete sich der Yachtclub von Whangarei und die nächtlichen Temperaturen sanken spürbar. Das Leben an Bord war nur noch mit einer angenehmen Heizung zu ertragen.

Am 5. Mai 1991, das Deck war am Morgen schon vereist, machten wir uns auf den Weg nach Fidschi. Wie erwartet lag Renate bald wieder seekrank in der Koje, damit hatte ich schon gerechnet. Dass sie aber bis Fidschi nicht mehr auf die Füße kommen sollte, gab mir schon zu denken. Gut, wir liefen unter Starkwind und Sturm, aber elf Tage lang Einhandsegeln und zusätzlich noch Krankenpfleger spielen war auch nicht gerade das Gelbe vom Ei. Zum ersten Mal keimte da in mir die Vorstellung, Einhandsegler zu werden.

Der Hund dagegen erwies sich als *echter Kumpel.* Er saß auf mir, schlief an meiner Seite und aß mit mir. Wenn er sein Geschäft verrichten musste, was zwangsläufig auf Deck geschehen sollte, robbten wir auch im Sturm aufs Vorschiff. Ich brauchte eine Hand für den Hund und eine für mich selbst, damit uns die Brecher nicht von Bord spülen konnten. Meistens kamen wir tropfnass, aber *glücklich* zurück, denn der Hund machte nicht unter Deck, selbst dann nicht, wenn er kurz vor dem Platzen war.

Renate lag in ihrer Koje und wollte nur noch sterben. Ich glaube, sie hatte die Lust am Segeln gänzlich verloren. In ihrem Kopf stimmte es nicht mehr. Wer solche Reisen macht, muss jeden Tag einen Feldzug gegen sich selbst führen. Kaum hallte jedoch der Ruf »Land in Sicht« durch das Schiff, sprang sie von ihrem Totenlager auf und war auf einmal gesund und munter. Ja, ja. Das Schönste an einem Segeltrip ist immer das *Ankommen.* Segeln ist eben eine reine Kopfsache. Als wir dann in der ersten Bucht auch noch die *Kewish* sichteten, war Renate wie neu geboren. Sie hatte ihre Gisela wieder und ich den Franz.

Kapitel 14

Fidschi, ein Leckerbissen

Das Resultat des Wiedersehens mit Franz und Gisela: Natürlich *Feiern* bis Oberkante Unterlippe! Wir waren gerade dabei, ausgiebig unsere Wiedersehensmedizin einzunehmen, als wir auch schon von einem Kontrollboot der Marine besucht wurden. Zuerst zeigten sie finstere Miene, weil wir noch nicht einklariert hatten, doch nach einigen Cuba Libre gewürzt mit Gitarrenmusik waren wir bald nur noch von Freunden umgeben. Ihr Boot lag vertäut an der *Bavaria* und unter Deck grölte die Mannschaft.

Mit einem dicken Kopf segelten wir am nächsten Morgen nach Lautoka zum Einklarieren. Dort waren wir schon über Funk angemeldet und so ließ sich eine Vielzahl an Wichtigtuern meinen *Captain Morgan* Rum aus Neuseeland schmecken. Ein paar Papierfetzen, freundliches Lachen und Schulterklopfen, *so* lief das mit dem Einklarieren auf Fidschi.

In den nächsten Tagen zogen wir uns ein bisschen Zivilisation rein, zumindest das, was in Lautoka so bezeichnet wird. Der gemeine Fidschianer, anfangs mürrisch dreinschauend, neigte nach kurzem Kennenlernen dann doch sehr zur Freundlichkeit. Der Markt bot ein vielseitiges, buntes Treiben: Gewürze, Obst, Fisch, Fleisch, *Tapa*, *Kava* und vielerlei weitere Dinge des täglichen Gebrauchs wurden in großen Mengen angeboten. *Tapa* ist geschlagene Baumrinde in Matten, die in früheren Zeiten den Menschen als Kleidung gedient hatte. Schön mit Naturfarben bemalt ergeben sie je nach Aufwand so manches Kunstwerk. *Kava* dagegen ist ein berauschendes Getränk, das aus der Wurzel der Pfefferpflanze hergestellt und von den Männern fast täglich konsumiert wird. Nach einigen Tagen, wir hatten genug Proviant und Diesel gebunkert und vorsorglich für die Einheimischen auch genug Kava an Bord, bekam ich plötzlich meinen Hafenkoller und musste dort wieder raus.

Über Malolo Lailai, einer Touristeninsel mit vielen Yachten und Hotels, segelten wir hinauf zu den Yasawa-Inseln. 16 Inseln mit wunderschönen Stränden reihen sich dort aneinander und sind durch ein durchgehendes Ringriff vom Außenschwell und hohen Wellen geschützt. Für mich war das ein wahrer *Leckerbissen*, das Wasser war glasklar und mit fantastischen Korallenriffen besetzt. Also hatte ich jeden Tag meine Nase unter Wasser und auch nachts gaben Franz und ich keine Ruhe. Wir lebten wochenlang nur von Fisch, Langusten und Muscheln. Wie so oft in der Südsee, man lebt von dem, was das Meer hergibt. Zu unserer Freude echt kulinarische Schmankerl.

Einheimische: Die Feuergeher auf Benga Island

In den einheimischen Dörfern schaffen die Buren, wie Palmenhütten dort genannt werden, ein besonderes Dorfbild. Oft waren wir in solche zum Kavatrinken eingeladen. Aber der erste Weg in einem neuen Dorf führt immer zum Häuptling! Dem macht man sein Sevu Sevu, die Aufwartung, und überreicht ihm dabei ein Bündel Pfefferwurzeln. Geschieht dies am späten Nachmittag, wird der Besucher meist zum Kavaritual eingeladen. Einer der Boys füllt die Wurzeln in einen großen Mörser, meist ein ausgehöhlter Baumstumpf, in dem sie dann unter regelmäßigem Stampfen zerquetscht werden. Anschließend kommt der Brei in ein Netz und wird in der Tanoa, einer großen Holzschüssel, ausgepresst. Wenn die Mischung von Wasser und Kava stimmt, schöpft der Chief eine Kokosnussschale voll heraus. Es folgt ein langes Palaver mit Händeklatschen, Hexenzauber und »Bula Bula«-Rufen, erst dann wird den Männern, die auf Matten um die Tanoa sitzen, die Schale zum Austrinken gereicht.

Anfänglich schlossen wir die Augen und unterdrückten unseren *Ekel*, denn eine Ablehnung des Getränks würde einer Beleidigung gleichkommen. Schließlich ist man in die ehrenwerte Herrenrunde eingeladen. Der Geschmack der Kava ist gewöhnungsbedürftig und erfordert bis zum *Genuss* einiges an Training. Bald schon war aber auch ich ein Kava-Fan und schaffte es, bis zu zehn Schalen zu trinken. Ich passte mich dabei dem »Leck-mich-am-Arsch«-Gefühl der Fidschianer an, denn Kava ist ein starkes Beruhigungsmittel, das in der westlichen Welt auch als Medizin verwendet wird.

Je weiter wir nach Norden kamen, desto seltener trafen wir auf Yachten. Auf Vanua Levu waren wir schließlich ganz allein. Dort trafen wir sogar auf Einheimische, die noch den Lava Lava trugen, einen Wickelrock aus Tapa. In einem dieser Dörfer fand gerade eine Hochzeitsfeier statt, die schon *vierzehn* Tage andauerte. Nach unserem Sevu Sevu durften wir auch noch zwei Tage lang mitfeiern. Danach hatten wir die Nase aber gänzlich voll.

Nach drei Monaten in dieser Wildnis wollten wir die Hauptstadt Suva besuchen. In drei Tagesetappen kämpften wir uns gegen Wind und Strömung nach Südost. In Suva angekommen gab es schon wieder einen Anlass, einen über den Durst zu trinken: Einige Freunde lagen mit ihren Yachten dort. Aber ich traf auch auf andere, die *ohne* mich zu kennen den Stab über mir brachen. Als ich einen Deutschen fragte, ob er die Segelyacht *Angelos* gesehen hatte, fragte mich der norddeutsche Landsmann, von welchem Schiff ich denn käme?

»Von der *Bavaria*«, antwortete ich.

»Mit dir sollte ich eigentlich nicht reden, denn wer so blöd sein Schiff anmalt, den sollte man meiden!«, war seine beleidigende Antwort.

Gleich darauf verschwand er in seiner Kabine und ich konnte ihm nur noch ein »Scheiß Preiß!« nachrufen.

Wutentbrannt zog ich mich auf mein Schiff zurück und machte mich zum Aggressionsabbau mal wieder daran, einen Motor zu zerlegen. Franz half mir dabei. Er war genauso betroffen wegen diesem Preußenrüpel wie ich! Bald hatten wir sein Benehmen in Umlauf gebracht, sodass ihn irgendwann kaum noch jemand anschaute. Schnell hatten wir auch das Motorproblem gelöst, die Kupplungsdämpfungsplatte zwischen Motor und Getriebe war zerbrochen, doch ich hatte noch zwei Stück als Ersatz.

Anschließend mieteten wir uns ein Auto und durchstreifen eine Woche lang die tropische Insel Viti Levu. Die Südseite ist mit dichtem Regenwald bedeckt, die Nordseite ist wesentlich trockener, da sich der feuchte Passatwind an den Bergen vor Suva abregnet. Wir besuchten Kulturdörfer, kletterten auf Berge und drangen zu versteckten Wasserfällen vor.

Wieder zurück in Suva segelten wir los zur südlich gelegenen Kadavu-Gruppe. Dort boten sich Tauchverhältnisse *vom Allerfeinsten!* Im sehr steil abfallenden, südlichen Außenriff öffneten sich uns große Grotten mit einer Vielzahl von Fischen und Haien. Franz und ich waren laufend beim Tauchen, entdeckten Höhlen und Korallensteilwände, die endlos in die Tiefe zu führen schienen. Das war *genau* unsere Welt! Des Öfteren unternahmen wir auch Nachttauchgänge, während die Frauen ihre Köpfe zusammensteckten und sich übers Kinderkriegen unterhielten. Später erfuhr ich, dass dort an unseren Tauchgründen schon Menschen durch Haiattacken ums Leben gekommen waren.

Zurück in Suva mussten wir uns schweren Herzens von Gisela und Franz verabschieden, weil sie in Richtung Heimat segeln und ihre Segelreise um die Welt beenden wollten. Bei Franz war die Luft irgendwann raus, Gisela hätte aber wohl gern noch einige Zeit lang das freie Leben und die Abenteuer auf einem Schiff genossen. Und so wurde der Abschied erst noch begossen bis dann zum Schluss reichlich die Tränen flossen. *Wir* hingegen wollten weiter zu neuen Horizonten aufbrechen.

»Das Leben ist einfach, man muss nur zufrieden Freude daran finden.«

Wir waren schon ein halbes Jahr auf den Fidschi-Inseln und mussten uns allmählich Gedanken machen, wo wir die nächste Zyklon-Saison verbringen wollten. Weil ich im Jahr darauf nach Fidschi zurückkehren wollte, schied Australien in der Planung aus. Es blieben nur noch Neuseeland, Tuvalu oder die Karolinen übrig. Weil wir Neuseeland schon kannten, entschlossen wir uns, nach Norden zu segeln. Mit von der Partie waren Heidi und Theo von der *Sitting Bull*, Christiane und Dietmar von der *Kohinoor* sowie Toni und Maria von der *Tonaria*. Als sich noch der Österreicher Franz von der Segelyacht *Bay of Island* dazugesellt hatte, war ich ganz happy, weil er auch Taucher, Drachenflieger und auch noch Buchautor war.

Ende Oktober war es dann soweit für den großen Ritt. Mit flauem Gefühl hatten wir während der vergangenen zwei Wochen schon aufmerksam die Wetterberichte auf unseren Wetterfaxgeräten verfolgt, denn einem Zyklon wollten wir auf keinen Fall in die Fänge laufen. In Lautoka nahmen wir meinen Schwager Alfred, seine Freundin Renate und einen jungen Arbeitskollegen von Alfred mit an Bord, die alle mit uns nach Tuvalu segeln wollten. Über die Jasava-Gruppe segelten wir zunächst mit kräftigem Wind gen Nord. Am ersten Tag legten wir 195 Seemeilen zurück, die Crew war anschließend aber seekrank.

Begrüßung auf Kadavu Island

Ich war ziemlich euphorisch, was unsere Segelzeit nach Tuvalu betraf. Die anderen Schiffe waren drei Tage vor uns und berichteten über die Funke von leichtem Segelwind aus Ost. Doch schon am nächsten Tag war es *wie* abgeschnitten. *Nix* mit leichten Segelwinden! Nicht das geringste Lüftchen wehte mehr. Ziemlich verstimmt davon schrie ich nach oben:

»Warum grad immer ich?!«

Unsere Freunde konnten bis nach Funafuti hinaufsegeln und ich sollte die Strecke wohl unter Motoren bewältigen müssen. Wenn es also galt, die unpassendste Reisezeit zu erwischen, so gelang mir das recht oft. Ich konnte es nicht ändern, drei Tage lang musste unter dem Mittelcockpit abwechselnd einer der beiden Mercedes-Motoren schnurren.

570 Seemeilen weit zogen wir ein schnurgerades Kielwasser in Richtung Äquator. Die Freizeitgestaltung bestand aus Essen, Schlafen, Lesen, Spielen und Fischen. Dass wir durch ein sehr fischreiches Gewässer fuhren, beweist die Materialschlacht in meiner Fischereiausrüstung: Dreimal flogen riesige Marlins durch die Luft und *jedes Mal* riss mein Vorfach oder die Schnur. Beim letzten brach sogar die Rute ab. Ich dachte, ich wäre brutal vom Pech verfolgt! Doch wie ich viel später erfahren habe, man lernt ja nie aus, braucht man zum Marlinfischen 1.000 Meter Schnur und ich hatte nur etwa die Hälfte auf meiner Rolle. Trotz dieses Missgeschicks fing ich mit meiner montierten Schlepptrommel noch einen fünfzehn Kilo schweren Yellowfin Tuna und einen 2,2 Meter langen Schwertfisch.

Nach vier Tagen liefen wir ins Atoll von Funafuti in Tuvalu ein, wo unsere Freunde schon vor Anker lagen. Dort empfing uns die Südsee noch *viel intensiver* als in Polynesien. Kein Wunder! Es existierte ja auch kein Tourismus und die Bevölkerung war noch nicht durch den *Konsum* verdorben.

Leider wurde diese Südseeidylle bald von einer Schlechtwetterlage überschattet: Wind mit 40 Knoten aus einer für uns fatalen Richtung. Weil der Wind aus Nordwest kam, wir aber im Südosten lagen und das Atoll zehn Seemeilen breit ist, baute sich bald eine hohe See auf und ließ unsere Schiffe wie Sektkorken auf den Wellen umher hüpfen. Wie ein wilder Hund *zerrte* die See an den Ankerketten und als die von Dietmar auch noch gerissen war, gingen alle Yachten Anker auf und suchten im

Norden hinter einer Insel Schutz. Wie aus Kübeln prasselte das Wasser auf unsere Schiffe herab, als wollte man uns ertränken. Während der Nacht ließ aber wenigstens der Wind nach und so konnten wir etwas aufatmen. Jeder fiel in einen erlösenden Tiefschlaf, der aber nicht lange anhalten sollte.

Wachgerüttelt durch das wilde Stampfen des Schiffes rannte ich ins Cockpit, um die Lage zu peilen. Und die sah fürwahr *sehr* schlecht aus! Der Wind hatte sich nachts gelegt, weil wir im Auge der Depression gelegen waren. In den Morgenstunden wechselte der Wind eben auf Süd. Die Folge: Unsere Schiffe lagen wieder in hoher See und tanzten mit dem Heck vor dem Riff, also auf Legerwall. Ich weckte über UKW sofort die anderen Besatzungen. Wir überlegten, was zu tun wäre. Wir entschlossen uns, einen zweiten Anker auszubringen, weil wir unsere Liegeplätze erst mal nicht verlassen wollten. Mit übermüdeten Augen starrten wir laufend auf das Echolot, weil der Abstand hinter uns zum Riff höchstens noch fünfzig Meter betrug. Die ganze Nacht ging ich Ankerwache und als der Wind noch stärker wurde, startete ich eine Maschine und legte den Gang ein. Mit Standgas wurde die Kette entlastet, wodurch ich mich sicherer fühlte.

Im Morgengrauen drang plötzlich Theos Stimme über UKW kreischend durch das Pfeifen des Windes im Lautsprecher:

»Die Kette ist gerissen! Ich treibe!«

»Scheiße!«, rief ich laut, »ich muss schnell rüber!«

Doch schon hing Renate an meinem Hals und schrie hysterisch:

»Du lässt mich *hier* jetzt *nicht* alleine!«

Theo erlöste uns aber von dem Streit:

»Die Maschine läuft!«

Er schaffte es gerade noch, sich vor der Strandung auf dem Riff frei zu boxen. Wie ein Geisterschiff tauchte die *Sitting Bull* immer wieder aus der undurchdringlichen Gischtwand des Regens auf. Fast eine Stunde lang trudelte Theo im Atoll hin und her, bis seine zweite Kralle klar war zum Ankern. Kaum hatte er das geschafft, hatte er schon wieder Ärger.

»Jetzt ist Heidi umgekippt!« rief er hysterisch über UKW.

Verdammt! Ich musste *doch* ins Dingi und ihnen helfen, da er das Schiff beim Ankersetzen alleine wohl nur schwer unter Kontrolle hätte bringen können. Theo besaß das größte Schiff von uns und war mit seinen 65 Jahren auch nicht mehr der Beweglichste. Mit der *kreischenden* Stimme von Renate im Rücken kämpfte ich mich im Dingi gegen die auflaufende See in Richtung der *Sitting Bull.* Endlich an Bord, nahm ich seinen schweren *Danfort*-Anker zur Hand und schleuderte das Gerät in das schäumende Wasser, als mir der Ankerplatz günstig erschien. Weil Theo vorher die Leine wahllos auf Deck verstreut und ich in der Hektik nicht aufgepasst hatte, geschah, was *nicht* geschehen sollte: Mit einem Fuß stand ich in einer Schlaufe der Leine, die durch das Zurücktreiben des Schiffes schnell ausrauschte. Eine *40-Tonnen*-Yacht, von der Gewalt des Sturmes schnell rückwärts getrieben, hätte mir glatt den Fuß ausreißen können! Ich spürte einen harten Ruck, einen stechenden Schmerz und schrie aus voller Kehle:

»Maschine vorwärts!«

Hätte Theo nicht so schnell reagiert, würde ich einem einbeinigen Käpt'n Flint heute wohl alle Ehre machen.

24 Stunden später war das Unwetter vorüber und die Lage begann sich zu entspannen. Nachdem ja Theos Ankerkette gerissen war, wollte ich ihm Hilfe leisten und nach seinem teuren *Bruce*-Anker tauchen. Nach einiger Zeit konnte ich ihm auch die glückliche Meldung geben, dass ich die vierzig Kilo schwere Kralle gefunden hatte und sie ihm mit der Winsch an die Oberfläche hievte. Aber der undankbare Hund hat sich noch nicht mal mit einem Dankesschnapserl revanchiert.

Nach dem Regen folgt ja sprichwörtlich der Sonnenschein. Und so zeigte sich die Südsee dann wieder von ihrer *traumhaftesten* Seite! Wir drehten eine Runde innerhalb des Atolls und hangelten uns von Insel zu Insel, bis wir auf der schönsten im Süden hängen blieben. Unsere Freunde hatten Funafuti schon verlassen, wir waren also die einzige Yacht dort und hatten eine schöne Zeit. Einige Tage mussten wir dort noch verbringen, da unsere Gäste den ansässigen Flughafen zum Rückflug nach Fidschi benutzen wollten. Das Tief, das ein paar Tage vorher über uns hinweggezogen war, hatte sich zwischenzeitlich zu einem Zyklon entwickelt und wütete 500 Seemeilen westlich von uns. Über Funafuti hatte nur ein Mal ein Wirbelsturm getobt: Über 100 Menschen hatten dabei in den Fluten ihr Leben verloren. Nur wer in die gemauerten Wasserzisternen hatte flüchten können, hat überlebt.

Wir waren schon den ganzen Tag bei Fischern eingeladen. Abends wurde Erdofenschwein kredenzt, das uns wieder hervorragend geschmeckt hat. Ein wahrer Gaumenschmaus!

Auf dem Schiff zurück sah ich mir überrascht den Wetterbericht an, der aus dem Wetterfax hing. Ungläubig starrte ich auf den Zyklon, der sich, wie mir schien, zurückbewegt hatte. Renate rief den Tower des kleinen Flughafens an, der ihr bestätigte, dass sich der Sturm zurück nach Ost bewegt. Das war total paradox und *absolut* untypisch!

Am folgenden Morgen erkundigte ich mich nach dem neuesten Stand. Die Auskunft war niederschmetternd: Der Sturm kam so schnell auf uns zu, sein Zentrum sollte uns drei Tage später erreichen. Das ganze Atoll bot kein einziges sicheres Versteck, weswegen ich den ganzen Tag Pläne schmiedete und sie ebenso schnell wieder verwarf. Wie ich es auch gedreht und gewendet hatte, ich fand keine brauchbare Lösung. Liege ich auf der Vorderseite eines Wirbelsturms im Lee einer Insel, beschert mir die Rückseite den sicheren Untergang. Als einzige Rettung erschien mir also auf das offene Meer hinauszulaufen und in Richtung Nordost zu fliehen. Auf dem offenen Meer von einem Ungeheuer gejagt werden, na dann *Prost Mahlzeit!*

Ich lief unter Renates Protest zurück ins Hauptdorf, um uns mit Brot und dem Nötigsten zu versorgen. Alfred und Renate packten ihre sieben Sachen und zogen in ein Hotel. Alfreds Arbeitskollege hatte nach der Ankunft in Funafuti bereits die Yacht verlassen und war nach Hause geflogen, die vier Tage auf See hatten ihm schon gereicht.

Kurz vor Einbruch der Dunkelheit waren wir also bereit zum Auslaufen. Ich wollte nur noch Eines: *Schnell* raus aus dem Atoll! Renate flehte mich an, noch eine Nacht dort zu bleiben und so ließ ich mich mit kotzüblem Gefühl im Magen dazu breitschlagen.

Die ganze Nacht über saß ich nervös im Cockpit und starrte zum Mond, der sich immer mehr verschleierte. Am Morgen war die Wolkendecke dann dicht, kein Wind regte sich und es begann zu regnen. Wir mussten wirklich schleunigst weg!

»Mit zwei Motoren machen wir acht Knoten! Damit können wir uns noch aus den Fängen des Zyklons befreien«, versuchte ich meine Freundin zu beruhigen. Ich startete die Motoren, aber Renate wollte nochmal schnell beim Flughafen anrufen. Wie gebannt lauschten wir der Stimme aus dem Lautsprecher und konnten das Gehörte kaum glauben:

»Der Zyklon hat nach Süd abgedreht.«

Erlösung! Renate fiel mir fast mit Freudentränen in den Augen um den Hals. Die nächsten 24 Stunden verfolgten wir trotzdem noch misstrauisch die Marschrichtung des Sturmes, er blieb aber brav auf seinem Südkurs.

Die Sonne nahm die Anspannung von uns, wir hievten den Anker. Ich setzte den Kurs ab auf ein angebliches Paradies, das Nanumea heißt. Es handelt sich um das nördlichste Atoll von Tuvalu und befindet sich drei Tagesreisen von der Hauptinsel entfernt Richtung Äquator. Die *Sitting Bull*, die *Kohinoor* und *Bay of Island* lagen schon vor Ort und hatten uns über Kurzwelle absolut Paradiesisches zu berichten.

Ausblick aus dem Masttop: Sandbank im Ringatoll Funafuti

Kapitel 15

Zauberhafte Südsee – Nanumea

Mit ganz leichten Winden und einer Geschwindigkeit von teilweise unter zwei Knoten krochen wir langsam nach Norden. Am Morgen des vierten Tages erschien unser Ziel Nanumea endlich auf dem Radarschirm.

Gegen 10 Uhr lagen wir vor der schmalen, kaum erkennbaren Einfahrt, die ins Atoll führt. Zwei Stunden mussten wir noch auf Hochwasser warten, bis wir das Einlaufen wagen konnten. Der künstliche Kanal, den die Amerikaner dort im Pazifikkrieg ins Riff gesprengt hatten, war an mancher Stelle nur drei Meter tief. Laufend hörte ich Renates bibbernde Stimme:

»Hier kommen wir *nie* rein!«

Denn vor der Einfahrt stand eine Brecherwalze und am Passeingang brach sich der Schwell zu weiß schäumenden Wellen.

Langsam tasteten wir uns zum zweiten Mal an die Riffbarriere heran. Als aber der Korallengrund im glasklaren Wasser auf mich zukam, hatte ich erneut Bedenken und legte lieber nochmal den Rückwärtsgang ein.

Wir konnten im Kanal ein Dingi erkennen, in dem uns zwei Personen winkten. Wie sich herausgestellt hat waren es Theo und Dietmar, die uns dann über UKW anriefen.

»Keine Angst Junge, das Wasser ist tief genug.«

Also, aller guten Dinge sind drei.

Wieder steuerte ich auf die Einfahrt mit den unzähligen Untiefen und seichtem Wasser zu. Einen Moment lang schien mein Herzschlag auszusetzen, als *brodelnde Wassermassen* das Schiff ergriffen und es *mit Gewalt* nach vorne schoben. Von einer einzigen Welle wurden wir schließlich *ins Paradies* geschoben und sollten dafür die nächsten Monate wie die Henne im Nest sitzen.

Als wir in die Lagune einfuhren freute sich Renate:

»Mei Gott is des sche, wir san wieder in am Paradies!«

Vollkommen ruhiges, azurblaues Wasser, das zum Strand hin ins Türkise überging. Eingebettet in kilometerlange, herrlich weiße Sandstrände, hinter denen sich unter unzähligen Palmen ein Dorf versteckte.

Kaum hatte der Anker Grund berührt, besuchten uns auch schon die Einheimischen mit ihren Kanus. Allen voran der Dorfpolizist und Mr. Inselpräsident. Die übliche Prozedur folgte: Willkommensgrüße, Schiffsbesichtigung und ein kleiner Umtrunk, zu dem keiner »nein« sagte. Dann verabschiedeten sie sich wieder höflich, aber nicht ohne vorher eine Einladung zu sich in die Häuser auszusprechen. Respektvoll wartete das einfache Volk in geschätzt zwanzig Kanus, bis die Honoratioren wieder von Bord waren, um die *Bavaria* anschließend regelrecht zu *stürmen.* Es war ein totales Durcheinander, in dem man schon mal den Überblick verlieren konnte, wie viele Personen denn nun eigentlich an Bord waren. Der Kontakt war äußerst freundlich und lustig. Kurze Zeit später waren wir dekoriert wie *Pfingstochsen*, weil uns die Einheimischen mit Blumenkränzen und etlichen Ketten geschmückt hatten. An Deck türmten sich Bananen und Kokosnüsse, Willkommensgrüße *wie* zu Captain Cook's Zeiten. Unsere Freunde saßen grinsend auf ihren Schiffen, sie hatten ja die gleiche Prozedur ja schon einige Tage zuvor erlebt.

»So habe ich mir die Südsee in meinen Träumen *immer* vorgestellt!« Mir kam die Bounty in den Sinn, als sie Polynesien erreicht hatte und die barbusigen Inselschönheiten die Schiffe stürmten.

Am nächsten Tag machten wir dem Pfarrer und dem Inselchef unsere Aufwartung. Wir überreichten unsere Geschenke und baten um deren Genehmigung bleiben zu dürfen. Ursprünglich hatten wir vor, dort nur drei bis *längstens* vier Wochen zu verweilen, da uns das nächste Ziel schon lockte, nämlich Kiribati. Dass Nanumea, dieses *wunderbare* Stück Erde, uns so positiv beeinflussen und uns unbemerkt in seine Ketten legen würde, konnten wir *da* noch nicht erahnen. Erst durch unseren unvorhergesehenen Zwangsaufenthalt erhielten wir den wahrhaften Einblick zu Land und Leuten, über das Leben und den Alltag einer Südseedorfgemeinschaft. Mein erster Eindruck war, dass die Menschen zwar glücklich, aber doch sehr oberflächlich sind und ziellos dahinleben. Es sollte sich aber nur Ersteres bestätigen, da uns der Aufenthalt dort noch eine völlig neue Denkensweise beibringen sollte.

Weltumsegler kommen nur in geringem Maße in den Genuss, ausgiebig Land und Leute kennenzulernen. Die Einen müssen aus Geld- und Zeitmangel in drei bis vier Jahren um die Welt preschen und bevorzugen es, zwischen den Ozeanpassagen lange an Liegeplätzen zu verweilen. Und das meistens in Yachthäfen. Die Anderen sind Rentner, deren Lebensabend sich auf dem Wasser abspielt. Sie haben die nötige Zeit und auch ausreichend Geld. Sie brauchen keine *weltbewegenden* Erlebnisse mehr und wollen möglichst stressfrei und ruhig ihre restlichen Jahre verbringen. Ich kann das voll verstehen! Jeder, wie er es gern möchte und wie es in seinen Rahmen passt. Wenn man sich nicht so oft in Schwierigkeiten bringen möchte, wie mir es häufig passiert ist, dann hat es seine Berechtigung. Doch für *mich* wäre das *absolut nichts*! Sicherlich halten einige Segler mich für verrückt, da ich laufend von neuen Zielen animiert den Anker lichte. Aber da kann ich einfach nicht anders. Um die Ecke vermute ich einfach immer einen noch schöneren Flecken Erde, neue Kulturen und das ein oder andere Abenteuer.

Nanumea: Eine richtige Südseeidylle

Das Leben auf einer so kleinen Insel mit nur achthundert Einwohnern ist strengen Sitten und Gebräuchen unterworfen, damit das Zusammenleben auf kleinem Raum gut funktioniert. Der tonangebende Mann damals hieß Tofinga und war das *geistliche* Oberhaupt der Gemeinschaft. Zusammen mit dem Dorfchief regierte er die Insel. Für überregionale Angelegenheiten gab es noch den Präsidenten, der die Sorgen und Nöte des Dorfes mit der Regierung besprach. Dieser Herr, der Vertreter des Chiefs und der Pfarrer waren auch die einzigen Personen, die Englisch sprechen konnten.

Gleich am folgenden Sonntag kamen wir einer Einladung in die *Schloss Neuschwanstein* ähnelnde Kirche nach. Dieses Prachtgebäude ragte weit sichtbar, fast doppelt so hoch wie die haushohen Palmen, über die Insel hinaus. Ganz begeistert trafen sich Renates und meine Blicke, als wir hörten, dass die Predigt wegen uns zum Teil auf Englisch gehalten werden sollte.

Selten hatten wir auf unserer Reise *schönere*, mehrstimmige Gesänge hören können als auf Nanumea. Tofinga hatte seine Schäfchen anscheinend ganz gut im Griff, denn er hielt zweimal pro Woche Chorproben ab. Zu Hause hatte ich mich von Kirchgängen entwöhnt, doch dort freute ich mich jeden Sonntag erneut an der Messe teilzunehmen.

Für den 4. Dezember 1991 erhielten wir wieder eine Einladung vom Pfarrer, diesmal zur Geburtstagsfeier seiner Tochter. Wir mussten aber leider absagen, weil mein eigenes 50. Wiegenfest anstand.

Obwohl wir eigentlich Anfang Dezember nach Kiribati weitersegeln wollten, waren wir zum Jahresende immer noch da. Es gefiel uns dort einfach viel zu gut. Noch nie hatten wir *nettere* Menschen kennengelernt. Kein Wunder, Neid und Angeberei waren ihnen fremd. Zuvor war dort auch noch nie eine Yacht zu Besuch und so ist es verständlich, dass wir einige Zeit lang in den Mittelpunkt der Aufmerksamkeit gerückt waren. Ein Fest jagte das andere. Wir wurden durch sämtliche Familien gereicht, da uns jeder einmal zu Gast haben wollte. Was sich während dieser Besuche alles ereignet hat und gesprochen wurde, wusste am nächsten Tag das ganze Dorf bis ins kleinste Detail. Eine Tageszeitung wäre total *überflüssig* gewesen, denn der Buschtratsch war um einiges schneller.

Geheimniskrämerei gab es dort auch nicht, das zeigte sich unter anderem an den offenen und luftigen Hütten, die man von allen Seiten einsehen konnte. Nachts wurden lediglich in einer Ecke der Hütte vier Bambusrollos heruntergelassen, um ein wenig Privatsphäre zu haben.

Die Kehrseite aber war, dass diese Herzlichkeit einem nach gewisser Zeit so *richtig* auf den Geist gehen konnte! Oft lagen wir noch tiefschlafend in der Kiste und wurden auf einmal ganz überraschend durch Klopfgeräusche an der Yacht aufgeweckt. Durch die Bullaugen blickte man direkt in die grinsenden Gesichter der Einheimischen, die außenbords im Kanu stehend schon wieder um ein Meeting baten. Oft brachten sie Geschenke wie Kokosnüsse und Bananen, wollten nur ratschen oder sprachen uns eine Einladung zum Dinner in ihre Hütte aus. Obwohl wir aus mangelnden Sprachkenntnissen kaum etwas verstanden haben, wurde *laufend* auf uns eingequatscht. Gastfreundschaft ist das *oberste* Gebot der Polynesier! Ein Gast wird gepflegt und ernährt, auch wenn man selbst nicht viel besitzt. Ich hatte mich in punkto Gastfreundschaft auf diese Reise besonders vorbereitet und etliche Geschenke in Fidschi eingekauft. Unser Österreicher Franz kam allerdings ohne jedes Mitbringsel und hatte nicht mal seine eigenen Vorräte aufgefüllt. Er hat es sich aber auf allen anderen Yachten richtig gutgehen lassen.

Zu Weihnachten, Silvester und später auch zu Ostern erhielten wir jeweils ein Schwein als Geschenk und zwischendurch wurden wir nicht selten mit Hühnern oder Enten verwöhnt. Wir fühlten uns wirklich *wie im Garten Eden*. Kein Lärm, kein Streit, nur melodische, polynesische Klänge drangen aus den offenen Hütten zu unseren Schiffen heraus.

Langsam merkte ich erneut, wie ich mich weiter veränderte, wie aus dem rastlosen Energiebündel ein Insulaner wird. An diesem Ort fand ich den Weg in die eigene Tiefe, die Quellen des Glücks und der Harmonie. Ich war *absolut* im Einklang mit mir selbst. Das Inselleben war für mich zur Droge geworden, die mein Zivilisationsdenken restlos eliminiert hat. Manchmal dachte ich darüber nach, ein Buch zu schreiben, doch dann verwarf ich den Gedanken wieder. Denn was geht die anderen Leute mein Leben an? Ich würde mit meinem Lebensstil vielleicht nur Neid oder Missgunst heraufbeschwören. Von meinem Gerede, mir für die Weltumsegelung selbst nur fünf bis zehn Jahre Zeit zu nehmen, war ich gedanklich *schon lange* abgekommen. Wie sagte Konrad Adenauer so schön:

»Was interessiert mich mein Geschwätz von gestern.«

Ich bin ohne Vorbildsyndrom, ohne Militanz, ein in einer Zeitblase reisender Seezigeuner.

Im Januar machten wir uns ernsthaft Gedanken weiterzusegeln. Es fand sich aber *immer wieder* ein Grund, doch noch bei unseren neuen Freunden im Paradies zu bleiben. Einmal herrschte langanhaltende Flaute, dann gab es zu viel Wind, wieder ein anderes Mal hatten wir gesundheitliche Probleme oder mussten wegen Proviantmangels auf das monatliche Versorgungsschiff warten. Aber in meinem tiefsten Inneren wollte ich ja *gar nicht* weg. Als dann auch noch die Nordwestwinde eingesetzt hatten, entschlossen wir uns, definitiv noch so lange zu bleiben bis die Zyklon-Saison im Süden vorbei sein sollte.

Eines Morgens nahm ich auffällige Aktivitäten am Anlegepier wahr. Ich rief zu Renate runter, die gerade das Frühstück zubereitete:

»Du, ich glaube die *Nevanga* kommt.«

Die Ankunft des Versorgungsschiffes, welches so circa alle sechs Wochen erschien, war immer ein *großes* Ereignis. Das ganze Dorf war auf den Beinen, wenn der Versorgungsdampfer nach Nanumea kam. Einen ganzen Tag lang wurden Schweine verladen, da es dort eine eigene Schweinezuchtinsel gab. Zudem wurde säckeweise Kopra auf der *Nevanga* verstaut. Im Gegenzug brachte das Schiff allen möglichen Krimskrams für die Insulaner wie Lebensmittel, Fischereibedarf, Baustoffe oder private Bestellungen. Die *Nevanga* war ein schwimmender Supermarkt! Diesmal war auch etwas für uns dabei, denn wir hatten eine Rolle Maschendraht bestellt.

»Maschendraht? Will er an Bord Hühner züchten?«, werden sich bestimmt Einige fragen.

Die Versorgung des Dorfes, welches ausschließlich durch dieses Boot erfolgte, gestaltete sich allerdings nicht immer ganz leicht. Das sechzig Meter lange Schiff war einfach zu groß für die seichte Einfahrt ins Atoll und musste aus diesem Grund oft bis zu acht Stunden vor der Einfahrt hin und her kreuzen, da an ein Ankern am steil abfallenden Außenriff nicht zu denken war. Ein acht Meter langes Landungsboot, welches die *Nevanga* mitführte, kämpfte sich durch die manchmal bis zu zwei Meter hohen Brecher der Einfahrt. Einmal kenterte das Boot sogar, woraufhin die gesamte Ladung im Wasser verschwand. Dabei passierte leider ein schrecklicher Unfall. Als das Boot von der Brecherwalze umgekippt wurde, richteten es die Matrosen wieder auf und versuchten zu retten, was zu retten war. Da im Passeingang aber ständig *Haie* lauerten, waren die Biester von der plötzlichen Hektik erregt und bissen einen Matrosen ins Bein. Der Mann wurde schnell geborgen, da er kurz vor dem Ertrinken war. Er wurde zunächst in die hiesige Krankenhaushütte gebracht, in der Renate alles mögliche probierte, um die Blutung zu stoppen. Da das Beiboot bald wieder zur *Nevanga* wegen der Weiterfahrt Richtung Funafuti ablegen musste, konnte Renate die Wunde nur notdürftig versorgen. Wie wir später erfahren haben, konnte der Matrose nicht mehr gerettet werden. Bereits auf dem Weg nach Funafuti ist er verblutet. Der arme Kerl!

Die ärztliche Versorgung auf der Insel war aber auch *gleich Null.* Es gab zwar eine Krankenschwester, aber Wunden und Ähnliches wurden dort nach alter Tradition nur mit Naturheilmitteln und mit Palmblättern verbunden, da es an jeglicher medizinischen Ausrüstung mangelte. Während unseres Aufenthaltes musste Renate öfter mit ihrem transportablen *OP* einspringen und erste Hilfe leisten. Ihre Fähigkeiten blieben den Insulanern natürlich nicht vorenthalten. Schon deshalb gehörten wir schnell zum Inventar und hatten immer etwas zu tun. Die Kranken versorgte Renate und ich reparierte alles, was zu reparieren war.

Die Tage, Wochen und Monate vergingen schließlich wie im Flug, da wir die meiste Zeit in Bewegung waren. Bei Wind stand ich auf dem Surfbrett, bei Flaute auf den Wasserskiern. Eines Tages hatte ich ein besonderes Abenteuer für Renate:

»Heute tun ma mal Spinnaker fliegen!«

Zügig waren auch die anderen Schiffsbesatzungen informiert, die meinen Vorschlag begeistert annahmen. Ich hängte einen Schäkel in die Kette und verband sie mit einer Leine an den Heckklampen. Als ich dann Kette gab, drehte sich das Schiff durch den Winddruck von selbst, bis es schließlich vor Heckanker lag. Der Wind kam also von hinten. Der Triradial-Spinnaker in seinem Sack war bereits gesetzt und die Schothörner mit einer schaukelartigen Leine verbunden. Zusätzlich verlief eine Bergeleine von einem Horn zur Trommel der Ankerwinsch, die ja in dem Moment nicht gebraucht wurde. Renate hat Mut gezeigt und sich im Wasser als Erste auf die Schaukel gesetzt. Als sie mir ein Zeichen gab, zog ich langsam den Bergestrumpf des Spinnakers in die Höhe. *Urgewaltig* füllte sich die 200 Quadratmeter-Blase und riss mein Weib flott aus dem Wasser. Kreischend vor Angst schwebte sie gut *fünfzehn* Meter hoch über der Wasseroberfläche. Da Renate aber nicht genau mittig saß, fing der Spi an hin und her zu schaukeln. Ich habe noch versucht die Bergeleine einzuholen, doch der Spi driftete schon von Steuerbord nach Backbord und wieder zurück. Zu meiner Überraschung schien Renate es auf einmal Spaß zu machen:

»Juhu, mei is des geil!«

Als sie nach einer Weile wieder runter wollte und ich die Bergeleine über die Ankertrommel laufen ließ, scherte der Spinnaker plötzlich stark nach Backbord aus und warf Renate aus der Schaukel. Aus acht Meter Höhe *knallte* sie mit der Seite auf das Wasser und schien weggetreten zu sein. Dietmar war aber sofort bei ihr und zog sie in das Dingi. Renate kam aber schnell wieder zu sich und gab uns Entwarnung.

Gangerl beim Spinnakerfliegen

Am Ufer fanden sich einige ungläubige Zuschauer ein, die sich das Spektakel aus sicherer Entfernung ansahen. Nachdem ich dann noch Einiges an der Konstruktion verändert hatte, versuchte es Chris. Sie erreichte wegen Zunahme des Windes den höchsten Flug. Auf dem Video sahen wir später, dass die Spi-Blase weit über der achtzehn Meter hohen Mastspitze und Chris waagerecht zu ihr hing. Glatter *Wahnsinn*! Nachdem auch ich dem Höhenrausch verfallen war, fand sich aber kein Mutiger mehr und so beendeten wir den Zirkus.

Einige Tage danach habe ich auch schon den nächsten Blödsinn ausgeheckt. Ich wollte den Einheimischen den ersten *fliegenden* Menschen auf ihrer Insel vorführen. Da gerade Vollmond und somit Springniedrigwasser war, lag das Innenriff gut und gerne einen halben Meter trocken, was für die Erstbefliegung von Nanumea mit meinem Drachen schier *ideal* war. Ich hatte schon viele Windenstarts mit meinem Flugdrachen absolviert und war deshalb zuversichtlich, auch einen Schlepp mit dem Dingi durchführen zu können.

Zwei Tage lang räumten wir bei Niedrigwasser die losen Korallenstücke vom Rifftisch. Nachdem wir eine ausreichende Anlaufstrecke vorbereitet hatten, befestigte ich eine 500 Meter lange Kevlarleine am Dingi und ließ mich von dem 40 PS starken Motor unter dem Gejohle der staunenden Bewohner auf Kirchturmhöhe schleppen. Ich habe ein paar Kurven über den Köpfen der Zuschauermenge gedreht und dann wieder zur Landung angesetzt. Die Landung aber misslang! Gerade *den einzigen*, größeren Korallenstock hatte ich mir als Landeplatz ausgesucht. Mit stechenden Schmerzen und fast benommen hing ich über dem Korallenkopf und konnte mich nicht mehr bewegen. Als erste Hilfsperson eilte Pfarrer Tofinga zu mir und leistete mir geistlichen Beistand. Ohne Sirene und Blaulicht, aber trotzdem unheimlich schnell, raste auch meine Krankenschwester mit dem Dingi zum Unfallort, um mein stark lädiertes Knie zu verarzten. Die Schmerzen waren zwar stark, aber dank der heilenden Künste meiner Bordfrau war ich schon nach ein paar Tagen wieder auskuriert. Unser Tausendsassa und Alleskönner Franz war aber in keiner Weise zu überreden, auch einen Flug zu wagen. Er war ja *angeblich* auch Drachenflieger, doch er stand mir nur mit klugen Reden zur Seite. Langsam ahnte ich auch, dass er nur ein Show-Mann war.

Seit unserer Ankunft auf Nanumea haben wir schon des Öfteren nach Eiern gefragt, was auf *verständnisloses Kopfschütteln* stieß: Wie kann man nur Eier essen, wo doch aus einem Ei später ein dickes, fettes *Huhn* wird?! Da aber in Polynesien der Gast König ist, schickten sie ihre Kinder los, um im Busch nach Eiern zu suchen. Auf der Insel waren zwar viele Hühner, aber alle liefen frei herum. Von den Eiern konnten wir die meisten nicht gebrauchen, da sie angebrütet waren. Wenn Renate einen Kuchen backen wollte, hatte sie immer neugierige Zuschauer am Schiff. Mehr und mehr kamen die Insulaner zu der Überzeugung, dass man mit Eiern mehr anfangen kann, als nur Hühner zu züchten. Und durch unsere Überzeugungsarbeit kamen sie auch zu ihren ersten Eierspeisen. Sie stimmten also unserem Vorschlag zu und wollten ein Hühnerhaus bauen.

Das Hühnerhaus mit Wohnung für den »Hühnerbaron«

Inzwischen hatten die Einheimischen einen geeigneten Bauplatz für das künftige Hühnerhaus gerodet und bald schon war Hebefeier für die neue Legeanstalt. Mit dem angelieferten Maschendraht zäunten wir die Behausung ein und schon kurz darauf gackerten die ersten zwanzig unglücklichen Hühner in ihrem neuen Heim. Nachdem eingesperrte Hühner auch gefüttert werden müssen, wurde ein »Hühnerbaron« bestimmt, dessen Wohnung direkt *über* dem Stall sein sollte. Als wir ein Jahr später wieder in Fidschi waren, bekam ich einen Brief von Manoa aus Nanumea, der mir in seinen Zeilen berichtete, dass ein zweites Hühnerhaus gebaut werden musste, da sich die Insulaner um die Eier laufend gestritten haben.

Mit Theo und Heidi bekamen wir langsam Probleme. Sie sonderten sich immer mehr ab, stritten oft untereinander und waren stets unzufrieden. Ihr Krankheitsverlauf wies *ganz deutlich* auf einen Inselkoller hin. Beide waren schon über Sechzig, Krankheiten gesellten sich dazu, doch das größte Problem war, sie konnten nichts mit sich anfangen.

Mit unserem Franz aus Wien hatten wir auch unsere Probleme, da er sich als Schmarotzer herausgestellt hat. Er hatte sich vor Abfahrt nach Nanumea keinen Proviant besorgt und so kamen wir langsam darauf, dass er total pleite war. Nach seinen Berichten glaubten wir alle, er würde leben *wie* ein Prinz. Er zeigte uns Bilder von Persönlichkeiten, mit denen er verkehrte, Bilder seines Ferrari und seiner Burg, die in der Nähe von Wien stehen sollte. Anfänglich las er uns aus seinem Buchmanuskript mit dem Titel »Der König der Meere« vor. Allerdings haben wir nie herausgefunden, ob er den Haifisch oder sich selbst damit gemeint hat. Von haarsträubenden Geschichten über seine Tauchabenteuer hatte er eine Menge auf Lager. Da er ja angeblich Drachenflieger war und auf seinem Schiff auch einen Drachen mitführte, war ich im Glauben, dass die Storys dieses Maulhelden der Wahrheit entsprechen. Bis wir dann doch noch dahinterkamen, dass der ganze Kerl eine einzige, gefährliche *Luftblase* ist, hatten wir schon einiges an Lehrgeld bezahlt. Monatelang hatte er sich bereits bei uns durchgesoffen und durchgefressen. Langsam distanzierten wir uns von ihm, nur zum Tauchen lud ich ihn noch manchmal ein, da ich ihn als Kameramann für meine Stunts brauchen konnte.

Jeden Tag tauchten wir wenigstens zweimal in der fischreichen Lagune, um etwas auf den Tisch zu bekommen. Dementsprechend vielseitig gestaltete sich auch unser Speisezettel, zumal wir von den Insulanern zahlreiche schmackhafte Rezepte zur Zubereitung der Fische lernten. Wenn es draußen zu windig und dadurch der Pass unpassierbar war, tauchten wir bei Ruhigwasser im Pass oder in der Lagune.

Wenn die Passage es zuließ, war ich auch oft mit Dietmar und Renate am steil abfallenden Außenriff. Dort begegneten wir riesigen Schulen von Doktorfischen, Barschen, Delphinen, Mantas und Muränen. Ebenso einer großen Anzahl an Haien, die ständig am Riff entlang patrouillierten.

Ich entwickelte mich im Laufe der Zeit zum Fischlieferanten für das gesamte Dorf. Mit meinen drei großen Harpunen war es für mich ziemlich einfach, in dem Fischgetümmel, das nicht die geringste Scheu zeigte, zu wildern. Das war allerdings nicht ganz ungefährlich, weil auch die Haie ihren Tribut forderten. Nachdem ich schon einige erlegte Fische durch Haiattacken verloren hatte, ging ich nur noch mit einem Fischcontainer zum Jagen. An einer 30 Meter langen Schnur führte ich einen großen Kunststofftrog mit mir, der in einem LKW-Reifen-Schlauch steckte. Hatte ich einen Fisch getroffen, zog ich ihn so schnell wie möglich zu mir und hielt ihn aus dem Wasser. Nicht Blut lockt Haie an, vom Bullhai mal abgesehen, sondern die Erregung des wundgetroffenen Fisches.

Eines Tages übersah ich einen Hai, der *dicht* hinter mir schwamm und mein Tun kontrollierte. Ich sah nach links, sah nach rechts und als ich nichts entdecken konnte, drückte ich ab. Eine schöne Blauflossenmakrele zappelte am Speer. Aber dann flog *plötzlich* ein grauer Schatten an mir vorbei und *schnappte* sich meine Beute. Anfänglich versuchte ich dem Grauhai meine Beute noch zu entreißen, er hatte sich jedoch in den großen Fisch und meinen Pfeil verbissen. Als er mit seinem Diebesgut in die Tiefe zog, griff ich zum Messer und wollte die Leine durchschneiden, die den Pfeil mit der Harpune verbindet. In der Hektik konnte ich die Sicherungsschnalle des Tauchermessers aber nicht öffnen und war somit wiedermal der »Loser«. Ich musste die Harpune loslassen, bevor mich das Mistvieh ertränkt hätte. Das war schon die zweite Harpune, die ich auf diese Art verloren habe. Die erste liegt am Fakarava-Atoll des Tuamotu-Archipels.

Meistens ging ich aber mit Fotoapparat und Filmkamera auf die Jagd. Ich entdeckte eines Tages eine große Riffspalte, in der sich *vier* Riesenmuränen aufhielten. Schon am nächsten Tag war ich mit Futterfischen zur Stelle, um sie aus ihren Behausungen zu locken. Anfangs hielt ich ihnen die Happen mit *sehr großem Respekt* vor die Nase, aufgespießt auf einem Speer. Blitzschnell schossen sie aus ihren Verstecken und schnappten sich mein dargebotenes Futter. Mir schien so, als wurden es immer mehr, denn sie tauchten überall aus den unzähligen Löchern auf. Ich erzählte Franz von meiner Entdeckung, da er angeblich schon mal als Kameramann gearbeitet hatte und ich ihn als Assistenten ja gut gebrauchen konnte.

In den nächsten Wochen tauchten wir immer gemeinsam zu den zwei Meter langen Muränen, die ich Erna, Berta, Kasimir und Franz getauft hatte. Franz als Kameramann und ich als Stuntman. Die Raubfische wurden immer zutraulicher und verließen schließlich vollkommen ihre schützenden Löcher, wenn ich mit Futter bei ihnen erschien. Obwohl sie Nachtjäger sind, tanzten sie um mich herum, da ich schließlich *ihr* Dompteur war. Ich fühlte mich wie Neptun in seinem eigenen Reich, denn nicht nur Muränen wurden meine Gefährten. Ich fütterte auch Barsche und Haie.

Eines Tages hat mich aber scheinbar der Teufel geritten. Gut versorgt mit einem Beutel Futterfische tauchte ich mit Dietmar und Franz zum Futterplatz, Muränen sind ja ortsfest. Hinter mir schwamm mein Kameramann, vor mir, unter mir und über mir tummelten sich meine Lieblinge und warteten *ungeduldig* auf ihr Fressen. Ich holte Fisch aus der Tüte heraus und steckte ihnen das Futter einfach ins Maul.

Nach dem ersten Durchgang steigerte ich meine Aktion und nahm den Fisch selbst in meinen Mund. Mit ausgestrecktem Hals forderte ich die Bestien auf, zuzuschnappen. Bis auf *30 Zentimeter* näherten sie sich meinem Gesicht, zuckten aber dann zurück, da sie wahrscheinlich ihr Spiegelbild in meiner Brille sahen. Dietmar zeigte mir den Vogel, aber ich versuchte es immer wieder. Enttäuscht mussten wir schließlich auftauchen. Warum fressen sie mir aus der Hand aber nicht aus dem Mund?

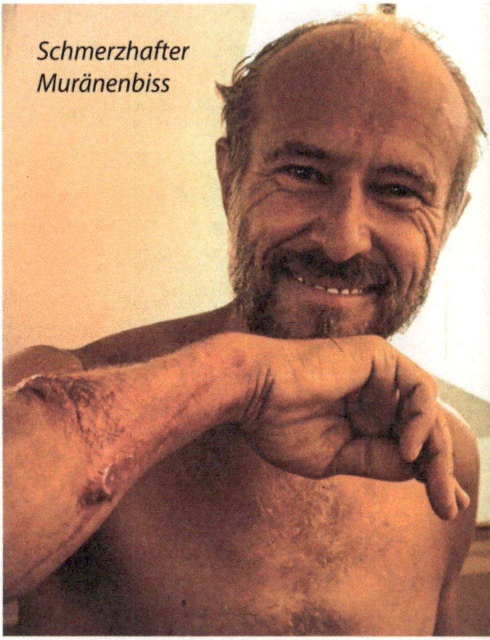
Schmerzhafter Muränenbiss

Wenige Tage später gelang mir die erste Mund-zu-Maul-Fütterung aber doch! Am Riff herrschte gerade ein großer Schwell, weswegen ich mich oft an einem Korallenkopf festhalten musste, um nicht weggespült zu werden. Nachdem ich einige Fische oder Fischstücke verfüttert hatte, versuche ich es nochmal mit der Mund-zu-Maul-Fütterung. Und *prompt* klappte es auch! Ich drehte mich grinsend zu Franz um, der mir das Ok gab. Die Szene war also im Kasten. Aber genau in diesem Moment passierte ein schmerzhaftes Malheur: Eine der riesigen Muränen hat mich *blitzschnell* in den Unterarm gebissen. Ich tauchte sofort auf, hielt meinen stark blutenden Arm wegen der Haie aus dem Wasser, Vorsicht ist besser als Nachsicht, und schwamm zum Dingi. Wieder zurück auf dem Boot, musste meine Krankenschwester Renate ein neues Opfer versorgen. Eine Woche lang hatte sie mit mir und dem geschwollenen Arm nun wieder einige Arbeit und ich Schonzeit. Mit viel Wundsalbe und dickem Pflaster war ich aber schon einige Tage später wieder beim Fische jagen.

Auf einer kleinen Insel in der Lagune hielten wir ein Picknick ab und luden einige Freunde auf unsere Partyinsel ein. Manoa brachte einen ganzen Kübel des guten Palmweins *Toddy* mit und schon bald klangen verträumte Lieder, die echt unter die Haut gingen, durch die laue Südseenacht. Oftmals, wenn auf der *Bavaria* gute Stimmung aufkam, habe ich zu meiner Gitarre gegriffen und meine bayerischen Hinterwäldlersongs geschmettert. Das tat den tänzerischen Qualitäten der korpulenten Südseedamen keinen Abbruch, sie wollen sich einfach nur bewegen. Die Art der Musik spielt bei ihnen überhaupt keine Rolle, da sie Rhythmus *im Blut* haben. Wichtig ist nur – Musik, Musik, Musik!

Als nach einer Schlechtwetterlage Besserung kam, fing ich wieder ein paar Futterfische und war danach mit Dietmar und Franz unterwegs zu Erna und Konsorten. *Schon* als wir das Riff erreichten, steckten sie ihre Köpfe aus ihren Korallenlöchern. Als ich mit einem Fisch rumwedelte, kroch zuerst die Dickste etwas zögerlich heraus. Erna war die Größte, aber auch die Frechste. *Sie* schnappte sich zuerst das Fresschen. Die anderen Muränen ließen dann aber auch nicht lange auf sich warten. Wieder versuchte ich es mit der Mund-zu-Maul-Fütterung, doch Erna zuckte *erneut* zurück. Als sie mich in den Arm gebissen hatte, hat die blöde Kuh aber keine Scheu gezeigt. Nach weiteren drei Versuchen war *der große Augenblick* wieder da: Erna schnappte mir den Fisch aus dem Mund! Glücklich über meinen Sieg und die gelungene Aufnahme starteten wir gleich den nächsten Versuch.

Aus dem Video: Mund-zu-Maul-Fütterung mit einer Riesenmuräne

Ich wollte noch zur Fischjagd an der Steilwand schwimmen und falls mir da ein Hai wieder etwas wegschnappen sollte, hätten wir ein *zweites* Highlight auf Band. Franz lauerte an der Kante des Riffdaches, ich hingegen beobachtete etwas tiefer meine Beute. Nicht weit von uns schwammen auch wie üblich einige der großen Meeresräuber. Als sich neugierig ein großer Doktorfisch näherte, drücke ich mit meiner Harpune ab. Schön getroffen zappelte er wie wild am Speer. *Gebannt* starrte ich auf den nächsten Hai, der sich *blitzartig* in Bewegung setzte. Wie ein Pfeil schoss er heran und verbiss sich in meinem Fisch. Auf einer Seite zerrte der Grauhai und auf der anderen ich. Gott sei Dank löste sich der Fisch vom Pfeil, damit der Hai samt Beute in die Tiefe ziehen konnte. Als ich mich *siegessicher* zu Franz umdrehte, sah ich aber nur noch seine Flossen. »Du feige Sau!«, dachte ich mir, weil der selbsternannte »König der Meere« Reißaus nahm. So wollte er sein Buchmanuskript ja nennen. Als ich ihn dann gefragt habe, warum er geflüchtet war, schob er *mir* die Schuld in die Schuhe. Die Aufnahmen mit mir unter Wasser erschienen ihm zu gefährlich geworden zu sein. Später redete er mir anderen Schwachsinn ein, auf den ich dummerweise auch hereingefallen war:

»Mein Onkel ist ein großer Filmemacher, er wird Dir einen tollen Film schneiden.«

Ich gab ihm die Filme, machte aber in weiser Voraussicht Kopien, doch von Franz und dem Film habe ich danach *nie mehr* etwas gesehen. Später erfuhr ich von Dietmar, die Aufnahmen wurden beim *Internationalen Amateurfilmverband* eingereicht und bekamen den ersten Preis. Bravo, du Sau!

Kapitel 16

Gefangen im letzten Paradies der Erde

Inzwischen war es Januar 1992. Unser nächstes Ziel, die Gilbert-Inseln, hatten wir längst aufgegeben. Draußen tobten *wochenlang* anhaltende Westwinde, also war ein Rauskommen aus dem Atoll unmöglich. Wir waren schon so weit in das Dorfleben integriert, dass wir das wahrscheinlich auch gar nicht mehr wollten.

Weil das Versorgungsschiff wegen der vorherrschenden Wetterbedingungen nicht planmäßig kommen konnte, war auf der Insel ein kleiner Notstand ausgebrochen. Es fehlte am Nötigsten, vor allem an Mehl. Obwohl wir *einen Zentner* mitgenommen hatten, schwand dieser Vorrat durch Geschenke an unsere besten Inselfreunde und häufiges Brot- sowie Kuchenbacken rasch dahin. In der Zwischenzeit hatten sich auch noch Rüsselkäfer im Mehl eingenistet, die uns ein Geduldsspiel abforderten, sie wieder zu entfernen. Doch die meisten haben wir einfach mitgegessen. Und so vermissten auch wir die *Nevanga*, die als schwimmender Verkaufsladen durch die Inselwelt von Tuvalu schipperte. Das schien meine Insulaner aber nicht weiter zu beunruhigen, denn das Hauptaugenmerk legen die Polynesier schließlich auf Essen, Feiern und Fun. Also jagte weiter ein Fest das nächste, wenn es dabei auch kein Brot mehr gab. Überall standen Brotfruchtbäume herum, Yam, Manjok und andere Wurzeln wurden angebaut. Außerdem gab es in der Innenlagune ausreichend Fisch. Es hätte also keine wirkliche Hungersnot entstehen können. Die gezüchteten Schweine aber wurden nur selten angetastet, denn die waren ihr Kapital und zum Verkauf bestimmt.

Am 30. Januar war in der Maneapa, dem Versammlungshaus, zu Ehren der Papalangis, das sind wir, ein *großes* Fest angesagt. An einer Seite des rundum offenen Hauses war ein 20 Meter langes Buffet angerichtet, zu dem jede Familie etwas beigesteuert hatte. Eine Südseeköstlichkeit reihte sich also an die Nächste und *wir* hatten die Ehre, mit der *Schlacht* am großen Buffet zu beginnen. Es folgten Chief, Pfarrer, Präsident und die Dorfältesten. Den Schluss bildete das normale Fußvolk. Die Frauen jedoch saßen zunächst ganz nach den Gepflogenheiten der Südsee zu Füßen ihrer Männer, fächelten ihnen Wind zu und vertrieben die Fliegen von den Speisen, solange der Herr Gemahl sich satt aß. Wachsam achteten sie auf das *Wohl* ihres Mannes, indem sie ihn aufmerksam bedienten. War der männliche Hausherr gesättigt und zufrieden, was mitunter dauern konnte, durften sich Frauen und Kinder über die verbliebenen Reste hermachen, wovon natürlich genügend übrig blieben. Unseren Frauen hatte diese Sitte weniger imponiert, doch *wir Männer* waren total begeistert! Mit ständigen Sticheleien mussten wir uns natürlich grinsend zu Wort melden:

»Hier herrscht noch Zucht und Ordnung, aber die haben wir leider aus der Hand gegeben.«

Die Rechte der Frauen beschränkten sich auf Haushalt und Kinderkriegen. Mit Sicherheit hatte so manch kluge Frau in einer lauschigen Stunde ihre geheimen Wünsche ihrem Gatten untergejubelt. Denn es sah

Einladung der Einheimischen: Musik ist immer eine Basis zur Verständigung

so aus, als hatten sie ihre Brummbären mit Charme und List *wirklich* im Griff. Nicht Wenige gaben dem Gatten die Wünsche zum Dorfmeeting mit auf den Weg und bekamen diese auch oftmals erfüllt. Von dieser Art *friedlichen Zusammenlebens* können sich so manch zivilisierte, westliche Paare eine Scheibe abschneiden. Auch die Emanzipation in den westlichen Ländern scheint verheerende Folgen zu haben: Scheidungen und alleinerziehende Mütter gibt es seit einiger Zeit zu Hauf, Psychiaterbesuche und Stresssyndrome sind die Folge.

In der Zwischenzeit hatten wir im Dorf schon etliche Neuerungen eingeführt. Nachdem ich den alten Dieselgenerator repariert hatte, konnte auch die Madonna in der Kirche wieder in künstlichem Licht erstrahlen. Zudem konnten wir dadurch unseren Gastgebern in der Maneapa einen Videofilm von unserer Weltreise zeigen. Am stolzesten waren wir aber auf unseren Clou mit dem *Hühnerhaus*. Als wir dort im November angekommen waren, gingen unsere mit Vaselinc eingefetteten Eier bald zur Neige. Aber Dank unseres Werks bekamen wir regelmäßig Eier, die wir den Besitzern natürlich gern bezahlt haben, damit sie ihre Kassen etwas aufbessern konnten.

Auf der Insel herrschte wahre Harmonie, aber auch Zucht und Ordnung. Letzteres erlebten wir, als ein Angehöriger des Dorfes, der als Seemann arbeitete, auf seinem Heimaturlaub einen *riesigen* Vollrausch hatte. Weil er eine mitgebrachte Flasche Whiskey auf einen Schlag verputzt hatte, geriet er außer Kontrolle und wusste wohl nicht mehr, was er tat. In diesem Zustand beschloss er, der *Kohinoor* einen Besuch abzustatten. Dietmar und Christiane waren gerade zum Lunch bei uns, als sie bemerkten, dass ein Einheimischer über die Reling auf ihr Schiff klettert. Sofort *hechteten* wir ins Dingi und düsten zur Yacht rüber. Der Typ saß lallend im Salon und weigerte sich strikt, das Schiff zu verlassen. Erst als wir Hand anlegen mussten, sprang er mit einem Satz über die Reling ins Wasser. Wir verfolgten ihn bis zum Strand. Dort wollte er seine zahlenmäßige Unterlegenheit auch noch mit einem Messer ausgleichen! Wir wollten es nicht eskalieren lassen und machten uns deshalb mit dem Beiboot einfach wieder davon. Abends besuchte uns unser Freund Manoa, der zweite Chief, und informierte uns über den weiteren Verlauf dieser

Angelegenheit. Der Dorfpolizist hatte zusammen mit Tofinga den Delinquenten in Gewahrsam genommen, damit er keine weiteren Dummheiten mehr anstellen konnte. Nachdem er seinen Rausch ausgeschlafen hatte, wurden wir zum Chief vorgeladen, da sich der Missetäter *in aller Form* entschuldigen musste. Damit aber nicht genug! Am darauffolgenden Sonntag wurde der arme Sünder von Tofinga in der Predigt *öffentlich* angeprangert und aufgefordert, vor allen Besuchern des Gottesdienstes seine Reue kund zu tun.

Dreimal pro Woche fand Gesangsunterricht statt. Chorleiter und Dirigent war der Pfarrer höchstpersönlich. Sein produktives, *scharfes* Training zeigte sich prompt sonntags beim Gottesdienst. Wir haben nie in unserem Leben *schönere* Gesänge gehört als auf Nanumea, denn dort wird nicht zweistimmig, sondern fünf- und sechsstimmig gesungen. In den verschiedenen Ecken des Kirchenschiffes erklangen in den unterschiedlichsten Tonlagen ihre Einsätze. Ich bin mir sicher, der Chor der *Regensburger Domspatzen* würde vor Neid erblassen!

Auch unsere Hundedame war voll in das Inselleben integriert. Sie stand natürlich wie eigentlich überall im Mittelpunkt der Aufmerksamkeit und hat das tierisch genossen. Ich kann mich heute nur schlecht daran erinnern, ob es auf der Insel weitere Hunde gab, jedenfalls nicht so kleine Schoßhündchen. Diese niedliche Rasse war auch dort noch unbekannt. Doch ganz so niedlich war Sherry nicht immer: Bevor das Hühnerhaus gebaut war mussten wir sie manchmal bremsen, weil sie die freilaufenden Hühner liebend gern in ihren Buschverstecken aufgeschreckt und zu wildem Gegackere gejagt hat.

Die Kinder spielten gern mit Sherry und Sherry ließ sich das gern gefallen. Manoas Tochter Mamata hatte ihre besondere Freude mit ihr. Sie ging mit ihr Gassi, passte auf sie auf und schlief manchmal an Bord meiner *Bavaria*, um bei unserem Hund sein zu können. Sogar in die Kirche durften wir Sherry mitnehmen, weil sie ganz still und brav auf ihrem Platz liegen blieb, während die Messe gehalten wurde.

Ständig wurden wir von Myriam und ihrem Bruder auf dem Schiff besucht. Ich sagte einmal zu Renate:

»Du, ich habe selten ein Geschwisterpaar erlebt, das sich so liebt wie diese Beiden.«

Renate stimmte mir zu:

»Es ist schon seltsam, wie zwei Liebende.«

Oft hielten sie sich an den Händen und einmal, nach zu viel Toddy, versuchte er sie sogar zu küssen. Ich hatte zu dem Zeitpunkt auch schon Einen in der Krone und registrierte es nur im Unterbewusstsein. Ich habe es aber auch gleich wieder vergessen. Als wir wieder bei Manoa eingeladen waren, Renate spielte wie üblich mit Mamata, seiner Tochter, erzählte er mir eine seltsame Story der vorausgegangenen Nacht:

Myriams Bruder habe sich aufdringlich seiner Schwester genähert, die ihn wie üblich abwehrte. Daraufhin betrank er sich noch mehr, kam zurück und vergewaltigte seine Schwester. Sie schrie natürlich um Hilfe, weswegen die Nachbarn angerannt kamen und den geilen Bock von der Schwester zerrten. Er wurde gefesselt und zum Dorfchief gebracht. Auf sein Geheiß wurden Pfarrer und Medizinmann geholt. Sie hoben ein Loch aus und gruben den Übeltäter *bis zum Kopf* darin ein. Vier kleine Feuer legten sie ringsherum und verbrannten darin Pulver, damit der Kopf ordentlich eingenebelt war. Mit einigem »Hokuspokusgehabe« sprang der Medizinmann um den Übeltäter herum und murmelte seine Zauberformeln. Danach holte man seine Schwester, die sich vor seinem Kopf niederkniete, woraufhin Pfarrer und Medizinmann ihm das Gelübde abnahmen, *nie mehr* bei der Schwester Hand anzulegen.

Renate und ich mit Mamata

Zweifelnd fragte ich Manoa, ob denn der Zauber auch helfen würde, was er *absolut* bejahte. Ich dachte mir meinen Teil, denn ohne Glaube des Missetäters würde da sicherlich gar nichts laufen.

Viele andere Rituale, die auf der Insel abliefen, passten einfach *nicht* in unser Zivilisationsdenken. Es ließ mir auch keine Ruhe, also musste ich den Medizinmann persönlich kennenlernen. In seiner unscheinbaren, primitiven Hütte, die er mit ein paar Hunden bewohnte, standen wie in einem Film viele undefinierbare Dinge herum. Körbchen, geflochten aus Palmblättern, hingen von der Decke und komische Behälter standen in einem Regal. Den Inhalt konnte ich nicht ergründen, da *Mister Hokuspokus* kein Wort Englisch sprach. Aber der Typ wirkte so cool wie ein tibetanischer Mönch auf Beruhigungspillen.

Kapitel 17

Abschied vom Paradies

Ende Februar lagen wir mitten in einer starken Depression, deren Zentrum über Funafuti hing. Später entwickelte sich dieses Tiefdruckgebiet über Vanuatu auch noch zu einem *beachtlichen* Zyklon. Über Funk vernahmen wir, dass wir mit bis zu 50 Knoten Windgeschwindigkeit rechnen mussten, weswegen jeder erst mal auf seinem Schiff saß und auf die Bosheiten von Rasmus wartete. Sechs Stunden später hatten wir den Salat. Mit Anspannung *starrten* wir in pechschwarzer Nacht auf unser Echolot. Der Regen peitschte ziemlich stürmisch herunter, die Böen lagen bei über 55 Knoten, also gut 100 km/h. Es blieb mir keine Wahl, ich startete die Maschine und legte den Vorwärtsgang ein. Plötzlich kam von Theo ein Notruf, weil seine Yacht *wieder* ohne Anker trieb. Kurz darauf zog er auch schon mit seinem dicken Lotsenschoner an uns vorbei, ohne uns zu bemerken. Renate biss mir sofort her:

»Aber diesmal bleibst du hier!«

Da Theo nicht um Hilfe rief, befolgte ich den Befehl meines *Admirals*. Über Funk hörten wir dann von der *Sitting Bull*, dass der Anker wieder gefasst hat.

Zwölf Stunden später ließ der Wind zum Glück nach und so konnten wir wieder aufatmen. Von Franz erfuhr ich dann, dass es mit seiner *Bay of Island*, einer Jongert 42, nicht so glimpflich abgegangen ist:

Da unser Herr Burgbesitzer keinen Kettenstopper benutzte, war die Kette kurzstag gekommen, hat ihm seine große Ankerwinsch aus dem Deck gerissen und in etliche Teile zerlegt. Mit *weinerlicher* »Wiener Schmähgosch'n« jammerte er mir nun sein Leid vor, dass er als

Einhandsegler ohne Ankerwinsch verloren sei. Blöd wie ich war, hat er mir auch noch Leid getan. In *einwöchiger* Arbeit reparierte ich ihm die Ankerwinsch, natürlich ohne die geringste Anerkennung zu erhalten.

Anfang April begannen die ersten Abschiedsfestlichkeiten, damit bis zur Abreise Mitte Mai jede Yacht ihre Party bekam. Uns war vorher schon ganz übel, wenn wir an den Abschied von *unserem kleinen Paradies* denken mussten.

Großes Fest mit traditionellen Tänzen in der Maneapa

Eine Woche vor unserer Abreise wurden wir alle gemeinsam zu einem gigantischen Dorffest in der Maneapa eingeladen. Es begann schon mittags mit einer wahren *Fressorgie*, ging dann in eine ruhige Smalltalkphase über und steigerte sich abends zu einem rauschenden Gesangsfest. Alle Einheimischen waren prächtig herausgeputzt mit ihren Baströckchen, umwunden von Girlanden. Alle, einschließlich uns, waren mit traditionellem Kopfschmuck und Blumenketten um den Hals dekoriert. Anmutig und *graziös* bewegten sich die Körper hin und her, das Tanz- und Musikgefühl ist den Inselbewohnern *wahrlich* angeboren. Wenn man den Hüftknick der holden Lieblichkeit betrachtet, glaubt man fast an ein anatomisches Wunder! Ihre Hüften wiegen sich so extrem anmutig nach den Klängen des Gesangs, dass man der Meinung sein muss, die haben ein *anderes* Gelenk in der Hüfte! Eine Schar älterer Männer saß in der Mitte am Boden. Sie schlugen mit flacher Hand auf einer übergroßen Trommel den Takt, ein anderes Instrument gab es auch gar nicht. Ein Vorsänger stimmte den Ton und sang den Anfang des Textes, woraufhin hunderte lerchenhafter Stimmen im Chor antworteten. Die traditionellen Gesänge kann man mit Worten gar nicht beschreiben.

In der letzten Woche folgte der *absolute* Abschiedsstress! Tagsüber veranstalteten wir Kaffeepartys auf den Schiffen, nachts folgten die Partys in den Hütten der Einheimischen. Jeder von uns wollte sich noch einmal bedanken und so spendeten wir zusammen, außer Franz, an die 500 US-Dollar für die Schule, damit die notwendigsten Schreib- und Lernutensilien gekauft werden konnten. Denn dort, auf diesem zauberhaften Flecken Erde, wurde uns beigebracht »Mensch« zu sein. Und *genau dort* wurde mir bewusst, was wir wohlhabenden Menschen der Zivilisation doch für einen *unnötigen* Ballast, teilweise sinnlosen Schnickschnack, mit uns herumschleppen, den wir für *unbedingt* nötig halten.

Am drittletzten Tag wollten wir das Atoll bei Springhochwasser zur Fischjagd verlassen, bei der sich fast noch zwei Unfälle ereignet hätten. Dietmar und ich waren wieder mal bei Stillwasser am Außenriff. Der Pass war allerdings nur zu bestimmten Zeiten passierbar. Ansonsten, wenn das Atoll bei Mittelwasser auslief, herrschten bis zu 18 Knoten Strömung im Pass. Wir fuhren also mit leicht einlaufender Strömung kurz vor Hochwasser zum Außenriff hinaus. Wir hatten knapp zwei Stunden Zeit, um dann bei leicht auslaufender Strömung zurückzukehren.

Bewaffnet mit einer Pressluftharpune und meinem schwimmenden Fischcontainer machten wir uns an die Arbeit, denn für die vielen Feste brauchten wir schließlich *genug* frischen Fisch als Nachschub. Nach etwa einer Stunde war die Wanne schon gut gefüllt. Dietmar erlegte zu unserer Freude noch einen schönen Zackenbarsch. Er zog den Speer an sich und hielt ihn aus dem Wasser. Die Beute war auch noch ziemlich schwer und so hatte Dietmar *sichtlich* Probleme mit dem Schwimmen. Nur mühsam konnte er sich dem Fischcontainer nähern, den ich an der Leine mit mir führte. Plötzlich bemerkte ich, wie ein riesiger Grauhai auf Dietmar zugeschossen kam. Auf meine *wilden* Schreie hin drehte sich Dietmar um und konnte das Biest endlich sehen. Vor Schreck ließ er zum Glück seine erlegte Beute los, die sich das Ungetüm natürlich sofort geschnappt hat.

Es hat nicht lange gedauert, dann waren wir von *sieben* Haifischen umgeben, die uns mit ihren kalten, starren Augen gemustert haben. Der große Brocken, der Dietmar den Fisch weggeschnappt hat, schwamm in *eckigen* Bewegungen, denn er war im *Fressrausch* und wollte mehr! Angesteckt vom Jagdfieber wurden nun seine Kollegen auch unruhiger. Als er mir bedenklich nahekam, hielt ich ihn mir mit Flossenschlägen, gurgelnden Lauten und Schlägen mit dem Messer auf die Metallharpune vom Leib. Dietmar hatte das gleiche Problem und versuchte mit ähnlichen Aktionen sich die Biester vom Leib zu halten. Selbst bei Raubfischen kann man von der ungestümen *Jugend* sprechen! Wieder kam mir ein kleiner Grauhai bedenklich nahe. Als er sein Maul aufriss, schoss ich ihm mit der Harpune *direkt* in den Rachen und staunte nicht schlecht, als der Pfeil seinen Körper wie Butter durchdrang und am Schwanzende wieder aus dem Körper trat. Tödlich verwundet schwamm er ziellos durch das Wasser und wurde bald zum Opfer seiner größeren Artgenossen. Wenigstens konnte ich meinen Pfeil am Boden liegend wiederfinden.

Eilig schwammen wir gleich in Richtung Dingi – es war auch *höchste* Zeit, um zurückzukehren. Doch dann kam eine Überraschung: Unser Beiboot war *nicht mehr* da! Scherzhaft sagte ich zu Dietmar:

»Des ham die Haie g´fressn, die fressen doch alles, wenn's spinna!«

Eine Zeit lang haben wir vergeblich nach unserer Gummisau gesucht, doch sie blieb verschollen. Das Einzige, was wir fanden, war der kleine Klappanker mit dem zwei Meter langen Kettenvorlauf. Die zu dünne Leine hatte sich durch das ständige Auf und Ab der Wellen an einem Korallenstock durchgescheuert. Was jetzt tun? Es war auch schon zu spät, um zum Pass zurückzuschwimmen, wo das Wasser schon gewaltig aus der Lagune auslief. Die einzige Lösung war, *über* das Riff zu schwimmen.

»Prost Mahlzeit!« dachte ich, »und das ohne Tauchanzug.«

Normalerweise benötigt der Taucher im Atoll Nanumea keinen Anzug, weil das Wasser um die 30 Grad warm ist. Ich reichte meinem Freund die Leine mit dem Fischcontainer und tauchte am Riff entlang, bevor sich die Welle gebrochen hätte. Meine Suche konzentrierte sich auf etwas *ganz* Bestimmtes! Dann entdeckte ich es, eine Spalte im Riff, die in die Lagune führt. Dietmar gab mir die Leine zurück, ich holte tief Luft und tauchte auf den Grund der Spalte und dann in Richtung

Insel. Ich spürte, wie das Wasser der Brandung meinen Rücken wie in einem Whirlpool kräftig massiert. Am Ende des Spalts tauchte ich auf und hätte wegen des gelungenen Manövers am liebsten einen Luftsprung gemacht! Ich blickte zu Dietmar, dessen Kopf für einen Moment vor der einen Meter hohen Brandung zu sehen war. Ich stand auf dem Riff, winkte ihm zu und gab ihm zu verstehen, dass er mir folgen soll. Er erwiderte mein Winken, tauchte ab und kam auf die gleiche Weise in die sichere Lagune. In diesem Moment erst habe ich bemerkt, dass mein Fischfangcontainer *umgekippt* war und die Jagdbeute sich verabschiedet hatte. Verärgert über *so viel Pech* suchten wir noch eine Zeit lang nach unseren erlegten Fischen, konnten dann aber doch noch wenigstens zwei Exemplare zwischen den Korallenstöcken einsammeln.

Als wir Richtung Insel schwammen, sahen wir unser Dingi vor dem Strand treiben. Die brechenden Wellen am Riff hatten unser Beiboot umgeworfen. Es trieb kieloben auf den Strand zu. Zurück an Land nahmen wir uns gleich den Außenbordmotor vor und glücklicherweise gelang es uns, ihn wieder zum Laufen zu bringen, sodass dieser abenteuerliche Tag wenigstens noch ein befriedigendes Ende gefunden hat.

Abends besuchten uns die Honoratioren des Dorfes auf den Yachten. Zur Begleitung unserer Gitarren wurden eher *traurig* klingende Südseelieder gesungen. Immer weitere Gruppen und Familien fanden sich ein. Sie brachten Geschenke mit und zeigten Darbietungen aus ihrem Brauchtum. Unter Deck *stapelten* sich die Speisen an, wir waren mit Vorräten für *ein halbes Jahr* versorgt! Wir wurden zudem mit unzähligen Girlanden zu echten Blumenkindern herausgeputzt und auch andere Geschenke häuften sich bis ins Unermessliche.

Ein *grandioses* Schauspiel vollzog sich vor unseren Augen! Alle, die gekommen waren, mussten das Schiff ja auch wieder verlassen, um den Nächsten Platz zu machen. Aber sie steuerten nach ihrem Besuch *nicht* wieder zurück zur Insel, sondern paddelten im gespenstischen Schein ihrer Fackeln um unsere Schiffe herum. Unsere Mädchen schienen permanent am Flennen zu sein und auch ich drehte ein paar Mal meinen Kopf in Richtung offener See, um mich nicht einiger verdrückter Tränen schämen zu müssen. *Längst* waren unsere Köpfe vom ständigen Toddy-Palmwein umnebelt, der einfach nicht enden wollte. Erst spät nach Mitternacht konnten wir uns in unsere Kojen verziehen und ließen ein paar einheimische Weinleichen an Deck zurück.

Am nächsten Morgen war es dann soweit! Der *Tag der Abreise* präsentierte sich mit strahlend blauem Himmel und wenig Wind von seiner besten Seite. Wir trafen die letzten Vorbereitungen zum Ankerlichten. Gegen 10 Uhr ging ich auf Tauchstation, um meinen Anker klar zu machen. Einen Tag vorher war dieser Versuch noch vergeblich gewesen. Das ist auch der Grund, warum unsere Freunde am *Kini*, also meiner *Bavaria*, längsseits gingen, um mir zu helfen. Langsam schwebte ich in die Tiefe, immer der Ankerkette folgend. Bei etwa zwölf Meter erreichte ich ein *riesiges*, abgestorbenes Korallengebirge, in dem meine Ankerkette verschwand. Eine Ewigkeit musste ich vergeblich nach der Kette suchen, aber erst in etwa 20 Metern Tiefe fand ich wieder ein Stück, aber *keinen* Anker! Mir schien es so, als wollte uns Nanumea einfach nicht loslassen. Ich tauchte also wieder auf, um einen schweren Hammer und einen großen Meißel zu holen. Nachdem ich das Kettenstück wiedergefunden hatte zertrümmerte ich einen Teil des acht Meter hohen Korallenstocks und drang auf diese Weise schließlich bis zu meinem Anker vor. Die Kette allerdings schien mitten im Berg zu verschwinden.

Zurück an Bord riss ich vergebens mit beiden Maschinen an der Ankerkette, ich kam *einfach nicht* frei! Also habe ich mir eine neue Flasche auf den Rücken geschnallt und glitt zurück in die Tiefe. Die Minuten vergingen, ich meißelte *wie ein Dampfhammer* riesige Stücke aus der Wand. Schließlich war dann auch noch die zweite Flasche leer und ich musste wieder nach oben. Kurz vor der Oberfläche schoss mir ein Schreck durch den Kopf:

»Mensch Meier, die Dekompressionszeit!« Ich hielt den Kopf aus dem Wasser und fragte Renate aufgeregt, wie lange ich unter Wasser war. Sie meinte besorgt »zwei Stunden!« Schnell habe ich mir eine neue Flasche unter den Arm geklemmt und ließ mich auf fünf Meter in die Tiefe zurückgleiten. Ich musste ja den Stickstoff aus meinem Blut herausbekommen! Austauchen, wie es in der Fachsprache so schön heißt. Ich hatte weder Uhr noch Tauchcomputer bei mir.

»Ich bin wirklich ein ganz toller Taucher!«, schimpfte ich mich in Gedanken selbst. 30 Jahre tauchen und dann passiert *so* ein Mist! Aber für derartige Leichtsinnspannen bin ich ja geradezu *prädestiniert.* Nur Profis passiert diese Arglosigkeit. Bei gefährlichen Sportarten bin ich meistens nur wegen meiner *leichtsinnigen* Verhaltensweise im Krankenhaus gelandet. Einige Male bin ich dem Teufel schon von der Schaufel gehüpft! Laut einer Tabelle, die ich im Jacket mitgeführt habe, hätte eine halbe Stunde Dekompressionszeit wohl genügen sollen. Bevor ich dann auftauchen wollte, habe ich noch den Schäkel vom Anker gelöst und meine Bergeleine daran gebunden.

Wieder an Bord holten wir mit vereinten Kräften den 35 kg schweren *Bruce*-Anker nach oben. Die *Sitting Bull* und die *Kohinoor* lagen schon eine Stunde längsseits, deswegen erklärte ich meinen Freunden mein Vorhaben zur Befreiung meines Ankers. Wir wollten versuchen, die Kette aus dem Korallengebirge zu reißen. Nicht gerade die sauberste Art und Weise, aber ich musste nun mal freikommen. Ich brachte zwei Kettenstopper an, löste die Kettennuss und dann zerrten *350 Pferdestärken* gemeinsam an der Kette. Am Ufer standen hunderte festlich gekleidete Menschen und warteten schon seit Stunden auf unsere Abreise. Alle drei Schiffe starteten die Motoren und so zerrten *alle* gemeinsam an der Kette. Ein plötzlicher Ruck und die Yachten bewegten sich rückwärts, um dann wieder an Ort und Stelle zu stehen. Der nächste Versuch erfolgte dann aber mit ordentlich Anlauf - und war *endlich* von Erfolg gekrönt. Wir hatten einen *ganzen* Korallenberg losgebrochen, der dann in einer großen Schlaufe an

Aussicht vom Kirchturm: Die drei Yachten im Atoll

der Ankerkette hing. Während Renate die Yacht mit den Motoren auf Position hielt, zerklopfte ich den unliebsamen Ballast. Dietmar hievte mit der Winsch langsam die Kette nach oben. Um uns herum beobachten viele Leute in ihren Kanus unser Tun. Wieder kamen Einige zu uns hinüber und hingen uns mit traurigen Gesichtern Blumenkränze um den Hals.

Drei Stunden nach der geplanten Zeit liefen wir hintereinander unter dem Winken hunderter Arme aus dem Pass. Renate weinte ebenso wie viele Leute an Land. Es war herzzerreißend! Als wir am Außenriff gen Süden fuhren, ertönten noch die Glocken der Dorfkirche. Ich konnte Tofinga in einem der Fenster des Turms stehen sehen. Ein *letztes* Winken, dann verlor sich dieser *Südseetraum* im Dunst der glitzernden Sonne. Auch dort haben wir den schon vielfach geäußerten Wunsch ausgesprochen:

»Wir kommen wieder!« Aber dieses Versprechen konnten wir nur wenige Male halten. Den vergangenen sechs Monaten auf Nanumea sollte ein kräftiger Einschnitt in meine neu gewonnene Lebensauffassung folgen. Wehmütig trennten wir uns zuerst von den Unmengen an verderblichen Fressalien, denn ein Ablehnen der Geschenke wäre ja äußerst unhöflich gewesen. Hart am Wind segelten wir drei Tage lang zurück nach Funafuti. Natürlich kamen wir *wieder* zur falschen Zeit an, denn es war finsterste Nacht. Wir drehten bis zum Sonnenaufgang bei und fuhren danach in das Atoll ein. Kaum waren wir angekommen, erwischte uns wieder eine Depression mit *über* 40 Knoten Wind. Darauf folgte wieder ein urplötzliches Umspringen des Windes. Alle drei Schiffe hatten mächtig zu kämpfen, um ihren Ankerplatz halten zu können. Bei starkem Wind ist Funafuti von einem Südseeparadies *weit* entfernt! Auch Paradiese haben ihre Tücken.

Kapitel 18

Auf einmal Einhandsegler

Am 22. Mai 1992 lifteten wir in Funafuti den Anker, um rechtzeitig nach Lautoka auf Viti Levu zu kommen, denn dort wollten wir bereits Ende des Monats Chartergäste aufnehmen. Wir reisten an einem Freitag ab, aber kein *normaler* Segler würde zu *dieser* Zeit einen Langtrip ansteuern! Wir ließen uns aber trotz der eindringlichen Warnungen und Schwarzmalerei unserer Gefährten nicht von diesem Aberglauben beeinflussen. Für Seeleute ist ein Auslaufen an einem *Freitag* ein schlechtes Vorzeichen. Vier Delfine begleiteten uns durch den Pass, weswegen wir überzeugt waren, dass dies ein *gutes* Omen sei und dass nichts schiefgehen würde. Schließlich werden diese Meeressäuger auch als Glücksbringer betrachtet.

Bei leichtem Wind entwickelten wir eine angenehme Reisegeschwindigkeit und segelten schon mal sehr weit nach Ost. Würden wir dann auf den Südostpassat treffen, könnten wir nach Süd abfallen. Weil diese Region außerhalb viel befahrener Schifffahrtsrouten lag, nahmen wir es mit der Nachtwache nicht so genau. Renate lag gerade im Bett und ich räkelte mich im Cockpit. Dabei schielte ich ab und zu auf den Kompass und schlief dann wieder ein. *Plötzlich* wurde ich unsanft geweckt, weil Renate *schrie*:

»Fisch, Fisch, Fisch! Hörst du des ned?«

Ich stürmte nach hinten zur Angel. Bei den ersten Umdrehungen der Kurbel merkte ich schon, dass ein ziemlich *großer* Brocken am Haken hing. Ich rannte schnell nach vorne, um die Rollfock einzuholen, damit die Fahrt aus dem Schiff kommt. Dann, auf *einmal,* hörte ich ein laut rollendes Donnern! Ich sah zum Himmel hinauf, konnte aber nicht erkennen, dass ein Gewitter im Anflug gewesen wäre. In schrecklicher Vorahnung blickte ich zum Tiefenmesser und *erstarrte* vor Schreck fast zum Stein: Nur noch *acht* Meter unterm Kiel! Ich stürzte mich ans Steuerrad und warf das Ruder hart nach Backbord, wobei mein Blick das Echolot suchte. Es zeigte nur noch eine Tiefe von drei Meter an. Wir befanden uns auf einem Riffdach und nur wenige Sekunden vor der *Strandung*. Ich warf die Maschine an und gab Vollgas, die Segel standen Back, aber das interessierte mich in dem Moment nicht. Weil die Außenriffe an Atollen fast senkrecht in die Tiefe fallen, hatten wir schnell wieder zwanzig Meter am Tiefenmesser und konnten das Donnern der Brandung hinter uns lassen.

»Verdammt, das war knapp!« Wir waren *haarscharf* an einer Strandung und damit nur ganz knapp am sicheren Verlust unserer Yacht vorbeigeschrammt!

Dieser Barrakuda hat die Bavaria vor der Strandung bewahrt

Als wir wieder sicheres Wasser unter dem Kiel hatten, zogen wir den Fisch an Bord, es war ein gewaltiger Barrakuda von etwa eineinhalb Metern Länge. Ich nahm ihm den Haken aus seinem Raubtiergebiss und warf ihn wieder in sein Element zurück. *Er* hatte uns schließlich in letzter Sekunde vor dem Verlust unseres Schiffes bewahrt. Dann ging ich runter an den Kartentisch und begutachte die Seekarte, wo wir überhaupt gelandet waren. Wir wären auf dem Atoll Niuoku gestrandet, wo die Yacht dann ihre ewige Ruhe gefunden hätte. Da zu diesem Zeitpunkt höchstes Springwasser mit sehr hohem Schwell war, wären wir ganz oben auf dem Riff gelandet und kein Schiff hätte uns jemals von dort runterziehen können. Weil man bei so seltenen Glücksfällen dem mächtigen Neptun dankbar sein muss, opferten wir ihm unsere letzte Flasche Schampus. Oft danach schlich sich bei mir der Gedanke ein, ob nicht der regelmäßige Kirchenbesuch auf Nanumea zu unserer Rettung beigetragen hatte. Wie aber ist es zu der Beinahe-Strandung überhaupt gekommen? Ich habe die Windrichtung gecheckt und dann war mir alles klar: Der Wind hatte gedreht. Da die Yacht unter Windpilot lief, macht die Anlage natürlich jede Winddrehung mit und steuerte auf Niuoku zu, wo ich im Abstand von zehn Seemeilen, aber auf der anderen Seite vorbeisegeln wollte.

Schon am nächsten Tag setzte ein strenger Südostpassat ein, was dem angenehmen Segeln ein Ende bereitet hat. Renate nahm sich eine Auszeit, sie war wieder seekrank. Obwohl sie Pressurbänder an den Handgelenken trug, wurde sie bei rauem Wetter wieder rückfällig. Dann hieß es »Seemeilen bolzen was das Zeug hält«, denn in der Funke habe ich mitbekommen, dass unsere Freunde wegen der heftigen Winde Fidschi nicht erreichen würden. Vier Tage krochen, stampften und schlingerten wir unter *extremer* Schräglage. Das macht keinen Spaß! Wer sagt, Segeln sei *immer* schön, der lügt!

Nach sechsmaligem Kreuzen des 180. Längengrades, kamen nach sechs Tagen die Fidschi-Inseln in Sicht. In der Somosomo-Straße machte das Wetter total zu und so hatten wir etwa 35 - 40 Knoten Wind direkt auf der Nase. An ein Kreuzen war in der schmalen, von Riffen flankierten Straße *nicht* zu denken! Also wendete ich zurück zum Nordkap und verkroch mich in die nächste Bucht. Dort wurden wir recht bald von der Coast Guard kontrolliert. Sie wollten mir Schwierigkeiten machen, weil wir noch nicht einklariert hatten. Da wir aber keinen Fuß an Land gesetzt hatten und wir uns auf dem Weg zur Einklarierung nach Suva befanden, hatten sie *keine* Handhabe. Als ich ihnen mit fester Überzeugung unter die Nase rieb, dass ich 72 Stunden Zeit habe für meine Einklarierung, kamen sie in starke Zweifel und zogen mürrisch wieder weiter. Mit ihrem grantigen Auftreten, welches das Vorspiel ihrer korrupten Machenschaften ist, mögen sie bei manchen Seglern auf Erfolg stoßen. Aber nicht bei *mir*! Ich lege immer überzeugtes Selbstbewusstsein an den Tag, was meistens hilft. Erst wenn ich *tief* in der Scheiße sitze, werde ich zum unterwürfigen Lämmchen.

Zwei Tage lang werkelten wir uns durch das riffgespickte Fahrwasser der Fidschi-Inseln und kamen Suva, der Hauptstadt auf Viti Levu, nur sehr langsam näher. Aber mit der Zeit segelten wir auf der Straße der Sieger. Als auch noch der Wind zurückgedrehte, machte das Segeln in der letzten Nacht wieder Spaß. Um 6 Uhr morgens liefen wir *endlich* in den Hafen von Suva ein und unterwarfen uns der Einklarierungsprozedur. Die drei anderen Yachten, unsere monatelangen Begleiter, gaben den Kampf mit den widrigen Winden auf und segelten über Vanuatu und Neukaledonien weiter nach Australien. Wir sollten sie bis auf die *Kohinoor* nie wieder sehen.

Zwei Monate später, nachdem wir die letzten Chartergäste abgefertigt hatten, segelten wir wieder in die nördlich gelegene Jasava-Gruppe. Dort war die Yachtszene der Weltumsegler zu Hause. Einige Wiedersehensfeten mit Bekannten wurden gefeiert, aber dann stand auch schon wieder eine Menge Arbeit ins Haus.

Im Yachtclub von Lautoka ließ ich meine *Bavaria* an Land heben und das Unterwasserteil sandstrahlen, weil die Farbe an manchen Stellen wieder bis aufs Metall abgeblättert war. Danach änderte ich für viel Geld den Farbaufbau des Unterwasserschiffes, in der Hoffnung, einige Jahre Ruhe zu haben. In den schlauen Farbfibeln, denen ich folgte, hieß es: Auf sandgestrahlten Stahl trägt man zuerst Zink- und dann Teer-Epoxid auf. Aber was ist, wenn ein Stahlschiff Elektrolyse hat und das haben *fast alle* Stahlschiffe? Dann ist Zinkfarbe Gift! Der erste Anstrich des frisch gestrahlten Rumpfes war ein Zweikomponenten-Epoxid und dann Teer-Epoxid.

Auch jenes Mal klebte das Pech wie Hundekacke an meinen Schuhen: Die Marina war *pleite*. Man hat auch den Travelift abgezogen, weil sie mit der Ratenzahlung im Rückstand waren. Aus diesem Grund stand meine Yacht auf einmal neben vieler anderer *drei Monate* lang da, wo

sie nicht hingehört, nämlich auf dem Trockenen. Zeitungen, Radio und Fernsehen machten Interviews über uns Leidgeplagte, die wie ein Fisch auf dem Trockenen saßen. Das brachte den Kran aber *auch* nicht zurück. Der letzte Ausweg schien für mich mein Freund Dr. Max Fischer zu sein, der Staatssekretär im Bayerischen Parlament war. Es musste ja auch schnell gehen, da die Zyklonsaison vor der Tür stand. Er hatte mir schon beim unserem Griechenlanddrama geholfen und half mir auch diesmal wieder. Max hat sich mit Ministerpräsident Rambuka in Suva in Verbindung gesetzt und siehe da: Es tat sich was. Aber leider *zu spät* für mich! Als der Lift zurückgebracht wurde, schwamm mein *Kini* bereits seit 15 Stunden wieder. Weil ich das ewige Warten leid war, orderte ich für viel Geld einen 100 Tonnen-Kettenkran, der ein *gigantisches* Ungetüm war. Beim Anheben blieb mein Herz *fast* stehen, weil er um Haaresbreite die vollgepackte 20-Tonnen-Yacht umgeworfen hätte! Mein Schiff wurde also wieder abgesetzt und die Gurte wurden anders angebracht. Schließlich schaffte er es aber doch, mit Ächzen und Stöhnen, meine schwimmende Heimat sicher in ihr Element zurückzusetzen.
In den vielen Tagen, in denen meine *Bavaria* an Land stand, hatte sich wiedermal bestätigt, dass *einige* Norddeutsche bezüglich der Bayern gewisse Vorurteile haben. Dass sie die Bayern zum Teil vermutlich für blöd halten, hatte ich schon des Öfteren am eigenen Leib festgestellt. Aber dass man die Grundformen des *Anstands* nicht besitzt, war mir neu! Als wir noch an Land waren, lief eine Deutsche 42er *Jongert* in den Yachthafen ein. Als die Crew an meinem Schiff vorbeikam, schauten sie *absichtlich* zur anderen Seite! Kann man sich das vorstellen? Es waren vier Leute, die ich zuvor *noch nie* gesehen hatte. In den folgenden Tagen fiel es mir immer wieder auf, dass sie zu meinem Schiff blickten, wenn sie mich nicht sahen und dann angeregt miteinander tuschelten. Am vierten Tag ritt mich dann aber der *Teufel!* Ich wartete provokativ am Heck meines Schiffes. Als die *erhabenen* Segler wieder am Schiff vorbeikamen, richteten sich die Blicke wie erwartet zur anderen Seite, obwohl sie mich *zu 100 Prozent* dort stehen gesehen haben müssen.

»Einen schönen guten Morgen wünsche ich meinen norddeutschen Landsleuten«, grüßte ich die anderen Segler. Sprungartig fuhren ihre Köpfe herum, woraufhin Zweien ein klägliches »Guten Morgen« entglitt.

»Gell, da schaut's, wir Bayern beherrschen halt noch Anstandsregeln, wir werden halt erst in die Welt g'schickt, wenn man das *Grüßen* gelernt hat!« Es folgte kein Kommentar, denn *feige* waren sie wohl auch noch.

Inzwischen war ich zum Einhandsegler geworden. Meine Renate hatte die »Jungweiber-Krankheit« bekommen. Sie sehnte sich plötzlich nach Heirat, Haus und Kind. Da mir solche Wünsche Kopfschmerzen bereiten, hatte ich sie mit Sherry nach Deutschland geschickt, um über ihre Zukunftspläne nachzudenken. Heiraten und Kind, ich in meinen greisen Jahren, »da muss ich ja glatt einen Schuss im Kopf haben!« Wie ich mich in dem Moment getäuscht habe, sollte mir zehn Jahre später zunächst bitter aufstoßen. Wir hatten vereinbart, dass sie sich eine Auszeit von einem Jahr nimmt, denn meiner Planung, in Richtung Antarktis zu segeln, ist sie nur im Weg gestanden. Ihre Lustlosigkeit am Segeln hatte sich laufend gesteigert, was auch in Verbindung mit ihrer ständigen Seekrankheit stand.

Als der Morgen des Abflugs kam, hatte ich ein flaues Gefühl im Magen. Mehr als vier Jahre waren wir ständig zusammen, sind durch Dick und Dünn gegangen und dann sollte es *ohne sie* weitergehen. Aber ich sagte mir:

»Wo ein Wille, da ein Weg! Gang, du kannst das!«

Als Renates Flieger abhob, hatte ich doch einen dicken Kloß im Hals, aber den konnte ich bald runterschlucken.

Frohen Mutes und frei von jeglicher Segelbremse machte ich mich gleich auf die Suche nach neuen *Abenteuern*. Durch die Tuvalu-Erfahrung bestärkt, sollten mich meine Wege in den folgenden Jahren fernab der Barfußroute der Segler führen. Meine Freunde hatten schon das Weite gesucht, aber *ich* hatte von der Südsee *noch lange* nicht die Nase voll!

Vor meiner Abreise nach Vanuatu ließ ich es im Yachtclub der *Naissau*-Marina nochmal so richtig krachen! Zu heißer Discomusik hielt es mich nicht mehr auf dem Hocker und ich zappelte wie ein Junger auf der Tanzfläche rum. Als sich eine hübsche Blonde aufreizend provozierend vor meiner Nase in Szene gesetzt hat, zog ich als vorläufiger Junggeselle alle Register aus der Schublade. Als schließlich nach Mitternacht Zapfenstreich war, nahm ich eine sechsköpfige, australische Seglercrew, deren Schiff draußen vor Anker lag, mit zu mir an Bord. Lustig feierten wir weiter, wobei die Runde *immer* ausgelassener wurde. Ich stand gerade an der Kombüse beim Einschenken, als mein Blondie, ich glaube Ellis hieß sie, sich von hinten anschlich und mich *wie* ein Kraken umarmte. Und natürlich herrschte dann zwischen der Madonna und ihrem Freund Missstimmung. Der blonde Rauschgoldengel wurde zum *Terminator* und schüttete ihrem Freund ein Glas Whiskey ins Gesicht. Was dann folgte, ist ein Stück aus dem *Komödienstadel:*

Sie zog sich auf einmal splitternackt aus, warf dem Freund ihren String-Tanga ins Gesicht, rannte an Deck und *sprang* ins Hafenbecken. Nach einer halben Stunde wurde ihre Freundin unruhig und begann mit der Suche. Doch die Revolutionärin blieb verschwunden! Alle Fünf schwärmten aus und gingen rufend nach Ellis durch das Hafenbecken. Nach einer Stunde ergebnisloser Suche verabschiedeten sie sich in der Meinung, dass sie zum Boot rausgeschwommen sei, das außerhalb der Marina vor Anker lag. Ich zog mich in mein Bett zurück und schlief mit dem Gedanken ein:

»Alles verrückte Weiber!«

Zu Tode *erschrocken* war ich, als plötzlich ein nasser Eisbatzen zu mir unter die Decke kroch. Es kostete mich geraume Zeit, die Unterkühlte auf Gebrauchstemperatur zu bringen. Kaum in der Obhut seliger Umnachtung, wurde ich *wieder* durch Rufe geweckt. Verschlafen, blinzelnd wie ein Maulwurf, steckte ich meine verkaterte Rübe aus dem Niedergang. Zwei grimmig dreinblickende Männer, die sich als Polizisten ausgaben, fragten mich nach der Vermissten. Bereitwillig deutete ich nach unten, wonach es ihren Freund große Mühe kostete, die Nachtschwalbe aufzuwecken. Der Morgen zeigte sich bereits in unschuldigem Grau, denn unser Stern hatte ja von der verheißungsvollen Nacht nichts mitbekommen. Stundenlang wurde Blondie von ihren Freunden gesucht und als die Suche erfolglos blieb, hatte man ängstlich die Polizei verständigt. Sie schlug dann auch noch auf ihren Freund ein und brüllte dabei heraus:

»Ich fahre *nicht* mit dir zurück, ich bleibe an Bord der *Bavaria* und segle mit Wolfgang nach Australien zurück!«

Mir entgleisten erstmal die Gesichtszüge. Denn das war nicht mein Plan. Ihr Freund nahm mich auf einmal ins Visier, woraufhin ich nur mit der Schulter zucken konnte, denn ich fühlte mich *total* überfahren. Sämtliche Neuronen meines Körpers schienen in Überspannung zu stehen, wie ein 12 Volt-Anlasser der an eine 24 Volt-Batterie angeschlossen wird. Ich versuchte ihr klarzumachen, dass ich *nicht* der Richtige bin, doch einer hysterischen Frau mit Vernunft beizukommen ist aussichtslos. Die Polizisten gingen nach vollbrachter Arbeit wieder von Bord.Ich sprach noch mit dem ebenso überfahrenen Freund. Da sich Blondie aber schon in die Achterkajüte verzogen hatte, ging er zurück auf sein Schiff.

Nach diesem Auftritt musste ich die Lage erst mal überdenken. Mir war nicht wohl dabei, ich hätte sie nicht an Bord lassen dürfen. Aber was hätte ich machen sollen, sie war *sturzbesoffen*. Noch am gleichen Abend stellte ich fest, dass sie ein überspanntes Luder ist.

»Dumm geboren und nichts dazugelernt.«

Am nächsten Morgen, als die Nachwirkungen des Katers auch verflogen waren, hatte sie es sich dann wohl doch nochmal überlegt. Sie wollte zurück zu ihrem Freund und ich sollte sofort nach Malolo Lailai segeln, denn dort würden wir ihn *sicherlich* noch erwischen. Weil ich das für den intelligentesten Spruch aus ihrem Munde hielt, liftete ich sogleich den Anker. Als wir um die Ostecke von Malolo Lailai bogen, fiel mir ein *Stein* vom Herzen, ihr Freund war tatsächlich noch da! Ich brachte sie zur Yacht rüber, aber der Typ bellte nur zu mir:

»Ich will sie nicht mehr an Bord haben!«

Da *platzte* mir der Kragen und ich schrie so laut ich konnte:

»Raaaauuus!«

Das zeigte Wirkung, denn sie sprang wie ein Wiesel rüber auf die andere Yacht. Ich sah noch, als ich losdüste, wie sie schauspielerisch die Tränen rausgequetscht hat.

»Verfluchte Weiber!«, dachte ich mir. »Die sind doch alle gleich, immer überspannen sie den Bogen und versuchen den Mann zu einem Hanswurst abzustempeln.«

Die Seele einer Frau, der Magen einer Sau, der Inhalt einer Wurst, das bleibt ewig unerforscht.

Kapitel 19

Ein harter Weg zum fünften Kontinent

Mit Kurs West und starkem Wind aus Süd brauste mein braver Kahn in vier Tagen ins 600 Seemeilen entfernte Vanuatu. Bei der Einfahrt nach Port Vila auf Efate streikte aber leider wieder einer meiner Motoren. Das sind natürlich *die* Momente, in denen ich heilfroh war, dass ich zwei Maschinen an Bord hatte. Mit großem »Hallo« wurde ich von Dietmar begrüßt, dem es dort anscheinend gut gefiel. Von seiner Frau Chris hatte er sich zwischenzeitlich getrennt, zudem boten sie ihre *Jongert*-Yacht zum Verkauf an.

Innerhalb von 14 Tagen wurde ich von Dietmar in die Villen einiger Deutscher geführt, da mein Ruf als *lustiger Bayer*, der viel Gaudi macht und auch Gitarre spielen kann, schnell die Runde gemacht hat. Vanuatu war damals ein Steuerparadies für die Reichen aus Australien und Neuseeland. In Port Vila ließen sich viele Neureiche nieder, dadurch wurde Vanuatu auch »Neue Hebriden« genannt, quasi das australische Monte Carlo. Natürlich nahmen wir auch noch an der ein oder anderen niederschmetternden Kava-Party teil.

Mein rechter Motor war einfach nicht mehr zum Leben zu erwecken, da die Vorkammern, wie ich feststellen musste, *vollkommen* mit Karbonkohle zugebrannt waren. Als ich beim Bunkern von Diesel am Steg lag, ich wollte endlich aufbrechen, meldete sich plötzlich das Alarmsignal der *linken* Maschine. Ich stellte den Motor ab, aber Gott sei Dank war das Rätsel schnell gelöst. Das Wasser im Zweikreiskühler kochte auf *Höchsttemperatur*, in dem Auspuffgase blubberten.

»Verdammter Mist, nun habe ich zwei kaputte Maschinen!«

Mein Blick richtete sich klagend zum Himmel. Ich ziehe das Unglück an, wie der Scheißdreck die Fliegen! Das hat sich auch in meinem ganzen restlichen Leben nicht mehr verändert. Wenn auch der liebe Gott sich nichts aus meiner unglaublichen Pechsträhne gemacht hat, so hat er mir in diesem Moment zumindest einen Geistesblitz gesendet: Ich wechselte in einem Eintagesakt den *guten* Wärmetauscher des kaputten rechten Motors mit dem *kaputten* Wärmetauscher des guten linken Motors und konnte dadurch endlich am nächsten Morgen mit einem intakten Motor losfahren.

In der folgenden Nacht hat der Wind mehr und mehr nach Süd gedreht und so konnte ich mein Ziel Tanna nicht mehr ansteuern. Zumindest aber sah ich den roten Schein des aktiven Vulkans, der mich vor kommendem Unheil zu warnen schien. Und auf das Unheil sollte ich *nicht lange* warten müssen! Es folgten *acht Tage* Kampf und 200 Stunden, die kein Ende finden wollten, in denen ich die Seefahrt *aus tiefster Seele* verfluchte und hasste! Gute drei Tage hatte ich für die 380 Seemeilen eingeplant. Und wieder einmal musste ich erfahren, dass ich die Rechnung ohne den Lieben Gott gemacht hatte, oder sollte es der Teufel gewesen sein?

Am nächsten Tag peitschten mir 35 Knoten und tags darauf sogar 40 Knoten Wind um die Ohren, das auch noch ausgerechnet aus der Richtung, in die ich segeln wollte. Acht Tage lang ein Heulen, Pfeifen, Krachen, Stampfen und Bersten, in nassen Klamotten, todmüde mit rotunterlaufenen Augen.

»Das ist die *echte* Südseeidylle!«

Zuhause saß man gerade am warmen Ofen und bereitete sich auf das Weihnachtsfest vor und *ich Depp* musste mich mit dem Teufel herumschlagen.

»Aber *du* hast es ja *so* gewollt!«, schrie ich einige Male in das tosende Inferno. Als besonderes Geschenk bekam ich dann gleich ein Etmal von 25 Seemeilen geschenkt. Das sind gut 45 Kilometer in 24 Stunden. Einfach zum Kotzen!

Drei Tage konnte ich nichts Warmes essen, deswegen musste ich mich *endlich* aufraffen, um mir etwas Vernünftiges herzurichten. Angeschnallt wie ein Irrer in der Klapsmühle, hing ich herumpendelnd mit dem Oberkörper über dem Kochtopf. Ein Kaventsmann, eine besonders hohe Welle, schmiss mir *fast* die heiße Suppe ins Gesicht. Obwohl der Ofen kardanisch aufgehängt und der Topf festgeschnallt war, verbrannte ich mir auch noch die rechte Hand. Einem akrobatischen Kunststück gleichend, verdrückte ich bei diesem Wahnsinnsseegang ein paar Löffel und ein Stück Brot.

Die tosende See schaukelte die Bavaria kräftig durch

Immer wieder krachte es gegen den Bug, zudem ging ein beängstigendes Vibrieren häufig durch das gesamte Schiff, wenn sich wieder und wieder eine Fünfmeterwelle über das Schiff warf. Verkeilt in sämtliche vorhandenen Kissen lag ich am Fußboden über dem Kiel, da dort der ruhigste Platz war. Gegen die haushohen Wellen anzukämpfen war der blanke Wahnsinn.

Am sechsten Tag schreckte ich auf einmal hoch aus meiner Apathie: »Was ist das für ein *Knattern*? Schießen da Piraten?«

Wie ein Hurrikan sauste ich an Deck und erblickte das Malheur: Das stark gereffte Großsegel war aus den Liken geflogen, weswegen die Segelfetzen ein *fürchterliches* Geknatter erzeugt haben. Es blieb mir keine andere Wahl, ich musste die Fetzen des Großsegels herunterholen. Ich überlegte kurz, welches Segel ich nun setzen sollte, Try- oder das Reserve-Großsegel. Ich entschied mich für das Größere, schließlich wollte ich ja vorwärtskommen. Nach zwei Stunden harter Arbeit war das Segel gesetzt und Reff drei eingeschert. Fertig und zermürbt haute ich mich dann auch schnell wieder in mein Lager am Fußboden. Nach ein paar Minuten, ich war gerade erst zur Ruhe gekommen, holte das Schiff wieder stark über, worauf ein lauter Knall folgte. Ich stürmte *wieder* ins Cockpit, doch ich konnte nichts feststellen. Erst später stellte sich heraus, dass der Bugkorb gebrochen und verbogen war, da ein riesiger Brecher über das Vorschiff ging.

Nach ungemütlich stressigen Tagen kamen endlich die ersten Pinien-Baumkronen des Ouvéa-Atolls über die Kim. Was für eine *Erleichterung!* Nach weiteren drei Stunden lief ich dann auch schon ins absolute Paradies ein. Wow, war ich *froh*, diesen verdammten Höllentrip hinter mir gehabt zu haben! Gleich in der Nordostecke hinter dem schützenden Riff warf ich den Anker und fand meine Ruhe. Dort hinter dem Riff, wo das Wasser ruhig war, sah die Welt plötzlich *viel* harmonischer aus. Nach einer stärkenden Mahlzeit und einem Glas Wein schien die Welt für mich wieder in Ordnung zu sein.

Ausgeschlafen steckte ich am nächsten Morgen meine Nase in den Wind. Immer noch blies es *kräftig*, aber dort vor Anker ging mir die tobende See draußen am Außenriff echt am Allerwertesten vorbei! Ich betrachtete die vielen kleinen Inseln im Norden, die zum Teil mit Pinienbäumen bewachsen waren. Bei ruhigem Wetter sicherlich eine Traumgegend! An der Ostseite des Atolls erstreckte sich, soweit mein Auge reichte, eine mit weißem Sandstrand eingebettete Insel.

Als ich bei meinem Morgenbad um mein Schiff schwamm, kam der nächste Hammer auf mich zu. Ich sah auf einmal, dass die Wasserlinie am Bug *viel zu tief* lag. Das konnte nichts Gutes bedeuten! Also kletterte ich schnell an Bord und öffnete vorn die Luke für die Segellast. In *diesem* Moment vergaß ich wirklich zu atmen! Die drei Kubikmeter große

Segellast war fast *bis obenhin* mit Wasser gefüllt! Das bedeutete mehr als *zwei* Tonnen Übergewicht im Vorschiff! Mein darauffolgendes Fluchen ließ mit Sicherheit die Götter erblassen, denn dann stand *richtig* Arbeit an: Mühsam hob ich die schweren Segelsäcke an Deck und schöpfte daraufhin das Wasser aus. Als ich damit nach mehreren Stunden fertig war, glich mein Schiff einer Segelmacherei. Über das ganze Schiff, mit Fallen hoch gespannt, flatterten die nassen Segel im Wind. Zwei Tage brauchte ich, um wieder alles in Ordnung zu bringen. Als die Lappen trocken und wieder unter Deck verstaut waren, lichtete ich den Anker.

Aus einem Video: Gangerl schöpft das Wasser aus der Segellast

Obwohl der Himmel bewölkt war, stach der endlos weiße Sandstrand vor der dahinterliegenden Pinienfront *kolossal* ins Auge. An der 42 Kilometer langen Doppelinsel segelte ich nach Süden und warf bei der Insel Bagaat im Südwesten wieder den Anker. Die Pléiades du Sud bestehen aus neun Inseln, wobei Bagaat die größte davon ist. Dort wartete ich die nächsten drei Tage auf besseres Wetter und verbrachte die Zeit mit Schnorcheln und Tauchen. Zwei große Barsche, die ich mit der Harpune erlegt hatte, füllten mir die nächsten Tage den Speiseplan, der Rest wanderte in die Gefriertruhe.

Als ich mal in den Kalender blickte, stellte ich fest, dass Weihnachten vor der Tür steht. Und dann beging ich einen großen Fehler, ich lief wieder aus. Und *wieder* empfing mich die Naturgewalt mit riesig hohen Wellen. Ich musste ernsthaft überlegen, ob ich nicht doch umdrehen soll. Doch die Aussicht, ein einsames Weihnachten zu feiern, gab den Ausschlag, den Naturgewalten zu trotzen. Mit 35 Knoten Windgeschwindigkeit bei Vorwindkurs kann ich nur lachen, aber das an der Kreuz ist die Hölle!

Am Morgen des 24. Dezembers schaltete ich den Motor dazu, denn ich wollte *nicht um alles in der Welt* den Heiligen Abend in der ungemütlichen Wasserwüste verbringen. Es waren nur noch 38 Seemeilen bis zur Südosteinfahrt von Grande Terre. Gespannt wie ein Rennfahrer starrte ich die Südspitze der langgezogenen Insel an, die scheinbar nicht näherkommen wollte, ich musste aber vor dem Dunkelwerden die Einfahrt erreichen. Der Liebe Gott hatte dann aber Einsehen mit mir, woraufhin im Laufe des Nachmittags der Wind etwas nachließ. Gegen 17 Uhr lief ich also *scheinbar* noch rechtzeitig durch das Himmelstor, die Riffeinfahrt von Grande Terre in Neukaledonien. *Sofort* umfing mich eine innere Ruhe, Friede und Glückseligkeit überfielen mich. Die hohen und beängstigenden Wellen waren *wie* weggeblasen. Donnern, Rütteln und Krachen gehörten der Vergangenheit an. Ich hatte es *geschafft*, ich war hinter dem Riff. Die Sonne kam zu meiner Überraschung auch noch kurz durch. Eine ganze Woche hatte ich sie nicht zu sehen bekommen und ausgerechnet in dem Moment, in dem ich sie nicht mehr brauchen konnte, zeigte sie sich und schien mir voll ins Gesicht.

»Verdammt! Wie soll ich da Korallenköpfe im Wasser ausmachen?«

Die Sicht war gleich Null, weil die Sonne schon kurz über dem Horizont stand. Kaum ein Desaster überstanden, lief ich gegen das nächste Hindernis, es war *einfach* nicht zu fassen!

Gebannt starrten meine Augen auf das Echolot, drei Mal musste ich die Gashebel auf volle Kraft zurück setzen, da mir gewaltige Korallenstöcke im Weg standen. Als es dann erneut unter meiner Yacht schepperte, weil ich aufgefahren war, konnte ich mich nicht mehr zurückhalten.

»Krutzefix, jet's glangt's!« fluchte ich wie ein Rohrspatz. Ich konnte bemerken, wie alle bösen Geister den Kopf einzogen, da sie mein Schiff wieder freigaben, als ich Vollgas rückwärts fuhr. Gegen 18.45 Uhr wurde es dunkel und so tastete ich mich unter Radar langsam in eine kleine Bucht im Süden von Grande Terre. Um 19.30 Uhr klang dann das Ausrauschen der Ankerkette wie ein *himmlisches* Glockengeläut.

Langsam wich die Spannung von mir. Ich ging in die Küche und braute mir den verdienten Weihnachtspunsch. Bei einem entzündeten Kerzerl saß ich wie ein geprügelter Hund da und feierte dankbar den Heiligen Abend. Mit einem müden Danke nach oben, weil ich doch noch rechtzeitig ankam, verabschiedete ich mich vom Himmelvater und schlief am Tisch ein. In dieser Nacht hätte man mir mein Schiff unter dem Hintern wegklauen können, denn ich war so unsagbar müde, einfach erledigt von den Erlebnissen der vergangenen Tage.

Am folgenden Tag erwachte ich erst mittags aus meiner Trance und stellte fest, dass der Wind eingeschlafen war. Schon im Begriff tief Luft zu holen und alle Götter dieses Universums zu verfluchen, reduzierte ich meine Gefühle auf Dankbarkeit, denn an Weihnachten soll man verzeihen können. Aber trotzdem zweifelte ich an der Gerechtigkeit. Da kämpft man Tage mit den widrigsten Wetterbedingungen, findet endlich einen ruhigen Ankerplatz und dann ist der Wind plötzlich weg. Das hätte Rasmus auch schon früher entscheiden können.

Am 27. Dezember machte ich mich auf den Weg nach Noumea zum Einklarieren. Da Neukaledonien zu Frankreich gehört, gestaltete sich der Vorgang problemlos. Nächster Schritt war das Postamt. Dort angekommen wunderte ich mich über die viele Post von Renate. Aus ihren Briefen entnahm ich, dass es ihr in Deutschland gar nicht gefällt und ich mich beeilen sollte, da sie zu mir zurück auf das Schiff wollte.

Am Silvesterabend betrat ich rotzfrech das Hotel *Club Med.* Ein Bier wollte ich nicht zu bestellen wagen, da die Gesellschaft sonst sofort bemerkt hätte, dass ich nicht zu dieser Gilde gehörte und nicht im Besitz einer Zahlungskette war, die jeder Hausgast tragen musste. Da aber ein riesiges Buffet angerichtet war, bediente ich mich einfach nach Herzenslust. Ich erblickte eine einsame Dame, die andächtig die Tanzpaare beobachtete und dabei ihr Taschentuch vergewaltigte. Alleine war es für mich auch irgendwie blöd, also ging ich zu ihr, um sie zum Tanz aufzufordern.

Just in dem Moment huschte auf einmal ein hübsches Lächeln über ihr *kosmetisch* gepanzertes Gesicht. Ich dachte mir:

»Warum machen sich die Weiber oft mit Gewalt *hässlich*, die tät doch ohne den Putz nicht schlecht ausschauen.«

Nachdem ich ihr einige Male die Hühneraugen poliert hatte, sie war nicht gerade eine gute Tänzerin, fragte sie mit entzückend kindlicher Stimme:

»Do you like a drink?«

Ein lautes, explosionsartiges Gelächter brach aus ihr heraus, als ich ihr erklärte, dass ich nicht zum Club gehörte. Lachend nahm sie mich bei der Hand und führte mich zur Tankstelle. Irgendwann, die Zeit war mir mit ihr als charmantes Partyhäschen entflogen, lag ich in einem kuscheligen Bettchen mit ihr.

Am 4. Januar 1993 setzte ich die Segel bei herrlichem Sonnenschein und richtete den Kurs in Richtung Sydney. In den folgenden elf Tagen bereitete mir der Wettergott *das herrlichste Fahrtensegeln* meiner bis dahin fast fünfjährigen Reise um die Welt. Neun Tage lief die *Bavaria* nur unter Spinnaker, währenddessen alle drei verschiedenen Spinnaker an Bord zum Einsatz kamen. Stille und Einsamkeit bekamen einen völlig neuen Stellenwert. Meine unruhige Seele wurde aufgetankt und in den sternenklaren Nächten konnte ich so richtig das Alleinsein genießen.

Das Meeresszenario leuchtete gespenstisch, aber *plötzlich* durchbrach unheimliches Blasen die Stille. Ich kannte die Laute: *Delfine* waren am Schiff! Mit eleganten Sprüngen am Bug, zogen sie ihre silbrigen Bahnen. Delfine am Boot sind *immer* ein freudiges und lustiges Ereignis.

Schon am Morgen war mir klar, dass ich die Einfahrt nach Sydney nicht bei Tage erreichen würde. Nachts in mir unbekannten Buchten und Häfen einzulaufen ist mir aber schon immer ein Gräuel.

Beim Einlaufen nachts um 2 Uhr in Port Jackson rief ich die Port Control von Sydney. Die Behörden stellten mir frei, links neben dem Eingang vor Anker zu gehen oder den langen Weg bis zum Zollponton zu riskieren. Da mir aber die Beleuchtung der Schifffahrtsstraße in Ordnung schien, wagte ich die nächtliche Einfahrt nach Sydney doch.

Kapitel 20

Australien – Land der Aborigines

Um 8 Uhr morgens kamen die Offiziellen an Bord. Ganz freundliche Leute, die sich mit einem Kaffee im Cockpit begnügten und keinen Blick ins Innere werfen wollten. Ich hatte die reinsten *Horrorgeschichten* über das Einklarieren in Australien und über die »Bluthunde des australischen Zolls« gehört, aber dann wurde ich dort freundlichst und mit offenen Armen empfangen. Ich musste meinen Müll in eine Plastiktüte packen und ihnen übergeben. Dann fragten sie nach Konserven an Bord, auch davon musste ich einen Teil in eine Plastikbox geben. Die Zöllner klebten ein Siegel darauf, weswegen ich alle Büchsen auch an Bord behalten durfte. *Das* war also der *gefürchtete* Zoll und Gesundheitsterror von Australien, über den mir andere Weltumsegler mit Grauen berichtet hatten. Vielleicht liegt es aber auch daran, dass zuvor nur selten Segler runter nach Sydney gekommen und die Behörden dort nicht so stark frequentiert waren wie entlang der Barfußroute bei Brisbane. Wenn ich da an den Zirkus in Neuseeland denke, wird mir heute noch *übel.* Der erste Eindruck vom fünften Kontinent war also absolut positiv.

Als die freundlichen Beamten von Bord waren, verlegte ich die *Bavaria* in den exklusiven *SYC-Club* und machte mich auf Stadterkundung in Down Under. Obwohl ich ein Stadtmuffel bin, möchte ich Sydney als eine der schönsten Städte dieser Erde bezeichnen, denn diese Stadt hat mich *wirklich* begeistert! Die Skyline im Zentrum Sydneys mit ihren Hochbauten, Fernsehturm und dem modernen Opernhaus davor, zeichnet Sydney als zukunftsorientierte Weltstadt aus. Historische Altbauten stehen neben in Glas gepackte Wolkenkratzern und man kann sich an der unendlich langen Hafenregion in den gemütlichen Pubs und Cafés wirklich erholen. Mit Blick auf das architektonische Highlight, das weltberühmte Opernhaus, auch »die Muschel« genannt, und auf die 1932 entstandene, stählerne Bogenbrücke »der Kleiderbügel« schmeckt der Sundowner besonders gut. Ich empfand nicht die Hektik westeuropäischer Großstädte, dort läuft *alles* einen Gang langsamer ab. Ein besonderes Erlebnis war für mich natürlich ein Besuch auf dem berühmten Segelschiff *Bounty*, das den Besuchern in Sydney zur Schau gestellt wird. Ein Nachbau, der bis ins kleinste Detail mit dem Original identisch ist und in Neuseeland meisterlich erbaut wurde.

Gangerl an der Sydney Harbour Bridge

Wenn man eine Wasserrate ist und das Leben auf dem Wasser liebt, ist man in Sydney *genau* richtig! Nicht enden wollende Wasserstraßen mit unzähligen Inseln und Buchten ziehen sich bis hinter zum Fluss Parramatta, der auch noch schiffbar ist. Über 30 Kilometer verlaufen die Wasserstraßen in das Landesinnere.

»Gang i glaub etz spinnst«, dachte ich mir, als ich an der Kasse des Opernhauses stand und mir ein Billet für die Oper *La Boheme* kaufen wollte. Der Preis war zwar happig, aber da ich noch nie zuvor in einer Oper war, muss ich doch sagen, nicht schlecht!

Der dritte Tag unterbreitete mir dann eine große Überraschung! So gegen 9 Uhr morgens saß ich gerade bei meinem Frühstück, als es von außen an mein Schiff klopfte. Neugierig, wer in dem Moment wohl was von mir wollte, steckte ich meinen Kopf aus dem Niedergang.

»Good morning, I hope I don′t disturb you«, schallte es mir entgegen.

Bevor ich ihm in meinem beschränkten Wortschatz die passende Antwort geben konnte, fragte er mich:

»Sind sie Deutscher?«

Unendlich erleichtert antwortete ich:

»Nein, Bayer!«

Ein dröhnendes Lachen bestätigte mir, dass ihm meine Antwort gefällt, weil er auch Bayer ist, wie sich später herausgestellt hat. Ich bat ihn an Bord und er stellte sich als Horst Kanngieser vor, der dort das Amt des *Trans Ocean* Standortleiters übernommen hatte. Bei einem Bier überreichte er mir Briefe aus der Heimat. Bald suchte er wieder das Weite, da er unter Zeitdruck war. Aber er wollte mich gerne zum Essen einladen im Haus auf seiner Insel in Pillwater.

Noch am selben Tag blätterte ich meine Post durch und bemerkte, dass sich etwas verändert hat. Meine Freundin, die von Fidschi mit einem lachenden und einem weinenden Auge wegen Heimweh nach Deutschland geflogen war, hat mir nur *einen* Brief nach Australien geschickt. Bereits in Vanuatu erhielt ich sechs Briefe von ihr, die alle von Sehnsucht und vom Zurückkommen sprachen. In Neukaledonien erreichten mich noch einmal sieben Briefe. In Sydney war es dann nur noch einer. Sofort schaltete mein Hirn »die hat an neuen Macka!« Als ich etwas später mit meiner Tochter telefoniert habe bekam ich meine Bestätigung: Sie fand eine neue Liebe. Auf einmal war ich also frei wie ein Vogel. Wie so oft im Leben übernahm die Feigheit die Oberhand und so erfuhr ich erst ein Jahr nach ihrer Abreise von Fidschi aus ihrem letzten Brief vom neuen Glück. Noch im Segelclub von Sydney entfernte ich das nun überflüssig gewordene Sicherheitsnetz für unseren Hund Sherry, denn auch ihn würde ich nicht mehr wiedersehen. Um ihn ist es echt ein Jammer!

Da die Zeit drängte, hastete ich in kürzester Zeit von einem sehenswerten Highlight zum nächsten. Am vierten Tag dann entdeckte ich zufällig in einer abseits gelegenen Straße ein gemütliches Pub mit dem Namen *Zum stillen Plätzchen*. Der wüste Lärm, der mir beim Eintritt entgegenschlug strafte dieser idyllischen Bezeichnung Lüge! An einem Tisch saßen *hünenhafte* Seebären, die mit Armdrücken und Fingerhakeln beschäftigt waren. Ich suchte mir also erstmal einen Sitzplatz und beobachtete einstweilen bei ein paar Bier das *schroffe* Treiben. Nach meinem dritten Glas kam mir mein Partyengel von der Silvesterparty aus Noumea auf Neukaledonien wieder in den Sinn. Sie stammte ja aus Sydney, sagte sie, und hatte mir ihre Adresse nebst Telefonnummer aufgeschrieben.

»Soll ich oder soll ich nicht? Was ist, wenn ihr Alter zu Hause ist?«

Nach dem vierten Bier hatte ich genug Mut getankt. Ich ging zur nahegelegenen Telefonzelle und rief sie einfach an. Als ich mich zu erkennen gab, hallte mir ein lauter *Schrei* entgegen. Aber es war ein Freudenschrei, der mir weiteren Mut machte. Aus dem Hörer klang mir ihre zauberhafte Stimme entgegen:

»Hi darling, how are you, where are you now?«

Ich erklärte ihr, wo ich war, und sie wollte mich schon *zehn* Minuten später abholen. Ich holte nochmal den Zettel heraus, auf dem ihre Adresse stand, weil ich ihren Namen vergessen hatte. Vierzig Minuten später, ich hatte schon bezahlt, hupte es draußen und als ich vor die Türe ging, saß mein Mitternachtsengel Mary in einem feuerroten *Austin Sport* vor mir. Aufgeputzt, als wollte sie gleich auf den Laufsteg, lachte sie mich an. Zögernd ging ich ein paar Schritte auf sie zu und als sie dann mit ausgebreiteten Armen auf den schwarzen Polstern stand, flog sie mir sogleich erwartungsvoll entgegen. Sie knutschte mich *ohne Hemmungen* vor den vorbeigehenden Passanten ab, die sich eins grinsten. Ihr Parfüm *raubte* mir fast die Sinne, sie duftete wie eine Manhattan-Strichbiene! Natürlich blieb nach so langer Zeit etwas nicht aus und ich merkte, wie mein Schläfer »Willi« zu neuem Leben erwacht war.

Bald schon düsten wir mit Überschall durch die City, was zur Folge hatte, dass sie sich einen Strafzettel größeren Ausmaßes einhandelte.

»No problem my darling« meinte sie zu meinem sorgenvollen Gesicht. Dass sie stinkreich sein musste, das ahnte ich bereits, doch dass sie *so reich* war und sie sich mit einer armen Seeratte wie *mir* abgab, das versetzte mich dann doch in Erstaunen! Wahrscheinlich hatte ihr die Drehzahl imponiert, die wir im Hotel in Noumea gefahren waren. Mit Geld konnte sie bei Ihresgleichen nicht imponieren und die ersten Spuren des Verwelkens trug sie ja bereits unverwischbar in ihrem Gesicht. Aber dem dankbaren, mittellosen Seemann, so glaubte sie vielleicht, könnte sie mit ihrer finanziellen Macht imponieren.

Nach einem Kaffee mit hervorragender Eiscreme fuhren wir direkt zu ihr nach Hause. Da ich glaubte, dass ihr Alter nicht zuhause wäre, sah ich wieder eine *stürmische* Nacht auf mich zukommen. Als wir auf das Grundstück einer pompösen Villa einbogen und sich das Tor wie von Geisterhand schloss, schüttelte ich aber gleich darauf mit *verlegenem* Gesicht ihrem Mann die Hand. Er schloss mich sehr freundschaftlich in seine Arme, als wären wir schon *Jahre lang* die engsten Freunde. Ich schmiss meiner Eroberung einen nach Hilfe suchenden Blick zu, doch sie hakte sich mit strahlendem Lächeln an meiner anderen Seite ein. Gemeinsam führten sie mich dann in ihr Wohnzimmer. Nach dem Willkommenstrunk, bei dem ich von ihr laufend angestrahlt wurde, ihr Lächeln war aber auch *wirklich* umwerfend, nahm mich Eric gleich in Beschlag und führte mich zu einem Aufzug, der durch die Felswand 100 Meter nach unten führte. Eine beeindruckende Architektur samt Ausstattung hatte dieses Anwesen allemal! Als sich die Kabinentür schließlich öffnete, traute ich meinen Augen nicht! In einem Felsendom stand eine schnittige, schneeweiße 15 Meter lange Motoryacht mit über 1000 PS. Eric wollte mir *natürlich* beweisen, dass auch in ihm eine Portion nautischen Könnens steckt. Sie hatte ihm zuvor von mir erzählt und dass ich seit vielen Jahren allein um die Welt segle.

Als er mich durch die protzige Yacht mit goldenen Wasserhähnen, Marmorbad und Perserteppichen führte, endete unsere Besichtigung im Maschinenraum. Ich glaubte meinen Augen nicht, was ich *da* sah! Zwei *weiß* lackierte, *riesige* Motoren standen vor mir. Als er mir beim Rundgang über weißen Teppichboden die Leistung der Motoren erklärte, blieb mir vor Erstaunen der Mund offen! Unglaublich, die Dekadenz der Reichen kennt einfach *keine* Grenzen! Glaubte ich immer, die Angeberei sei ein Privileg der Deutschen, so begann ich *dort* meine Meinung zu ändern. Ich merkte, dass es ein Privileg des *Jet Set* ist, es gehört einfach zur *Haute Couture*-Show.

Bald kurvten wir mit Volldampf durch die Ku-ring-gai Chase und saßen Krösus gleich mit einem Glas Schampus auf den weißen, bequemen Lederpolstern. Da ihr Mann mit dem Lenken dieses heißen Ofens beschäftigt war, warf ich *meiner Holden* eine Kusshand zu. Wie ein hungriger Wolf *fiel* sie plötzlich über mich her und *knutschte* mich nieder. Da war ich erstmal baff! Entsetzt schielte ich mit einem Auge zu ihrem Mann und machte mich von ihr frei, mit der Befürchtung, von einem rasend eifersüchtigen Mann erschossen zu werden. Doch aus den Augenwinkeln sah ich, dass ihr Mann in dem Moment zufrieden grinste.

»Verdammt! Soll das heute vielleicht noch in einem *Rudelbumsen* enden? Da mach ich nicht mit«, stand sofort für mich fest.

Als wir wieder in der Villa waren, wollte ich mich verabschieden, was aber unter großem Protest abgelehnt wurde. Ein befreundetes Pärchen sollte an diesem Abend *auch noch* zu uns stoßen. Mary zeigte mir mein pompöses Schlafgemach, doch ich musste erneut ablehnen, da mein nächster Morgen auch schon verplant war. Nach dem Dinner machte ich unter starkem Einwand die Flitze und ließ mich von einem Taxi zurück zum Yachtclub bringen. Noch lange lag ich in meiner Koje und ließ die vergangenen Stunden Revue passieren.

»Wo wäre ich da heute Nacht noch hingeraten? Wahrscheinlich wäre ich jetzt splitternackt an ein Bett gefesselt und zwei Frauen würden mich vergewaltigen. Oder vielleicht sogar auch noch ihr Mann??«

Da stellte es mir sämtliche Haare zu Berge. Ja, jedem das Seine, meine Welt sieht anders aus. Ich bin ein romantischer Schmusekater, der die Liebe liebt.

Am nächsten Morgen warf ich die Leinen los, segelte in die Pillwater Bay und machte mich auf den Weg zu Horst Kanngieser und seiner Frau. Mit dem Dingi fuhr ich rüber zum Anlegesteg, wo mich Horst auch direkt empfing. Nach kurzem Smalltalk führte er mich durch sein riesiges Blockhaus, das eigentlich für zwei Personen viel zu groß war.

Beim anschließenden Dinner stellte sich wiedermal heraus, wie *klein* eigentlich die Welt ist. Als ich gefragt wurde, aus welcher Ecke Bayerns ich komme, antwortete ich ihnen mit

»Region Regensburg.«

»Woher genau?«

Da mir unser Zehntausendseelendorf zu klein erschien, nannte ich unsere Kreisstadt:

»Aus Cham.«

»So ein Zufall«, sagte Frau Kanngieser, »ich komme aus *Roding*!«

An *dem* Bissen, der mir im Halse stecken blieb, wäre ich dann *fast* erstickt! Als sich mein Hustenanfall beruhigt hatte, erzählte ich ihnen, dass *auch ich* aus Roding komme. Auch *die beiden* verdauten mit erstaunter Miene diesen Zufall. Horst war mit seiner Frau, deren Bruder ich dazu auch noch gut kenne, zwanzig Jahre zuvor nach Australien ausgewandert. Dort haben sich die beiden auf der winzigen Insel ein schönes Heim geschaffen.

Wieder zurück in Sydney bereitete ich mich für einen weiteren Erkundungstrip vor. Meine Yacht hing sicher am Steg des Yachtclubs und so machte ich mich auf zu meiner *ganz eigenen* Erkundung des fünften Kontinents. Als ich am Abend meinen Rucksack packte, klopfte es auf einmal an mein Schiff. Meine Sexbombe Mary machte mir ihre Aufwartung. Als sie bemerkt hat, dass ich verreisen wollte, schlug sie mir vor, sie mitzunehmen. Es dauerte *die halbe Nacht* bis ich ihr begreiflich machen konnte, dass *ich* den Trip *mit ihr* wahrscheinlich nicht überleben würde. Es gibt zwar den Spruch:

»Wo ein Wille, da ein Weg!«

Aber alles hat seine Grenzen.

Bald saß ich im Flieger nach Alice Springs im Zentrum Australiens, dem Ausgangsort zum Watarrka-Nationalpark und dem Uluru-Kata Tjuta-Nationalpark, wohl dem beliebtesten Ausflugsort Australiens. Abends besuchte ich ein Pub und sah mich nach einem Führer mit Fahrzeug um. Und schon am nächsten Nachmittag düste ich mit einer vorsintflutlichen Knatterkiste in Richtung Kings Canyon. Doch nicht einmal zwei Stunden später lag mein Highway-Cowboy unter dem alten Jeep und musste die Bremsleitung reparieren. Als Alan fertig war, hatte ich bereits unser Abendessen und Nachtlager vorbereitet. Von diesem Moment an hatte ich einen Stein bei ihm im Brett. Am Lagerfeuer leerten wir eine Flasche Whiskey, währenddessen er mir spannende Geschichten von den

Outbacks und den Ureinwohnern erzählte, den Aborigines. Als ich mit Geschichten des Seezigeuners Gangerl aufwartete, waren wir schnell ein Herz und eine Seele, da er keinen gewöhnlichen Touristen vor sich hatte.

Einige Tage verbrachten wir im *faszinierenden* Kings Canyon. Bienenkorbähnliche Sandsteinfelsen bedecken das Plateau, die Gegend selbst wird *Lost City*, also *Die vergessene Stadt*, genannt. Ganz besonders beeindruckend aber war für mich die Südwand des Canyons, die mit ihren glatten, messerscharf geschnittenen, roten Felswänden einen ungewöhnlichen, außerirdischen Anblick bildet.

Unser nächstes Ziel waren die wildromantischen Olgas im Uluru-Kata Tjuta-Nationalpark. Von einer Sanddüne aus ließ ich meinen Blick über die *Spinifex*-Ebene mit ihren großartigen Beständen an Wüsteneichen zu den beeindruckenden Kuppeln der roten Olgas schweifen. Der Anblick ist *zu* malerisch, um es in Worte fassen zu können! Wenn man dann den Olga Gorge Walk vorbei am 1.069 Meter hohen Mount Olga entlangwandert, bleibt einem die Spucke weg! Ein weiteres Muss ist natürlich der Ayers Rock, *das* berühmte Wahrzeichen Australiens und eines der wichtigsten Heiligtümer der Aborigines. Als wir am Nachmittag ankamen, war es leider schon zu spät, um den Monolithen zu besteigen. Wegen der kolossalen Hitze, die der rote Fels am Nachmittag ausstrahlt, war das Klettern dort nur frühmorgens erlaubt. Aber auch die Umrundung des Ayers Rock offenbarte uns viel Naturschönheit.

Beim ersten Büchsenlicht des nächsten Morgens hangelte ich mich auch schon an der Stahlkette zum Gipfel empor. Ein *erhabenes* Gefühl überfiel mich, plötzlich den Göttern der Ureinwohner *so* nahe zu sein. Beim Abstieg konnte ich mir ein paar spitze Worte nicht verkneifen, als ich sah, wie sich fettleibige Touristen schwitzend zur Sau machten, um den Glutofen zu erklimmen. Nicht wenige hatten dort schon durch Eigenüberschätzung ihr Leben gelassen, erzählte mir mein Guide. Aber immerhin wollten sie es probieren.

Zwei Wochen war ich schon mit meinem Outback-Guide unterwegs, der mir einige »survival skills« beigebracht hat. Alan fing Kaninchen, Wallabys, Schlangen und einen kleinen Waran. Alles bereiteten wir über dem Lagerfeuer oder im Erdofen zu. Ich konnte mich nicht beklagen, es hat gut geschmeckt! Er zeigte mir auch, welche Wurzeln essbar sind, welche

Kakteen Trinkwasser speichern und welche Pflanzen giftig sind. Als wir wieder zurück in Alice Springs waren und da es unser letzter gemeinsamer Abend war, ließen wir uns zum Abschied nochmal richtig volllaufen und hatten eine Menge Spaß.

Kaum wieder auf den Füßen, nahm ich den nächsten Flieger zurück nach Sydney. Dort empfing mich direkt eine Nachricht von Mary, dass sie mich unbedingt noch sehen will, bevor ich nach Tasmanien abhaue. Ich rief sie an und verlegte das Meeting unter ihrem Protest auf den nächsten Tag.

Als ich zum Dinner in den Club ging, blieb mein Blick an einer Wand mit vielen Zetteln hängen. »Hand gegen Koje« stand darüber. So wurde von einigen Leuten per Inserat eine Überfahrt nach Neuseeland gesucht. Kaum hatte ich mich über das Essen hergemacht, traten drei Mädchen an meinen Tisch. Schüchtern fragten sie mich nach einer Überfahrt Richtung Neuseeland. Ich verneinte, da mich mein Trip nach Auckland Island in Richtung Antarktis führen sollte. Es folgten noch zwei Jungs, denen es aber ebenso erging. Ich nehme doch *niemanden* in die »Brüllenden Fünfziger« mit!

Noch am selben Abend stellte sich mir ein leicht korpulenter Herr vor, aber auf Deutsch. Da ich in dem Moment der einzige fremde Segler war, kannte bald jeder den verrückten Bayern mit seinem Vorhaben. Gerhard, der auf einer Rennyacht als Navigator tätig war und kurz zuvor das letzte *Sydney Hobart Race* mitgemacht hatte, lud mich für den nächsten Tag auf die Rennziege ein.

Staunend betrachtete ich am nächsten Morgen zum ersten Mal in meinem Leben eine *echte* Rennyacht. Zwanzig Meter lang mit einem Mast, der sich im Himmel verlor, vollgepackt mit Leinen, Schoten, Fallen, Streckern mit überdimensionalen Beschlägen, Grindern für die Winschen, zeigte er mir den *deutlichen* Unterschied zu einer Fahrtenyacht. Als ich ins Innenschiff ging, war ich von der spartanischen Leere enttäuscht. Das einzige Beeindruckende war der Navigationsplatz, Gerhards Reich. An den unisolierten Bordwänden hingen an der Decke befestigte Hängematten, die nach der Belegung an die Bordwand gezurrt wurden. In einer Ecke stand ein Waschbecken mit Kloschüssel daneben, aber sonst gab es *nur noch* in der Mitte den großen Tisch, unter dem eine große Gefriertruhe eingebaut war. Die Klamotten hingen in Netzen an der Bordwand und das war's auch schon. Als mir Gerd dann noch erzählte, dass der Kahn nur acht Tonnen Gewicht hat, verging mir die Lust, damit zu segeln.

Als ich wieder zurück auf die *Bavaria* kam, saß schon wieder meine Nachtigall Mary im Cockpit. Ohne jegliche Höflichkeitsfloskel, ob sie vielleicht was trinken möchte, zog ich meine Madame nach unten, wo wir *wie die Tiere* übereinander herfielen. Das war genau nach dem Geschmack meiner zivilisierten Wilden, denn ~~*so etwas*~~ imponierte ihr. Anstand und Bildung wird nur im übertragenen Maße in der Öffentlichkeit gezeigt. Die Nacht entwickelte sich noch zu einem echten Kraftakt. Ich war der Meinung, dass sie mich umbringen will, weil ich damals nicht in ihrem Haus geschlafen hatte.

Am Morgen bereitete ich auf dem Zahnfleisch kriechend das Frühstück zu. Schmollend verließ sie meine Yacht, da ich um Friede bettelnd wahrscheinlich etwas heftig reagiert hatte. Sie war eine richtige Nymphomanin, ein *männermordender Vamp!* Aber ich hatte genug davon und irgendwann muss einfach mal Schluss sein. Dieses Erlebnis ist ein gutes Beispiel für meinen Lebensstil, denn oft lebe ich zwischen den Polen von Leidenschaft und Entsagung.

Abends fand im Yachtclub eine Tanzveranstaltung statt, es spielte eine recht gute Kapelle. Nachdem ich einige Damen schwindelig getanzt hatte, stellte ich mich in die Ecke des Billardtisches und folgte dem Spiel einiger recht guter Spieler. In der Dreierrunde war eine junge Frau, die im Spiel *nicht* zu schlagen war. Einer der Kerle schien ihr Freund zu sein und der andere wahrscheinlich ihr Bruder. Unerwartet hat sie mich eingeladen, mit ihr gegen die Männer zu spielen. Ich lehnte ab, denn seit dem Lehrlingsheim hatte ich nie mehr Billard gespielt. Sie ermutigte mich trotzdem, da es ja um nichts ging:

»Just for fun!«

Nachdem wir gewonnen hatten, wollte sie nicht glauben, dass ich sonst nie gespielt hatte. Ich aber konnte es *selbst* nicht glauben, ich war der Meinung, ein Geist lenkt meinen Stock. Wie sich später herausgestellt hat, habe ich mit der amtierenden Jugendmeisterin von Sydney gespielt.

Zwei Tage vor meiner Abreise kamen mittags zwei Engländerinnen an meinen Tisch, wieder mit derselben Bitte, mit nach Neuseeland segeln zu dürfen. Da beide angeblich schon viele Seemeilen auf dem Buckel hatten und ihr Vater in England selbst eine Yacht besaß, wollte ich mir die Sache noch überlegen, weil der Trip sicherlich hart werden würde. Eine zweite Hand wäre bei so einem Vorhaben nicht zu verachten!

Abends im Club waren sie dann schon wieder da. Zum Glück mischte sich Gerd in unser Gespräch ein, der zufällig gerade bei mir am Tisch saß. Er sprach von Mann-über-Bord-Ereignissen, von Mastbrüchen und von Totalverlusten.

»Die Bass Strait und Tasmansee sind ein Teil der Hölle!«, meinte er.

Endlich konnte er die Mädels überzeugen, von diesem Segeltrip die Finger zu lassen. Wir hatten noch etlichen Spaß danach, deswegen wollten sie mich in Whangarei in Neuseeland wiedertreffen. Sie müssen Gerd ein Leben lang *dankbar* sein, dass er ihnen *den Trip durch die Hölle* erspart hat. Oft gaben mir Leute vom Club ihre Hand und nannten mich dabei einen »crazy fuckin' guy«, doch ich war mir nicht bewusst, warum. Nur weil ich schnell mal nach Tasmanien und Auckland Island segeln wollte? Ich hatte dafür kein Verständnis. Doch die Erleuchtung folgte auf dem Fuße, denn es sollte wirklich *bitter* kommen, mehr als nur bitter! Und meine Überheblichkeit sollte *schwer* in ihre Schranken gewiesen werden.

Im Cockpit: Kapitän Gangerl lässt es sich gutgehen

Am nächsten Tag stand Mary wieder am Steg, aber nur um mich zum Lunch einzuladen. Da das Essen nicht in ihrem Haus ablief, willigte ich ein. Das Ende vom Lied brauche ich wohl gar nicht zu erklären, es kam, was kommen musste: Nach dem Besuch einiger Pubs waren wir *leicht* angetörnt und landeten wieder da, wo wir am Vortag aufgehört hatten.

Nach dieser abenteuerlichen Nacht komplimentierte ich sie vom Schiff, weil ich lossegeln wollte. Mit dem Versprechen, welches sie mir abnahm, wiederzukommen, verließ sie mein Schiff und sah mir noch zu, wie ich die Leinen loswarf. Etwas wehmütig winkte sie mir zum Abschied, dabei hatte ich den Eindruck, sie würde weinen. Noch sehr oft in meinen einsamen Nächten dachte ich an diesen alternden Wirbelwind aus Sydney. Meine langjährige Segelpartnerin Renate hingegen war bereits aus meinem Sinn verschwunden. Ich habe die Gabe, meinen *geistigen* Müll *sofort* über Bord zu schmeißen. Denn etwas nachzuweinen, was Vergangenheit ist, ist nicht mein Ding! Die Liebe kommt, die Liebe geht. Nur den Hund sollte ich noch viele Male vermissen.

Kapitel 21

Auf dem Weg in die Hölle

Nach meinem Abschied aus Sydney lag ich abends unterhalb der Stadt in der Botany Bay, um mich für den Sprung über die gefürchtete Bass Strait ein wenig vorzubereiten. Ich spliss schon mal Augen in die Enden starker Leinen, um sie im Falle bei Sturm als Treibanker benutzen zu können.

Zwei Tage später wollte ich dann eigentlich aufbrechen, doch während ich den Anker liftete, kam plötzlich starker Wind auf. Meine Pläne habe ich sofort gestrichen, da sich ein hässlicher *Southerly Buster* angekündigt hat. Das sind besonders an heißen Tagen vorkommende, urplötzliche Wetterumschwünge, die eine Kaltfront mit heftigen Gewitterentladungen bringen. In dieser Gegend werden diese Umschwünge zumindest so genannt. Statt Ankerauf zu gehen, brachte ich lieber noch einen Zweitanker aus.

Bald pfiff es mit 50 Knoten und die Vorstellung, so einen Bastard auf See zu erwischen, stimmte mich nicht gerade glücklich. Da ich im Süden der großen Bucht lag, hatte ich keine große Welle. Aber die beiden Anker gaben mir die nötige Sicherheit.

Am nächsten Tag war die Front durch und der Spuk vorüber. Ich ging sofort Anker auf und konnte die nächsten 30 Stunden bei halbem Wind flott segeln. Doch recht bald danach hat der Wind wieder auf Südwest gedreht. Ich ahnte nichts Gutes! Doch statt gleich den nächsten schützenden Hafen anzulaufen, segelte ich stur einfach weiter. Und *wieder* sollte meine Selbstüberschätzung einen gewaltigen Dämpfer bekommen! In der Bass Strait zwang mich *direkt* der nächste *Southerly Buster* zum

Umdrehen. 55 Knoten Wind auf der Nase waren mir einfach zu fett! Man hatte mich ja im Yachtclub vor der Tasmansee und speziell vor der Bass Strait ausreichend gewarnt. Bei Wind aus Südsüdwest mit *so* einer Stärke aufkreuzen ist nicht machbar! Also wendete ich meinen Kahn und lief mit raumem Wind zurück nach Eden, einem verträumten Fischerstädtchen. Eine Woche grantelte Rasmus und so hatte ich nochmal Zeit, meine *Bavaria* besser für die »Schreienden Fünfziger« vorzubereiten, die ich auf dem Weg zu meinem Ziel passieren würde. Mit den *Roaring Fourties* und den *Roaring Fifties* sind Westwindzonen um die südlichen 40. und 50. Breitengrade gemeint, bei denen man fast täglich von Sturmstärke ausgehen kann.

Diese beiden Stürme haben mir jedenfalls eine Lehre verpasst, ich habe Einiges dazugelernt. Sämtliche Lüftungsabdeckungen habe ich abgedichtet, Luken und Niedergänge verschraubt sowie Anker und Kette vom Kettenkasten im Bug in der Bilge verstaut. Aus meinem Dingi ließ ich die Luft raus und verstaute es unter Deck.

Eine Woche später klarierte ich in Eden aus mit Ziel Auckland Island, einer Insel zwischen Antarktis und Stewart Island. Diese Insel auf Position 52 Grad Süd ist ein wahres *Tierparadies*, welches zu Neuseeland gehört. *Unbedingt* wollte ich die dort beheimateten Gelbaugenpinguine sehen. Ich hatte zwar ein flaues Gefühl im Magen, aber an das hatte ich mich schon gewöhnt, weil es immer vor gefährlichen Unternehmungen auftaucht. Doch mein *überaus* großes Selbstvertrauen, das manchmal schon zur Arroganz reicht, lässt jeglichen Respekt vor dem unberechenbaren Ozean vermissen. Der Unwissende hat Mut, der Wissende hat Angst. Da ich aber zu den mutigen Anfängern zählte, sollte mich die Tasmansee zu einem ehrfürchtigen Schüler werden lassen.

Mit 20 Knoten Wind aus West arbeitete sich die *Bavaria* durch die aufgewühlte Tasmansee. Mein Windpilot konnte den Kurs Richtung Süd ohne Probleme halten. Aber schon am nächsten Morgen kam der Wind aus Nordwest, weshalb mein flaues Gefühl *deutlich* zunahm. An meinem Wetterfax hingen circa 1,5 Meter lange Wetterberichte, die *gar nichts* Gutes versprachen! An der Westseite Tasmaniens stand ein *gewaltiges* Sturmtief. Ich wollte es nicht wahrhaben, was mir die Wetterberichte weismachen wollten.

Die gefürchtete Bass Strait hatte ich bereits hinter mir und die *Bavaria* segelte bei strahlendem Sonnenschein in Lee von Tasmanien. In mir wuchs die Spannung, ob ich noch vor dem Sturm nach Hobart kommen oder *wieder mal* der Verlierer sein würde. Mein Kribbeln im Bauch sagte mir, dass Letzteres eintreten sollte. Denn auch die Zeit spielte gegen mich, da ich Hobart nicht mehr vor dem Dunkelwerden erreichen würde.

Gegen Abend bewegte sich eine schwarz drohende Wand auf mich zu. Reff drei war gesetzt, die Genua weggerollt, die Yacht lief nur noch unter Kuttersegel. Da ich ahnte, was kommt, gab ich meinen Plan, nach Hobart zu segeln, sofort auf und richtete die Nase nach Südost Richtung Auckland Island.

Mit schäumendem Bug startete ich meinen Ritt in die Hölle

Mit schäumendem Bug pflügte meine brave *Bavaria* durch die hohe Dünung der *Roaring Fourties.* Seit Tagen beobachtete ich schon mit Unruhe Zyklon *Polly*, der sich über Neukaledonien langsam südwärts bewegt hatte. Doch plötzlich bekam der Depp Jagdgelüste auf einen friedlichen Bayern und kam mit zunehmender Geschwindigkeit auf mich zu.

Am sechsten Tag nach meiner Abreise aus Australien befand sich der Wirbelsturm schon auf 45 Grad Süd, also *nur* noch 200 Seemeilen vor mir! Ihm auszuweichen oder zu hoffen, dass ich nicht auf ihn treffen würde, das war angesichts der Wetterlage bereits aussichtslos. Ich hatte fast keinen Wind und *dümpelte* mit zwei bis drei Knoten auf meinem Kurs dahin. Ich konnte einfach nur noch *abwarten* bis das Unwetter über mich hereinbricht. Schrecklich ist das auf See, wenn man das Unausweichliche näherkommen sieht und *rein gar nichts* dagegen tun kann. Aber ich wollte es ja scheinbar auch herausfordern.

Das Wetterbild war unheimlich und unwirklich, der Himmel bedeckt mit Cirruswolken und die Sonne nur schemenhaft wahrzunehmen. Meinem Wetterfax entnahm ich, dass von Tasmanien ein Tief mit sogar *zwei* Fronten kam: Eine Warm- und danach die Kaltfront mit einem darauffolgenden, riesigen Hoch.

Am nächsten Morgen war die Warmfront auch schon da. Meine *Bavaria* bekam mit *brutaler* Gewalt die Faust von Rasmus zu spüren! Die Himmelsschleusen öffneten sich, um mein Schiff zu ertränken. Mit halbem Wind bei dreifach gerefftem Groß und einem Zipfel der Rollfock versuchte ich den Sturm abzuwettern. Als es dunkel wurde, ähnelte meine Situation dem Durchfahren einer *Geisterbahn!* Immer wieder erhellten *grelle* Blitze die beängstigende Szene, mein Windmesser zeigte Windstärke 10 und die Wellen bauten sich zusehends auf. Warum ich nicht wie sonst nur mit gerefftem Kutter gesegelt bin, ist mir bis heute ein Rätsel.

Plötzlich *brach* ein Inferno über mich herein! Die Kaltfront war da! *Schlagartig* steigerte sich der Wind von 55 auf 65 Knoten. Blitzschnell riss ich das Groß ganz herunter und legte die Yacht vor den Wind. Sie fegte mit gerade einmal fünf Quadratmeter Rollfock wie eine *wildgewordene Sau* durch die kochende See.

»Verdammte Scheiße!« *schrie* ich aus Leibeskräften. Einhandsegler neigen in Extremsituationen zu Selbstgesprächen, das ist wohl nicht verwunderlich.

Ich sah *großes* Unheil auf mich zukommen, da die Wellen immer höher wurden und die *Bavaria* mit wahnsinnigem Speed vom Wellengipfel ins nächste Wellental schoss. Der Bug bohrte sich fest und der nachfolgende

Wellenberg ließ das Boot querschlagen. Mit *brutaler* Gewalt wurde der Mast fast auf das Wasser gedrückt! Ein Chaos bahnte sich an und ab da hatte ich echt Angst.

Verzweifelt versuchte ich, das restliche Tuch wegzurollen, aber vergeblich! Nicht einmal mit der großen Genuawinsch konnte ich die letzten fünf Quadratmeter Genua wegrollen, so viel Winddruck war gerade im Segel.

»Verdammt nochmal!«

Ich bekam Panik und wusste nicht, was ich tun soll. Verzweifelt schrie ich meinen Frust heraus.

»Du blödes Arschloch, warum hast du nur das Groß zuerst weggenommen?!«

Ein Großsegel kann man beim stärksten Sturm bergen, aber für das Wegrollen der Genua brauchte ich das Groß, um das Vorsegel in den Windschatten vom Großsegel zu bringen. Der Idealfall wäre gewesen, die Sturmfock am zweiten Vorstag zu setzen, denn damit hält die Yacht besser den Kurs, weil das Segel die Yacht zieht. Wenn aber wie in dem Moment die Yacht vor Topp und Takel lenzen muss, hätte ich die Sturmfock runterreißen können.

Wieder rollte eine riesige See auf die *Bavaria* zu und riss sie mit ins nächste Wellental. Erneut legte sie sich quer, Wassermassen *überrollten* das Schiff und *drückten* den Mast sogar *unter* Wasser. Das waren also gute hundert Grad *Schräglage!* Eine Unmenge Wasser schluckend hing

Ein unwirkliches Szenario: Der Zyklon zieht auf.

ich am Sicherheitsgurt halb außenbords und klammerte mich verzweifelt an einer Relingstütze fest. Langsam kam mein Schiff wieder hoch, während der Windpilot die Yacht wieder vor den Wind brachte. Ich zog mich mit letzter Kraft auf das Deck zurück und krabbelte auf allen Vieren ins Cockpit. Bis zur Hüfte saß ich im Wasser, denn mein Cockpit glich einem Swimmingpool.

Ohrenbetäubendes Geknatter ließ mich aus meinem Schock erwachen, denn die laut schlagenden Segelfetzen übertönten sogar noch den kreischenden Sturm.

»Oh verdammter Mist!«, schrie ich hinaus, das Schothorn war ausgerissen. Ich rollte die restlichen Fetzen weg und bemerkte, dass sich die *Bavaria* ab da friedlicher benahm. Da hatte ich zum ersten Mal Zeit, einen Blick auf den Windmesser zu werfen. Im ersten Moment glaubte ich, er sei kaputt, denn er stand bei 68 Knoten *auf Anschlag!* Wenn aber das Schaufelrad im Masttop davongeflogen wäre, hätte der Zeiger auf null stehen müssen. Also litt ich nicht unter Wahnvorstellungen, es war Orkanstärke.

Es war *der reinste Wahnsinn!* So hatte ich mir immer den Weltuntergang vorgestellt. Ich leckte mir über meine salzigen Lippen und konnte Blut schmecken. Wahrscheinlich hatte ich mich an der Reelingstütze verletzt. Um mich herum herrschte ein *Inferno*, wie ich es mir in meinen kühnsten Träumen nicht schlimmer vorstellen hätte können. Plötzlich schlug die Yacht wieder quer, ich *krallte* mich noch schnell am Cockpittisch fest, saß aber gleich darauf wieder in einem Swimmingpool. Langsam richtete sich die Yacht wieder auf, mein Windpilot brachte die *Bavaria* erneut vor den Wind. Aber es sollte *noch* schlimmer kommen.

Das Wasser flog quer, nur grüne See und der Sturm kreischte, dass mir die Ohren schmerzten! Er legte nochmals eine Oktave zu, weswegen die Wellen zu richtigen Wolkenkratzern heranwuchsen. *Immer wieder* schlug das Schiff quer und die Wellen ergossen sich sintflutartig über das Schiff. Ich rechnete mit dem Schlimmsten und das ist Durchkentern.

Ich war total in Panik! Mein Dampfer war zum Spielball der Naturgewalten geworden. Mein Hirn arbeitete fieberhaft, denn eine *Katastrophe* schien sich anzubahnen. Meine Gedanken kreisten um das nahende Problem:

»Wenn das quer geschlagene Schiff eine Monstersee erwischen würde, deren Welle noch um einiges höher wäre als normal, müsste es zwangsläufig eine Rolle um die eigene Achse machen. Sicher würde sich das Schiff wieder aufstellen, aber dann mit gebrochenem Mast. Sollte meine Yacht rundum gehen, würden die Maststücke, die an den Wanten hängen, mit *Sicherheit* eines meiner vielen Bullaugen einschlagen, was dann den Untergang bedeuten würde.«

Segler, die behaupten, durchgekentert zu sein und dabei nicht den Mast verloren zu haben, sind Lügner!

Inzwischen war es Nacht geworden, was diese ausweglose Situation noch schlechter erträglich machte. Ich betete zu Gott, dass die Nacht schnell vorübergehen würde, denn das Herandonnern der Wellen, die man nicht sehen konnte, machte mich verrückt.

Der Regen hatte aufgehört und am Firmament zeichnete sich der neue Tag ab. Im Dunst des Morgenlichtes kam meine unwirkliche Lage einem Horrorfilm gleich! In meinen kühnsten Träumen hätte ich mir niemals *solche Wellenberge* vorstellen können, wie die, die in diesem Moment auf mich zurollten. Es waren alles *Schiffe fressende Monster!* Klitschnass am ganzen Körper, fror ich wie ein Hund. Mich umzuziehen konnte ich nicht wagen, denn dazu hätte ich nach unten gehen und die Luke öffnen müssen.

Wieder sauste ein großer Brecher heran, die *Bavaria* schoss mit 15 Knoten talwärts und schlug quer. Ich musste zumindest bei Tageslicht etwas unternehmen, um die Situation zu verbessern. Schnell krabbelte ich in die Backskiste und holte alle Taue heraus, die ich zur Verfügung hatte. Bald darauf hingen sie in Buchten achteraus, weswegen ich eine wesentliche Besserung der kritischen Lage feststellen konnte: Das Schiff donnerte zumindest nicht mehr mit vollem Karacho die Wellenberge hinab, sondern etwas langsamer. Doch kaum gedacht, rauschten wieder *Tonnen* an brodelndem Wasser über das Schiff. Ich hing festgekrallt auf der Steuerbordseite des Deckshauses. Es war eigentlich nur noch eine Frage der Zeit, bis es wegfliegen würde. Wieder saß ich bis zur Brust im Wasser. Es dauerte einige Minuten, bis sich das Cockpit gelenzt hat.

Hilflos und gespannt, starrte ich auf die anlaufenden Wellenberge. Langsam gewöhnte ich mich an sie, doch immer wieder rollte ein Wellengigant auf mich zu.

»Das war's jetzt, dieses Monster frisst dich!«, mehr denkt man in einem solchen Moment nicht.

Als ich wieder mal so eine Phase durchlebte, dachte ich mir »du musst was tun!« Ich zog also an der Verstellleine des Windpiloten, sodass der Kurs 20 Grad aus der Windrichtung lag. Siehe da, das war *die Lösung!* Die talwärts laufende Welle gab das Schiff eher frei und trieb das Boot nicht mehr mit einem wahnsinnigen Speed bis ins Wellental, wo es sich dann festbohrte und querschlug. Bei einem Langkieler aber dürfte das Rezept gefährlich sein. Auf einmal dämmerte es mir:

»Wahnsinn, nun sitzt du schon 28 Stunden frierend ohne Essen und Schlaf im Cockpit!«

Und mir wurde klar, *zu was* der Mensch *fähig* ist, wenn es ihm an den Kragen geht.

Als ich mir sicher war, dass keine Welle einsteigen würde, öffnete ich den Niedergang. Unten empfing mich *das reinste Chaos.* Die Luke verschloss ich hinter mir wieder ganz schnell. Das Durcheinander lässt sich kaum in Worte fassen! Alles, was nicht niet- und nagelfest war, lag verstreut in der Gegend herum. Während meine Yacht weiter kräftig von einer zur anderen Seite durchgeschüttelt wurde, wurde mir unter Deck plötzlich auch noch furchtbar schlecht. Mein Inneres entleerte sich in die Spüle.

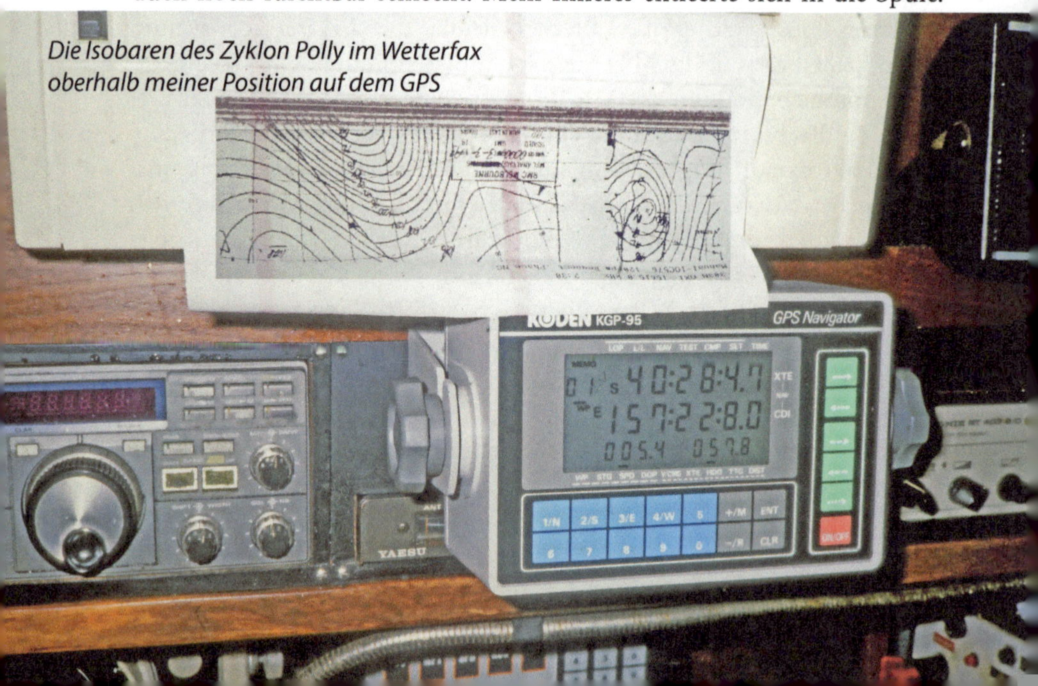

Die Isobaren des Zyklon Polly im Wetterfax oberhalb meiner Position auf dem GPS

Mir war *hundeelend*, mein Körper bebte unter Schüttelfrost. Ich riss mir die nassen Sachen vom Leib, zog mir einen Trainingsanzug über und verkroch mich unter einem Berg von Decken in die Backbordkoje. Mir war auf einmal *alles* egal, auch wie es weitergeht. Bald war ich eingeschlafen, denn der Stress war einfach viel zu viel.

Ein fiebriger Traum der Apokalypse umfing mich, doch ohrenbetäubendes Krachen holte mich wieder in die Wirklichkeit zurück. Wie von der Tarantel gestochen *schoss* ich hoch und lag schon mit verstauchtem Handgelenk in der Ecke. Ich hatte in meiner Schlaftrunkenheit übersehen, dass der Boden übersät mit Sachen war und das Schiff in dem Moment schwer auf der Backe lag. Langsam richtete sich der Kahn wieder auf und so fand ich auch mein Gleichgewicht unter den Füßen wieder. Als die Wasserfontänen aufhörten durch die Ritzen des Niederganges zu spritzen, leerte sich das selbstlenzende Cockpit, weshalb ich die Schotten öffnen konnte. Draußen war es noch hell, aber der Anblick der *haushohen* Wellen flößte mir wieder Angst ein. Im Cockpit konnte ich nichts Negatives feststellen, außer, dass der Zeiger der Windmessanlage auf Null stand. Das Schaufelrad war also davongeflogen. Die Wellen hatten inzwischen auf *zwölf bis fünfzehn* Meter Höhe zugenommen! Obwohl sich die himmlische Sintflut eingestellt hatte, flog die Gischt *waagerecht* übers Wasser. Die *Bavaria* aber hielt dank der Windsteuerung sicher ihre Bahn vor dem Wind. Nur dieses vorangegangene Ungetüm hatte sie wieder mal aus der Bahn geworfen.

Ich ging wieder nach unten und ertappte mich dabei, wie ich zum ersten Mal *richtig* mit Gott sprach. Ich war nie ein echter Christ, weil ich in den Gotteshäusern oft scheinheilige Menschen angetroffen hatte und habe mir deshalb Kirchenbesuche erspart. Aber die Jahre auf See haben so Einiges in mir verändert. Hängst du tief in der Scheiße, da suchst du Hilfe und klammerst dich sogar an einen Strohhalm.

Meine Haut fühlte sich kalt und nackt an, wie ein Stamm, den man aus seiner Rinde geschält hat. Bald übermannte mich aber wieder der Schlaf, da ich einfach fix und fertig war. Früher war mir unklar, wieso ich nach fünf oder sechs Fallschirmsprüngen immer so geschafft war. Jetzt weiß ich, dass es die nervliche Anspannung ist, die den Körper weit mehr stresst als schwere Arbeit.

Plötzlich wurde ich aus meinem Delirium gerissen, *wirbelte* quer durch das Schiff und dachte nur noch "*jetzt* ist es aus!" Ein wahnsinniger Schmerz raubte mir für einige Zeit meine Sinne. Als mein Gehirn das Durcheinander geordnet hatte, stellte ich fest, dass ich mich mit *wahnsinnigen* Schmerzen im Brustkorb unter dem Tisch befand, aber auf der Steuerbordseite. Das Schiff war zum wiederholten Male durch eine Monstersee seitlich auf das Wasser gelegt worden. Ich wurde dabei über den Tisch in die gegenüberliegende Fensterfront geschleudert, wo das Rüsteisen für das Toppwant durchlief. Beim Wiederaufrichten des Bootes fiel ich herab und landete unter dem Tisch. Da mein Schiff durch den Kiel mit seinen sieben Tonnen wie ein Stehaufmännchen wirkte, war es im Sturm auf offener See fast unsinkbar.

Ich fühlte mich wie Jonas im Bauch des Wales, hilflos und eingeschlossen. Mit quälenden Schmerzen wollte ich mich aufrichten, aber es ging nicht mehr, ich war *fertig!* Fertig mit den Nerven und mit meinen körperlichen Kräften. Wie gelähmt fühlte ich mich wegen dieses stechenden Schmerzes in meiner Brust. Ich musste mir die Rippen geprellt oder sogar gebrochen haben. Nach Luft schnappend, lag ich nun da und war nicht fähig, mich zu bewegen. Da hatte das Großmaul endlich seinen Sieger gefunden und ich fragte Gott »*Warum?*«.

Zusammengekrümmt unter irren Schmerzen dachte ich zum ersten Mal an den Tod. Ich überlegte, einen Notruf abzusetzen, aber kein Schwein hätte mir dort am Ende der Welt bei diesem chaotischen Wetter helfen können. Unter den fürchterlichen Schmerzen in der Brust krabbelte ich, einen Arm fest auf die Brustrippen gepresst, wieder auf die Backbordseite in meine Koje. Ich konnte nur ganz flach atmen, weil mich die Hustenanfälle an den Rand einer *Ohnmacht* brachten. Trotz Schmerzen schlief ich aber irgendwann wieder ein.

Als ich wach wurde, stellte ich mit Erstaunen fest, ich hatte mit Unterbrechungen fast 24 Stunden geschlafen. Mühsam rappelte ich mich hoch und steckte meine Nase aus dem Niedergang. Draußen herrschte das glei che Bild, *Weltuntergangsstimmung!* Mit dem einzigen Unterschied, dass die Sonne durch einen Berg von Zieren schien, was die Sachlage ja *noch* gespenstischer machte. Wieder unter Deck schaute ich mir die meterlangen Wetterberichte an, die aus dem Wetterfax kommend am nassen

Boden lagen. Zyklon *Polly* lag ortsfest vor mir und das nachfolgende, riesige Hoch, welches von Tasmanien aufrückte, quetschte die Isobaren zu einem engen Strichsalat zusammen. Über Stewart Island südlich von Neuseeland stand ebenfalls ein großes Hoch, weshalb der Zyklon nicht nach Ost abwandern konnte.

»Na Prost Mahlzeit, das sieht nach einer längeren Gaudi aus.«

Deprimiert lag ich wieder in der Kiste und wagte nicht mich zu bewegen. Lange Zeit hatte ich *nichts* mehr gegessen, fühlte aber auch gar keinen Hunger. Das Einzige, nach dem mir war, sind Schmerztabletten. Oft dachte ich an Muttern und an meine Kinder, wie schön es doch wäre, anstatt in dieser Hölle bei ihnen zu sein. Wunschdenken half mir da aber auch nicht viel weiter. Doch am meisten dachte ich tatsächlich an den Himmelvater, mit dem ich öfter sprach. Weiß Gott, ich bin kein großer Christ, aber in so einer beschissenen Lage ist jedes Mittel recht. Zum ersten Mal hat er mir das *Fürchten* beigebracht.

Endlos krochen die Stunden dahin. Noch zwei Mal war der Mast *auf* das Wasser geknallt, doch der Teufel konnte mir auch nichts mehr anhaben, denn ich hatte mich auf der Liege festgeschnallt. Mich quälte die Notdurft, doch ich war nicht in der Lage aufzustehen. Ohne mich loszumachen pinkelte ich einfach seitlich auf den Boden.

Nach dem Zyklon: Solche Hauswände konnte ich noch fotografieren. Zuvor war es aber der reine Überlebenskampf.

Am fünften Tag des Sturmes quälte mich ein fürchterlicher Hunger. Mein erster Weg führte aber zur Medizinbox, ich warf mir zwei Ibu 600 und zwei Magentabletten ein. Dazu gab es einen halben Liter Milch. Gleich darauf bekam ich höllische Magenschmerzen und verfluchte *alle* Geister dieser Erde! Ich hatte meine Milch noch nicht fertig ausgetrunken, flog ich schon wieder wie eine Rakete durch die Gegend und landete unter dem Kombüsentisch. Also kroch ich wieder zu meiner Liege und schnallte mich nochmal für ein paar Stunden fest.

Die Schmerzen im Magen und in der Brust ließen mit der Zeit langsam nach. Auch der Sturm hatte etwas an Intensität verloren, während draußen immer noch gespenstisch die Sonne durch milchige Schleierwolken schien. Ich beobachtete die unwirkliche Szene durch meine Bullaugen und war doch etwas neugierig, wie sich die Wetterlage nun verändert hat. Also kroch ich aus meinem Lager und streckte die Nase aus meinem Niedergang: Siehe da, der Sturm hat schon einiges an Power verloren! *Dankbar* schickte ich einen Gruß nach oben, denn wie es aussah, hatte ich gute Chancen, das Inferno überleben. Aber es blies sicherlich noch mit *über* 50 Knoten und die See war dazu sehr rau.

Dann habe ich einfach mal mein Funkgerät eingeschaltet und meldete mich bei *Radio Kiri Kiri* in Neuseeland. Dort fielen sie aus allen Wolken, weil sie nicht damit gerechnet hatten, dass sich bei *dem* Sturm in diesem Gebiet eine Yacht befinden würde. Ich nannte ihnen die Position und die Daten des Sturmes und legte mich mit etwas Essbarem zurück in die Koje. Kaum war ich ein paar Stunden weggetreten, wurde ich von *Radio Kiri Kiri* wieder in die raue Wirklichkeit zurückgeholt. Mühsam und leicht verärgert krabbelte ich schmerzerfüllt aus meiner Kiste ans Mikrofon. Ich hatte Verständnis für ihre Sorgen um mich, aber sie sollten es auch für mich und meinen geschundenen Körper aufbringen und mich liegen lassen.

Am sechsten Tag wagte ich einen Blick aus dem Cockpit und wurde endlich von *herrlichstem* Sonnenschein begrüßt. Zwar hatte der Wind noch immer über 40 Knoten, aber das war nach über 70 Knoten ein sanfter Furz. Ich holte meine Kamera heraus und machte ein paar Bilder von den immer noch gigantisch hohen Wellen. Eines davon erschien später im Jahr 2000 im Magazin *Yacht*, als der Artikel mit dem Titel »Der Wüste lebt« über mich erschien.

Immer noch liefen haushohe Wellen auf mich zu. Mir wurde klar, dass ich so ein Inferno *nicht nochmal* erleben möchte. Nicht einmal meinem ärgsten Feind würde ich so einen Sturm wünschen. Ok, gelogen. Meinen ärgsten Feinden wünsche ich den Weltuntergang.

Als ich mich wieder bei *Radio Kiri Kiri* meldete, sprach man vom Jahrhundertsturm mit fast 80 Knoten Windgeschwindigkeit und bis zu *zwanzig Meter* hohen Wellen. Man brachte mir großen Respekt entgegen, da ich der einzige Segler in diesem Orkan war, aber darauf hätte ich gut und gerne verzichten können.

Tags darauf schlief der Wind ein. Ich befand mich auf einmal wieder auf dem 39. Breitengrad. Vom 47. ungewollt zurück zum 39., das war eine *stramme* Leistung! Auckland Island war also zum zweiten Mal gestrichen.

Die Überreste des Vorsegels hatten sich um das zweite Vorstag gewickelt und es so blockiert, dass ich die Arbeitsfock auch nicht setzen konnte. Ich *alleine* war nicht in der Lage den Fetzensalat herunterzuschneiden, denn dazu musste man in den Mast steigen, was alleine und bei meinen Schmerzen sowieso ein Unding gewesen wäre. Was ich an elastischen Binden an Bord hatte, knallte ich mir um die Brust, um wenigstens ein bisschen zu fixieren.

Das zerfetzte Vorsegel

Rasch brachen die Wellen in sich zusammen und die *Bavaria* dümpelte in hohem Schwell. Mir erschien es aber als die *schönste* Flaute meines Lebens! Die Sonne trocknete die klamm stinkenden Klamotten und ich merkte, wie die Power in meinen geschundenen Körper zurückkehrte. Ich feierte quasi *Wiedergeburt*.

Kormorane und Albatrosse umkreisten mit Eleganz mein Schiff. Dicht neben mir tauchte ein Wal auf, der beim Abtauchen sogar noch den Kiel rammte. Zwei Tage konnte ich die ruhige See *genießen*, lag an Deck in der Sonne, aß kräftig und fühlte mich, abgesehen von den Schmerzen in der Brust, wie neu geboren! Ich schickte dem Herrgott ein »Dankeschön« nach oben und leckte meine Wunden. Nicht gerade problemlos konnte ich das Schiff aufklaren, damit wieder Wohnlichkeit Einzug halten würde, denn der Bugkorb war verbogen und ein Unterwant gebrochen. Im Maschinenraum wurde der linke Motor aus seinen zwei Lagerböcken gerissen und hing nur noch *so lala* in seiner Position. Nicht auszudenken, was passiert wäre, wenn er sich im Sturm selbständig gemacht hätte.

Als wieder Wind aufkam, setzte ich mit zusammen gebissenen Zähnen das Groß und den Kutter dazu, mehr war in dem Moment nicht möglich. Ich stellte den Kurs auf Ost und zwei Tage später lief ich mit der *Bavaria* in den Milford Sound auf der Südinsel Neuseelands ein. Zehn Tage *Hölle* und unvergessene Pein lagen hinter mir! Der überhebliche Seewolf, so nennen mich seit geraumer Zeit meine Freunde, hat einen bleibenden Denkzettel abbekommen, an dem er noch lange zu kauen hatte. Wiedermal war ein Ziel geplatzt! Da kommen mir die Worte meines Bruders Mario in den Sinn:

»Sobald du dir vorstellst, dass ein Fehlschlag nur ein Umweg ist, bist du auf der Straße des Erfolges.«

Vorschau

Wie geht's weiter?

Über die zweite, noch abenteuerlichere Etappe meines Aussteigerlebens schreibe ich **in meinem nächsten Buch**, das im **September 2020** herausgegeben wird. Darin zu lesen gibt es über viele Dschungeltrips zu wilden Stämmen, Gefängnisaufenthalte, mehrere Überfälle, sogar von Piraten, Leprakranke, Denguefieber, Malaria, traumhaft schöne Inselwelten, herausragende Tauchgründe wie z.B. das Chuuk-Atoll und vielerlei Tierparadiese wie z.B. Aldabra - allerhand spannende, schöne, aber auch gefährliche Momente habe ich zu dieser Zeit erlebt.

Von meinen Erlebnissen im Zyklon *Polly* war ich erstmal bedient und musste in Neuseeland meine Wunden lecken. Reparaturen an Körper, Geist und Schiff standen an und erst nach ein paar Wochen war ich wieder fit für neue Abenteuer. Die Nase hatte ich vom Segeln deswegen aber noch lange nicht voll, schließlich ist das Wasser mein Element und meine *Bavaria* meine *Insel* und Fortbewegungsmittel zu neuen Zielen. Somit also meine *Freiheit*.

Nachdem ich auch dieses horrende Abenteuer überlebt habe, das mir mit brachialer Gewalt das Fürchten gelehrt hat, sodass ich sogar an den baldigen Tod geglaubt habe, war mein Abenteuerdurst *vor allem* nach fremden Kulturen gewachsen! Unser blauer Planet hatte für mich damals und hat auch heute noch so unglaublich viel Wertvolles zu entdecken, dass ich mit absoluter Gewissheit nicht das Handtuch werfen wollte. Ich war durch den Zyklon erstarkt und hatte neuen Mut!

Die Erfahrungen mit einigen Inselstämmen, die nur ganz selten Kontakt nach außen hatten, haben mich *neugierig* gemacht. Ich wollte *mehr* über abgeschieden lebende Stämme und Primitivkulturen erfahren, zunächst aber über die Kulturminderheiten der Südsee. Ich befand mich dazu ja schon in einer sehr interessanten Gegend. Gerade die australasiatische Region mit den Salomonen und Neuguinea hat mich anfangs besonders fasziniert. Wer schon mal einen Einblick haben möchte, liest jetzt weiter. Wer die Spannung bevorzugt, **der sollte hier an dieser Stelle stoppen.**

Und so ging es für mich weiter:

Nach der Erkundung einiger Highlights Neuseelands und ausgiebigen Rucksack-Touren segelte ich über die wahrlich paradiesischen Inseln Westsamoa, Wallis und nochmals Fidschi nach Vanuatu. Dort war ich in Bunlap bei den »Erfindern« des modernen Bungee-Jumpings. Ein teils *tödliches* Ritual, da sich Lianen ja nicht dehnen, das bis heute als Mannesbestätigung vollzogen wird.

Weiter ging es zu den Salomonen. Was ich vorher nicht gedacht hätte, ich sollte dort ins Gefängnis wandern, weil ich im Dschungel von Malaita illegal den Stamm der Kwaio besucht habe. Das durfte man ohne Genehmigung der Regierung nicht, ich habe es aber einfach gemacht.

Anschließend begann ein *ganz besonderes* Abenteuer: Neuguinea! Auf der Insel war ich sogar zwei Mal, zunächst stand aber Papua-Neuguinea auf meiner Liste. Ich unternahm viele Dschungel-Expeditionen und war bei den ehemaligen Kannibalen im Hochland von Mount Hagen. Dort habe ich den damals noch lebenden und in der ganzen Region sehr geachteten Sir Wamp Wan kennengelernt, der 1972 von der Britischen Königin geadelt wurde und zum Besuch bei Papst Paul IV eingeladen war. Weiter ging es über den Sepik River. Wochenlang war ich mit dem Kanu und einem Guide unterwegs, der mich zu vielen abgeschieden lebenden Stämmen gebracht hat. Dort wären er und ich bei einem Sing-Sing-Ritual beinahe ums Leben gekommen, weil uns die Einheimischen vergiftete Pfeile hinterher geschossen haben.

Weiter ging es nach Mikronesien, wo ich voller Begeisterung *Jahre* hätte bleiben können! Immerhin einige Monate pendelte ich zwischen den atemberaubenden Inseln der Karolinen, Satawan, Truk, Yap und Ifalik. Heute heißen diese Atolle alle anders, Chuuk mit seinen vielen Wracks aus dem zweiten Weltkrieg ist wohl das bekannteste. Die phantastische Natur dort, für mich natürlich hauptsächlich unter Wasser, hatte es mir besonders angetan! Aber ich lebte auch in großer Harmonie mit manchen Stämmen. Ein Missgeschick ist mir passiert, als ich versehentlich die wohl letzte Quarantäne-Insel für Leprakranke anlief, Kapingamarangi.

Ganze zwei Jahre nahm ich mir anschließend Zeit, um die unzähligen Inseln der Philippinen zu durchkreuzen und setzte dann erneut die Segel Richtung Papua-Neuguinea. Dort wollte ich unbedingt nochmal hin, um das bekannte Sing-Sing-Festival in Mount Hagen zu erleben. Nachdem ich unterwegs aber vom Denguefieber überfallen wurde, erreichte ich den Inselstaat nur sehr geschwächt und abgemagert. Doch die Zeit drängte, deswegen gab ich meinem Körper gerade mal zwei Tage zur Erholung im Krankenhaus des Bischofs und reiste dann gleich weiter ins Hochland.

Beim Sing-Sing-Festival traten etwa 100 Volksgruppen in ihren fantastischen Kostümen und der teils extrem bunten Körperbemalung auf,

Sing-Sing-Fest in Mount Hagen, Hochland in Papua-Neuguinea

um eine unvergessliche Show abzuliefern. Meine selbstgebastelten Presseausweise halfen mir wie schon oft zuvor auch dort wieder weiter und so erhielt ich Zugang zu normalerweise für Besucher gesperrte Bereiche.

Jeder in seiner Tracht: Mit dem Dorfhäuptling von Bunlap, Vanuatu

Als das Fest vorüber war gönnte ich meinem Body dann doch eine kurze Erholungsphase. Danach segelte ich direkt zum nächsten großen Abenteuer, nach Jayapura auf der Westseite Neuguineas. Ich flog ins Hochland, um die Dani-, Lani- und Yali-Stämme zu besuchen, deren Männer noch heute nur mit Penisköchern bekleidet sind. Vier Wochen durchquerte ich die bergige Region und durfte sogar bei einer traditionellen Schweinejagd mit anschließendem Erdofenessen teilnehmen.

Im Sumpfgebiet von Asmat trampte ich später zu den Kombai und Korowai, den letzten aktiven Kannibalen unserer Erde. Auf dem Rückweg zu den Philippinen wurde ich von Piraten attackiert und entkam nur um Haaresbreite einem üblen Schicksal.

Als ich von meinem ersten Besuch in Deutschland zurückkam war mein nächstes Ziel Indonesien. Doch auf dem Weg dorthin durchquerte ich, man muss sagen trotz Warnung, die Sulusee. Es folgte für mich der schlimmste von etwa 20 Raubüberfällen, als nachts schwer bewaffnete Piraten meine Yacht enterten und mit Kalaschnikows auf mich anlegten. Es hätte für mich übel

In Papua beim Stamm der Dani auf Wildschweinjagd

ausgehen können, doch ich habe auch diese Situation überlebt. Zwei der drei Piraten allerding nicht! Bevor mir deren Komplizen noch die Rübe wegschießen konnten, floh ich, selbst schwer verletzt, mit Vollgas in einem Zweitagesakt nach Borneo. Eine 25 Zentimeter lange Narbe am linken Unterarm erinnert mich allerdings heute noch an den fürchterlichen Kampf.

Nach ärztlicher Behandlung gingen meine Expeditionen auch schon weiter. Ich besuchte viele Dörfer der Ureinwohner, bestieg den Berg Kinabalu und konnte Orang-Utans sehen. Von der Nordspitze über Brunei, das mich sehr beeindruckt hat, ging es die gesamte Küste hinab bis nach Pontianak, wo ich nachts *erneut* überfallen und ausgeraubt wurde.

Auf dem Weg nach Jakarta musste ich nach einem Tauchgang mit Schrecken feststellen, dass meine Yacht *weggeschwommen* war! Der Anker hatte nicht gehalten. Am Horizont konnte ich sie noch erkennen und bin deswegen einfach hinterher geschwommen. Vier Stunden hat es gedauert, ehe ich wieder an Bord war. Über Jakarta führte meine Reise dann weiter nach Bali und Komodo zu den fleischfressenden Echsen.

Schließlich ging es mit den Passatwinden über Chagos zu den Seychellen. Als Paradiesjäger musste ich natürlich nahezu alle Inseln besuchen! Doch den Naturliebhaber in mir zog es auch zu zwei ganz besonderen Atollen: Das behütete Vogelparadies Cosmoledo und das einzigartige Weltnaturerbe Aldabra. Nur sehr wenigen Menschen ist es gestattet, dieses streng geschützte Atoll zu besuchen, da dort etwa 150.000 Landschildkröten leben und circa 1.000 Seeschildkröten täglich ihre Eier ablegen.

Auf Madagaskar angekommen erlebte ich aber dann die pure Lebensfreude! Die liebenswürdigen Menschen hatten es mir ebenso angetan wie die malerische Natur. Doch schon nach wenigen Wochen musste ich weitersegeln, um mit guten Winden mein nächstes Ziel und Abenteuer zu erreichen: Den schwarzen Kontinent.

Für den Paradiesjäger genau das Richtige zum Abhängen: Das Chagos-Archipel

Danke!

Als ich 1988 zur Weltumsegelung angetreten bin hatte ich nie die Vorstellung, dadurch einmal bekannt zu werden. Ich hatte auch nie die Ambitionen dazu ein Buch zu schreiben, denn dafür und für die Vermarktung war mir meine Zeit einfach *viel* zu schade. Trotzdem habe ich immer Tagebuch geschrieben und natürlich auch Logbucheinträge gemacht. Außerdem dachte ich sowieso, kein besonders begabter Literat zu sein oder dass sich irgendjemand mal für meine Worte interessieren würde.

Nach so einigen Abenteuern und aufregenden Erlebnissen, die nun scheinbar doch viele Menschen begeistert haben, übergab ich mein Manuskript an meinen Freund Sepp Straßburger, der es nach meinem zweijährigen Trip durch Afrika am Computer niedergeschrieben hat. Ein paar Jahre später fiel es einer Freundin in die Hände, die in harter Arbeit mein manchmal unverständliches Kauderwelsch ins Deutsche »übersetzt« hat.

Bereits Anfang der 2000er Jahre haben wir gedacht, das Manuskript wäre reif für den Druck und haben es an einige Verlage gesendet. Leider kamen nur Absagen oder sogar überhaupt keine Antwort. Nach dieser Abfuhr hatte sich das Projekt »Buch« für mich *erledigt* und ich wollte mich nur noch meiner Passion widmen: Zu fremden Kulturen reisen, Abenteuer erleben und die letzten Paradiese unserer Erde finden. Doch auch dabei kam wieder unglaublich viel Material zusammen.

Erst als im Jahr 2017 mein Freund Rainier Ramisch zu mir an Bord kam haben wir das Projekt wiederbelebt und in monatelangem Lektorat dieses Werk fertiggestellt. Schließlich haben wir uns aufgrund meiner schlechten Erfahrung mit Verlagen zur Vermarktung in Eigenregie entschieden.

Sepp, Michi und Renni, euch Dreien gilt mein besonderer Dank, denn ohne euch wäre es *nie* zur Veröffentlichung meines ersten Buches gekommen!

Auch allen Freunden, Wegbegleitern und Unterstützern über die vielen Jahre hinweg, die manchmal sogar Hand angelegt haben beim Schiffsbau, möchte ich meinen Dank und Gruß ausrichten. Viele Menschen waren in den letzten zwei Jahrzenten auch auf meinen Vorträgen über meine Reisen rund um den Globus und haben damit einen kleinen Teil dazu beigetragen, dass ich noch weitere Abenteuer habe unternehmen können.

Einen ganz besonderen Dank richte ich an meine Verflossene, Renate, die mich gute vier Jahre um die Welt begleitet und mit mir so viele unvergessliche Momente gemeinsam erlebt hat.

Es grüßt euch
Euer Seezigeuner Gangerl
von der SY Bavaria II
im Juli 2019

Zum Schluss...

...möchte ich dir für dein Interesse an meiner Person und meinen Erlebnissen danken! Es ist mir eine Freude, dass du dieses Buch gerade in den Händen hältst und die Geschichten aus meinem Leben liest. Danke!

Ich habe auf meinen Reisen immer mindestens eine Kamera dabei. Oft ergeben sich spontan Momente, die man lieber festhalten mag und später gern mit anderen teilt. Schließlich ärgert man sich ja auch über verpasste Gelegenheiten.

Meine ganze in diesem Buch beschriebene Reise ist in unzähligen Fotografien und Filmaufnahmen dokumentiert. Aus dem gesammelten Material habe ich den Filmvortrag »Zauberhafte Südsee« erstellt, den ich bei meinen Aufenthalten in Deutschland gelegentlich zeige. Auch die weiteren Etappen meines Aussteigerlebens gibt es in Vorträgen zu sehen. Wenn du fühlen möchtest, wie es mir damals ergangen ist, und meine Kommentare und Tipps zu all meinen Erlebnissen hören willst, besuche mich einfach bei einem meiner Vorträge.

Alle Infos und Termine zu Vorträgen auf meiner Webseite, Neuigkeiten aus meinem Leben auf Facebook, YouTube und Instagram:

Internet: gangerlclemens.de
Facebook: Gangerl Clemens
YouTube: Gangerl Clemens
Instagram: gangerlclemens

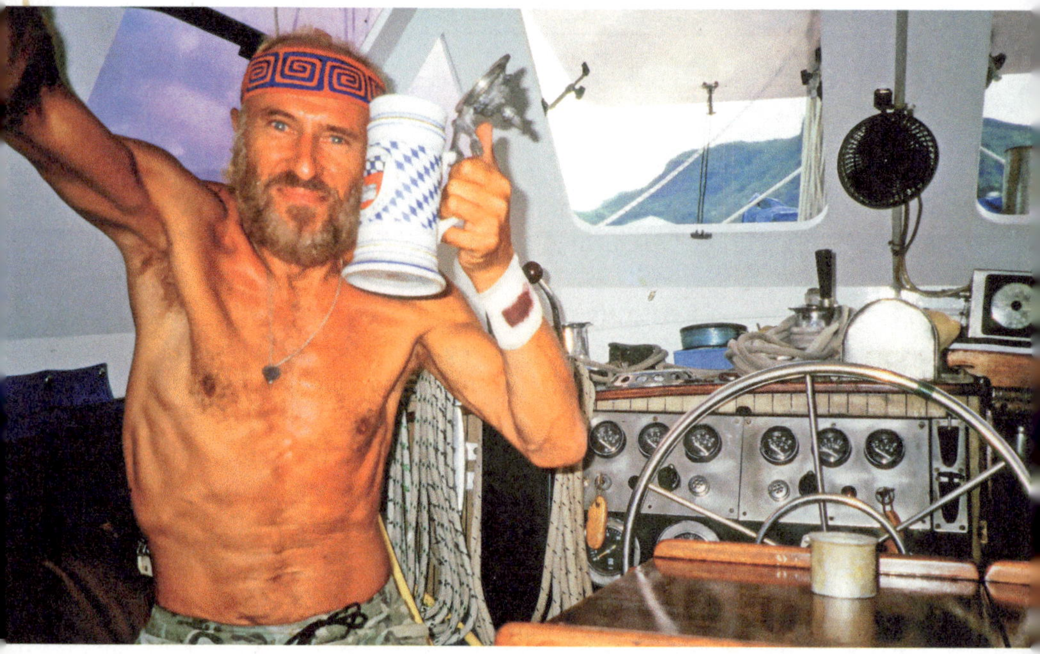